Mario Jacoby/Verena Kast/Ingrid Riedel
Das Böse im Märchen

»psychologisch gesehen« 33

Herausgegeben von
Dr. Hildegund Fischle-Carl

Mario Jacoby/Verena Kast/Ingrid Riedel

Das Böse im Märchen

VERLAG ADOLF BONZ FELLBACH

CIP-Kurztitelaufnahme der Deutschen Bibliothek

Das Böse im Märchen Mario Jacoby;
Verena Kast; Ingrid Riedel. –
Fellbach: Bonz, 1978.
(Psychologisch gesehen; 33)
ISBN 3-87089-127-0

NE: Jacoby, Mario (Mitarb.); Kast, Verena (Mitarb.);
Riedel, Ingrid (Mitarb.)

2. ergänzte Auflage 1980
Titelgrafik: Hans Gantert, Zürich

Satz und Druck: Druckerei Scheel, Fellbach

Inhaltsverzeichnis

VORWORT

Sind Märchen, wie oft argumentiert wird, manchmal wirklich so grausam, daß man zögert, sie Kindern, für die sie ursprünglich auch gar nicht bestimmt waren, in die Hand zu geben?

Märchen sind Erwachsenen-Märchen, für den Ernstfall des Lebens erzählt: aus Grenzsituationen heraus, in denen es um äußerste Gefahr, um das Bestehen härtester Proben geht, um die Wandlung der ganzen Person in Tod und Wiedergeburt.

Die erste solcher einschneidender Wandlungsphasen ist allerdings diejenige, die vom Kindesalter zum Erwachsensein hinüberleitet: die Pubertät. Manche Erfahrung spricht dafür, daß Kinder, die Märchen kennen, bessere Orientierung in den Proben der Pubertät haben als solche, die ohne Märchen aufgewachsen sind.

Braucht das Kind möglicherweise eine »Einweihung«, eine Initiation in das Böse, um es im Ernstfall bestehen zu können?

Nachdenklich macht mich in diesem Zusammenhang immer wieder meine eigene »Initiation« in das Böse: Für mich fiel die Zeit, in der ich Märchen las – das achte bis zehnte Lebensjahr – mit dem Erlebnis der Luftangriffe während des Zweiten Weltkriegs zusammen. Im Luftschutzkeller, während die Bomben ringsum einschlugen, als die Angst um all das ausbrach, was damals meine Welt ausmachte: die Eltern, die Geschwister, das Haus, da las ich Märchen, auch grausame Märchen – gegen die Angst.

Sie halfen mir, weil sie das Böse kannten, weil sie es nicht verkleinerten und beschönigten, und weil sie dennoch Kräfte dagegenzusetzen wußten, die stärker waren als das Böse – weil sie den Umgang mit solchen rettenden und den Bann lösenden Mächten kannten und zeigten.

Denn wie unter einem Bann kam ich mir in jenen Kellern vor: unter dem Bann der Angst, die fast noch schwerer zu ertragen war als die reale Gefahr. Wie Eingeweihte im Umgang mit dem Bösen erschienen mir damals die Märchen, ich erlebte sie als schützende, mit mir verbündete Gegenmächte gegen das Chaos. Sie halfen mir, die Angst zu überstehen, unverstört zu bleiben, auch wenn die äußere Gefahr und die Panik der Menschen um mich herum anhielten.

Es war, als zeigten sie mir ein dem Chaos übergeordnetes, überlegenes, sinnhaftes Gefüge von Ereignissen und Beziehungen, in denen das Böse wohl seinen Ort und seine Zeit, aber nicht das letzte Wort hatte.

Märchen erzählen von Ernstfällen der Begegnung mit dem Bösen: für Ernstfälle. Das erlebte ich als Kind.

Es ist nicht von ungefähr, daß auch in den Krisen des Erwachsenenalters Märchen und Märchenmotive wie lange verlorene Schlüssel wieder auftauchen und ins Bewußtsein treten können: So häufen sich die archetypischen Bildmotive der Märchen gerade in den Träumen solcher Menschen, die unter hohem Leidensdruck etwa eine psychotherapeutische Behandlung suchen. Sie wissen von Träumen zu berichten, die in ihrer Struktur und ihrer Symbolik unübersehbar an Märchen erinnern. Solche Träume gelten als besonders bedeutsam. Oft steckt in dem Märchen, das dem Traumstoff so ähnlich ist, ein überraschender Lösungsvorschlag für das Problem des Träumers.

Der Zusammenhang von Märchen und psychischen Prozessen, der Versuch, Märchen als Vorschläge seelischer Problemlösung zu verstehen, ist das gemeinsame Thema der hier zusammengestellten Aufsätze. Die hier eingebrachten Beobachtungen und Überlegungen sind letztlich alle der psychotherapeutischen Praxis entnommen, die – sofern sie von der tiefenpsychologischen Perspektive C. G. Jungs ausgeht – sich vor allem mit den Träumen der Analysanden, ihren Amplifikationen und den dahinterstehenden archetypischen Strukturen, zu denen die Märchen gehören, einläßt. Zu solch einem unmittelbaren, praktisch-psychologischen Umgang mit den Märchen – gerade mit dem Bösen im Märchen – wollen die Beiträge dieses Bandes anregen. Sie sind nach ihrem inneren Zusammenhang geordnet: Im *ersten Teil* werden die verschiedenen *»tiefenpsychologischen Zugänge zum Märchen«* beschrieben. Mario Jacoby führt in die *hermeneutischen* Möglichkeiten ein, Märchen als Produkte der schöpferischen Phantasie und des Unbewußten zu verstehen und zu deuten. Den *thematischen* Zugang weist Verena Kasts Beitrag »Zum Umgang der Märchen mit dem Bösen« auf, in dem es vor allem darum geht, die

Dynamik des Bösen zu verstehen in seiner Funktion innerhalb des Entwicklungsprozesses eines Märchens, häufig als einen Teil »von jener Kraft, die stets das Böse will und stets das Gute schafft« (Faust). Anschließend zeigen die *»methodischen* Bemerkungen zur Märcheninterpretation« noch einmal auf, daß das Märchen nicht als stehendes Bildsymbol, sondern vor allem in seinem Verlauf und seinem Entwicklungsgefälle zu begreifen und zu interpretieren ist. Dieser Beitrag leitet zum *zweiten Teil* über, der aus der *Interpretation einzelner modellhafter Märchen* besteht. Weit entfernt von einer vollständigen »Phänomenologie des Bösen« wird doch versucht, typische Beispiele für »das Böse im Märchen« aufzuweisen: Verena Kast findet in den Märchen vor allem das Problem der abgedrängten »Riesen-Affekte« wieder, das des Sado-Masochismus als häufigem Beziehungsmuster unserer Zeit, sowie das sehr zentrale Problem der gegenwärtigen Auf- und Umbrüche im Archetyp des Weiblichen. Eine Ergänzung zu diesem Problem bringt auch mein Beitrag über das tschechische Märchen »Das Mädchen des Schmieds, das zu schweigen verstand« und seine vielschichtigen Parallelen, die vermuten lassen, daß die Wandlungen im Archetyp des Weiblichen den gesamten europäischen Kulturkreis betreffen. Es geht dabei vor allem um die Integration seiner abgespaltenen naturhaften und dämonisierten Seiten ins allgemeine Bewußtsein.

Im *dritten Teil* unseres Buches sind Mario Jacobys Beiträge über *»Märchenmotive in der Psychotherapie«* zusammengefaßt: Hier steht das Problem des Patienten im Vordergrund; Ausgangspunkt ist nicht der Märchentext, sondern sind Patiententräume, in denen sich jedoch Konstellationen der Märchen, wie z. B. der Schlaf-Fluch über Dornröschen, exakt widerspiegeln. Erfolg oder Mißerfolg einer Analyse können davon abhängen, ob wir das Verhaltensmuster des Patienten, das Märchenmodell, nachdem er in seinem Komplex »funktioniert«, erkennen und die in Traum und Märchen gleichermaßen angebotenen Möglichkeiten zur Problemlösung anzuwenden vermögen. Auch Übertragung und Gegenübertragung spielen sich oft nach Modellen ab, die in den Märchen anschaulich beschrieben sind, und lassen sich therapeutisch fruchtbarer gestalten, wenn man die Weisheit der Märchen einbezieht. Hier erweist sich im Ernstfall der Therapie am seelisch gestörten Menschen, wie aktuell die Märchen sind; wie sie – von Generationen eingebracht – ein Grundwissen um die inneren Gesetze der Psyche in sich tragen, das die Möglichkeiten des einzelnen Therapeuten wirksam erweitern kann.

Die Grundgedanken der vorliegenden Märchen-Studien wurden während einer Tagungs-Reihe der Evangelischen Akademie Hofgeismar vorgestellt, die unter dem Generalthema »Perspektiven der Märchenforschung« standen. Nachdem auf der ersten Tagung der Reihe auch die bisherigen Ergebnisse soziologischer Märchenforschung sowie die der vergleichenden Symbolforschung zur Geltung gekommen waren, verlagerte sich in den Tagungen der Jahre 1975 und 1976 – dem Interesse der Teilnehmer folgend – der Schwerpunkt der Fragestellung auf die Tiefenpsychologie.

In Gestalt von Vorlesungen wurden die erweiterten Überlegungen sowohl von Verena Kast als auch von Mario Jacoby im Jahre 1977 am C. G. Jung-Institut Zürich vorgetragen.

Gerne greife ich die Anregung aus dem großen Kreis der Tagungs- und Vorlesungsbesucher auf, die verschieden akzentuierten Beiträge zu einer tiefenpsychologischen Märchen-Interpretation gemeinsam zu veröffentlichen. Es mag dabei reizvoll sein, bei den Autoren methodisch unterschiedliche Zugänge zu der gleichen »Sache« zu finden: einer an C. G. Jungs weiträumiger Perspektive orientierten tiefenpsychologischen Märcheninterpretation.

Reiche Anregung verdanken sie dabei vor allem den grundlegenden Studien von Marie-Louise von Franz, von denen für unser Thema besonders die Aufsätze »Das Problem des Bösen im Märchen«[1], »Bei der Schwarzen Frau«[2], sowie die Publikation »Shadow and Evil in Fairytails«[3] relevant sind.

Hofgeismar im Mai 1978 Ingrid Riedel

1 in: Studien aus dem C. G. Jung-Institut XIII, Rascher-Verlag Zürich, 1961
2 zuerst erschienen in: Studien zur analytischen Psychologie C. G. Jungs II, Beiträge zur Kulturgeschichte, S. 1–41, Zürich, 1955; enthalten in dem Sammelband: Wilhelm Laiblin (Herausgeber), Märchenforschung und Tiefenpsychologie, Wege der Forschung, Band C II, S. 299–344, Wissenschaftliche Buchgesellschaft Darmstadt, 1975
3 Spring Publications, New York, 1974

ERSTER TEIL

TIEFENPSYCHOLOGISCHE ZUGÄNGE ZUM MÄRCHEN

hermeneutisch – thematisch – methodisch

Mario Jacoby

MÄRCHENINTERPRETATION AUS DER SICHT C. G. JUNGS

Allgemeine Überlegungen zu einer tiefenpsychologischen Hermeneutik

Vorbemerkung: Märchen können vom tiefenpsychologischen Standort aus als Darstellungen seelischer Prozesse aufgefaßt werden. Jung unterscheidet sich von Freud in der Wertung schöpferischer Phantasie als eines eigenständigen, nicht auf Triebgeschehen reduzierbaren Phänomens. Für die Deutung eines Märchens gibt es eine Kontrollmöglichkeit, die Überprüfung nämlich, ob sie sich am *vollständigen* Verlauf der Handlung bewährt. Nur wenn sich der vermutete Sinn nicht allein am einzelnen Bild, sondern durch den ganzen Bewegungsablauf verfolgen läßt, so daß sich aus den Serien von Motiven zuletzt eine Sinn-Einheit ergibt, darf man annehmen, den Prozeß und seine Intention erfaßt zu haben.

Die beiden Pioniere der modernen Tiefenpsychologie, S. Freud und C. G. Jung, haben frühzeitig das Märchen in ihre Forschungen einbezogen. Das Märchen entspringt menschlicher Phantasie, und Freud war der Ansicht, daß »die Psychoanalyse imstande ist, in all den Fragen, die das menschliche Phantasieleben betreffen, das entscheidende Wort zu sprechen«.[1] Bekanntlich ist Freud der Auffassung, daß unser Phantasieren vom Lustprinzip gesteuert wird und deshalb einem Wunschdenken entspricht. Dem vom Lustprinzip gesteuerten Wunschdenken steht das Realitätsprinzip gegenüber, welches unter beträchtlichem Triebverzicht Anpassung an die Gegebenheiten der Zivilisation erfordert. Kultur setzt ihre Restriktionen, setzt dauernd sogenannte »Realitätsprüfung« voraus. Phantasie sucht sich aber einen Bereich, wo diese Trieb-einengende Realität aufgehoben ist. Sie entspricht einer Art Naturschutzreservat, das – wie Freud so schön schreibt – »im Urzustand belassen und von den Veränderungen der Kultur verschont werden soll«.[2] Diese Enklave der Seelenlandschaft gibt dem Menschen die Möglichkeit, sich den Anforderungen der Realität unter Umständen zu entziehen und in der Phantasie seine Luft-, beziehungsweise Lustschlösser zu bauen. Im Märchen, welches sich poetisch-souverän über jegliche Realitätsprüfung hinwegsetzt, scheint wirklich das Lustprinzip zu herrschen. Man denke an bekannte Formulierungen wie: »In den alten Zeiten, wo das Wünschen noch geholfen hat ...« (Froschkönig, Grimm KHM). Auch endet fast jedes Märchen zur Zufriedenheit aller. Das Gute wird belohnt, das Böse bestraft. Prinz und Prinzessin finden sich und »lebten noch lange glücklich und vergnügt«.

Freud erkannte, daß Mythen und Märchen eine Deutung zulassen wie die Träume. Mit andern Worten muß jede Deutung verborgene Triebwünsche aufschlüsseln, die sich hinter der manifesten Erzählung und deren Handlungsträgern verbergen. Die Kultur und deren im einzelnen Menschen introjizierte Instanz, das Über-Ich, lassen selbst im Naturschutzreservat der Phantasie das unverkleidete Auftauchen von Triebwünschen nicht zu. Sie erscheinen deshalb nur verschlüsselt in Form von Verdichtung, Verschiebung, Symbolisierung usw. Märchenfiguren werden somit als sogenannte »Triebrepräsentanzen« gesehen.

Bekanntlich sah C. G. Jung seinerseits keine Veranlassung, die menschliche Phantasie auf Triebgeschehen zu reduzieren, obwohl die Libido selbstverständlich in der Phantasie eine große Rolle spielt. Seiner Ansicht nach sind Phantasievorstellungen ebenso primär und ursprünglich wie Triebe und Instinkte. »Der Mensch findet sich mindestens als ein zu etwas Getriebenes und zugleich ein etwas sich Vorstellendes vor.«[3] Phantasie ereignet sich spontan, und in ihr liegt doch geradezu das Schöpferische des Menschen. Abgesehen vom Schöpferischen in künstlerischer Hinsicht, der reinsten Spielform der Phantasie, wäre doch der Aufbau von Kultur gar nicht möglich ohne die Vorstellung, daß das natürliche So-Sein der Dinge verändert werden könnte. Wie etwas sein sollte, verändert werden könnte, entspricht nicht der sogenannten Realität, sondern menschlicher Phantasievorstellung. Das Fliegen durch die Lüfte, ja bis zum Mond – eine Realität von heute – entspricht zum Beispiel einer uralten Phantasie und einer Sehnsucht des Menschen, die im Mythos von Dädalus und Ikarus ihren Ausdruck fand. Sowohl Phantasie als auch Sehnsucht spielen dabei eine Rolle, wobei letztere die energetische Komponente, einen menschlichen Trieb, beinhaltet. Ohne diesen Trieb wäre wohl die Phantasie nie realisiert worden.

Die Phantasie ist also das Grundelement des Schöpferischen, einer spezifisch menschlichen Potenz, und erhält deshalb im Denken Jungs einen sehr hohen Stellenwert.

Steigen wir etwas tiefer in das Wesen der Phantasie ein: Bekanntlich sind wir nicht Herr über unsere Phantasien, sie ereignen sich in uns, sie fallen uns ein. Manchmal, falls wir Phantasien und Einfälle haben wollen, müssen wir uns ihnen zuwenden, unser Bewußtsein auf Phantasiemöglichkeiten konzentrieren, was eine Anstrengung sein kann. Das garantiert aber noch lange nicht, daß uns wirklich etwas kommt – was schöpferische Menschen zur Genüge wissen. Umgekehrt ist es aber oft schwierig, von Phantasien loszukommen, wenn wir das wollen. Sie können unter Umständen stärker sein als unser bewußter Wille, wobei wir nur an gewisse Zwangsvorstellungen zu erinnern brauchen. Die Phantasie ist also bis zu einem gewissen Grade etwas Autonomes, von unserem Ich-Bewußtsein nicht vollständig Kontrollierbares. Im allgemeinen sind sowohl unsere Wachphantasien als auch unsere Träume irgendwie mit unserem persönlichen Erleben verbunden. Junge Männer phantasieren z. B. oft von Frauen, Frauen von Männern. Wenn man diese Phantasien untersucht, zeigt es sich, daß sie mit der persönlichen Situation und der persönlichen psychischen Verfassung des Phantasierenden zusammenhängen. Er phantasiert vielleicht von einer bestimmten Frau, die er kennt, phantasiert auch gewisse lust- oder angstvolle Situationen, die irgendwie typisch für seine persönliche Erlebnisweise sind. Es scheint a priori zum Menschen an sich zu gehören, *daß* er über Personen des anderen Geschlechts phantasiert und träumt – es ist eine für den Menschen artmäßig typische Tätigkeit, wie immer die Phantasieinhalte persönlich-individuell auch gefärbt sind. Am Ursprung aller Phantasien muß also eine arttypisch menschliche Potentialität sein, welche Phantasien bewirkt und irgendwie anordnet, so persönlich sie dem Phantasierenden in seiner Situation auch erscheinen mögen.

Diese anordnende und regulierende Instanz im Unbewußten nannte Jung bekanntlich den Archetypus. »Die Archetypen sind, ihrer Definition entsprechend, Faktoren und Motive, welche psychische Elemente zu gewissen (als archetypisch zu bezeichnenden) Bildern anordnen, und zwar in einer Art und Weise, die immer erst aus dem Effekt erkannt werden kann.«[4] In diesem Zusammenhang ist es höchst aufschlußreich, was Max Lüthi an der Struktur des Märchens für wesentlich hält: »Während z. B. der Roman lebensvolle Personen beschreibt, mit widersprüchlichen Regungen und Anlagen, zerlegt das Märchen in eindeutige und isolierte Figuren. Der sichtbaren Isolation der Gestalten und Geschehnisse entspricht aber eine Allverbundenheit, d. h. die isolierten Figuren fügen sich, unsichtbar gelenkt, zum harmonischen Zusammenspiel. Das Märchen ist eine Dichtung, die den Zufall nicht kennt. Die Koordination des Geschehens ist nicht Zufall, sondern Präzision. Das sichtbare Märchengeschehen erscheint als Gipfel eines Landes, das im Nebel liegt.«[5]

Das Unsichtbar-Lenkende im »Nebellande« kann in psychologischer Terminologie wohl mit dem von Jung so benannten archetypischen Hintergrund gleichgesetzt werden, der psychisches Erleben mit seinen Bildern und Vorstellungen bewirkt und anordnet. Von hier aus ist auch das große Interesse der Jung'schen Schule an Märcheninterpretation ersichtlich. Beim Märchen ist die unbewußte, nach Jung »archetypische« Steuerung der menschlichen Phantasie, und damit seelischen Lebens überhaupt, besonders deutlich sichtbar. Märchenfiguren und deren Konstellationen sind aller persönlichen Umhüllungen entkleidet, und somit sind an ihnen unbewußte Prozesse in ihrer typischen Ausprägung ablesbar. Psychologie des Unbewußten kann vom Märchen viel lernen, da es wesentlich zum Menschen gehörende, archetypische Phänomene beschreibt. Jung bezeichnete Märchen geradezu als »Anatomie der Seele«.[5a]

So wird zu Recht auch von Lüthi hervorgehoben, daß nie von lebensvollen Personen mit widersprüchlichen Regungen und Anlagen erzählt wird, sondern von einheitlichen Figuren, die unsichtbar zu einem Zusammenspiel gelenkt werden. Diese Figuren kann man als Symbolträger eines durch das Märchen dargestellten ganzheitlichen Geschehens auffassen. Sie sind also nicht als konkrete Menschen aufzufassen, sondern als Symbole, haben einen symbolischen Stellenwert in einem unsichtbar gelenkten Prozeß. Ohne sie könnte aber das Unsichtbar-Lenkende, der »Archetypus an sich«,[6] gar nicht anschaulich werden. Die Symbole können deshalb als sinnlich wahrnehmbare Einkleidungen des unsichtbaren Anordners aufgefaßt werden, sie sind die *sichtbaren* »Gipfel« des »Landes, das im Nebel liegt«. Goethe sagt einmal: »Das ist die wahre Symbolik, wo das Besondere das Allgemeine repräsentiert, nicht als Traum oder als Schatten, sondern als lebendig-augenblickliche Erfahrung des Unerforschlichen.«[7] Das Allgemeine wäre hier also das an sich Unerforschliche, welches im besonderen jeweiligen Bilde als lebendige Erfahrung erahnt wird. Johann Jacob Bachofen charakterisiert das Symbol in Abhebung zur diskursiven Sprache folgendermaßen: »Das Symbol schlägt *alle* Seiten des menschlichen Geistes zugleich an, die Sprache ist genötigt, sich immer nur einem *einzelnen* Gedanken hinzugeben. Bis in die geheimsten Tiefen der Seele hinein treibt das Symbol seine Wurzel, die Sprache berührt wie ein leiser Windhauch die Oberfläche des Verständnisses. Jenes ist nach innen, dieses nach außen gerichtet. Nur dem Symbol gelingt es, das Verschiedenste zu einem einheitlichen Gesamteindruck zu verbinden. Die Sprache reiht

Einzelnes aneinander und bringt immer nur stückweise zum Bewußtsein, was, um allgewaltig zu ergreifen, notwendig mit *einem Blick* der Seele vorgeführt werden muß.«[8] C. G. Jung definiert das Symbol als die bestmögliche und charakteristischste Formulierung einer relativ unbekannten Sache. Unaussprechliches wird durch ein lebendiges Symbol in unübertrefflicher Weise dargestellt.[9] Wenn also in dieser Auffassung das Symbol als Ausdruck solcher Tiefendimension gesehen wird, stößt man auf das letztlich Unauslotbare der eigentlichen Märchenbedeutung. Der Literaturwissenschaftler Wilhelm Emrich rechnet die Volksmärchen zu jenen Dichtwerken, welche einen Bedeutungsreichtum entfalten, der nie zu Ende reflektiert werden kann und repräsentative bzw. symbolische Bedeutung auch für andere Lebensformen, Zeiten und Vorstellungen aus sich heraus zu entwickeln vermögen. Sie sind also von »unausschöpflichem Beziehungsgewebe und ermöglichen unendliche Reflexibilität«.[10] Mit anderen Worten könnte man auch sagen, daß sie damit etwas vom Geheimnis des Menschseins überhaupt aussagen, welches allenfalls annähernd ausdeutbar und reflektierbar ist. Wir sind ja, sobald wir über Menschliches reflektieren, in unserem eigenen Gehäuse gefangen, da alle unsere Methoden der Reflexion wiederum aus unserem Bewußtsein heraus bedingt sind. Wir können also nie sozusagen über das Bewußte hinaussehen, sind in ihm befangen, ohne einen archimedischen Punkt außerhalb zu besitzen. So sagt Heinrich Zimmer zu Recht: »Wer Symbole bereden will, sagt erklärend mehr (über) die eigene Grenze und Befangenheit aus, gerade wenn er sich an ihrem Sinn entzündet, als daß er deren Tiefe ausschöpfen könnte.«[11]

Zimmer weist hier auf etwas Wesentliches hin: Der Sinn entzündet sich nicht an sich selbst. Er benötigt Bewußtwerdung durch menschliche Personen, wobei deren jeweilige eigene Grenze und Befangenheit, die »persönliche Gleichung«, notwendigerweise ins Spiel kommt. Nur wenn es mich unbedingt etwas angeht, kann sinnvolle Bedeutung aufleuchten. Dabei kann letztere nie voll ausgeschöpft werden, sondern nur soweit, als es mir und letztlich dem jeweiligen Zeitgeist, dem ich verhaftet bin, evident wird. Es fragt sich somit, ob Märchen nicht – ähnlich den Rorschachtests – eigentlich Projektionsfelder der eigenen Phantasie sind, sobald wir sie deutend verstehen wollen. Man projiziert die eigenen Einfälle und Vorstellungen auf sie, und somit würde dann eine Märchendeutung mehr aussagen über den Deutenden selbst, als über den Sinn des Märchens. Ich glaube, wir müssen dazu stehen, daß es eine »objektive Richtigkeit« bezüglich Märchendeutung nicht geben kann. Sobald »unendliche Reflexibilität« ins Spiel kommt, ist die Eigenart und Grenze des Reflektierenden selbst miteinbezogen. Jede Deutung hat somit ihre subjektive Seite.

Aber gibt es nicht doch irgendwelche Kriterien, nach welchen sich allzu große subjektive Willkür im Umgang mit Märchen feststellen läßt? Es gibt doch so etwas wie eine wertende Gefühlssensibilität, die meine Beziehung zur Tiefe des Märchengehaltes als stimmig oder unstimmig aufspürt und beurteilt. Eine Deutung kann »Aha-Erlebnis« sein, sie kann aber auch als »an den Haaren herbeigezogen« wirken. Solche Kriterien beruhen auf dem Evidenzgefühl, bleiben also letztlich subjektiv. Ein weiteres, sehr wichtiges Kriterium führt Hedwig von Beit in ihrem Buch »Symbolik des Märchens« ein: »Für die Richtigkeit der Deutung eines Bildes oder Motivs gibt es eine Kontrollmöglichkeit, nämlich die des vollständigen Verlaufs des Märchens. Nur wenn sich eine Deutung vollständig durchführen läßt, wenn sich der Sinn nicht allein im einzelnen Bild, sondern durch den ganzen Bewegungsablauf verfolgen läßt, und wenn sich eine Sinneinheit aus der Fülle und den langen Serien von Motiven ergibt, darf man annehmen, daß das Wesentliche erfaßt ist. Ebenso wie der Traum als Ganzes behandelt werden muß, ebenso wie auf einem Gemälde nicht nur einzelne Figuren, sondern alle in ihrer Beziehung zueinander betrachtet werden müssen und vom Künstler als Ausdrucksmittel beabsichtigt sind, ebenso ist es erforderlich, das Märchen als Ganzes unter Berücksichtigung aller seiner Gestalten zu untersuchen. So wenig wie im Drama ist es möglich, sich nur für die Bewegungen der Hauptgestalten zu interessieren, denn einzelne Fäden bilden noch kein Gewebe. Alle Motive im Märchen haben nämlich in der Struktur einen ganz bestimmten und nicht vertauschbaren Platz, ja dies geht soweit, daß gleiche Motive an verschiedenen Stellen der Handlung verschieden zu deuten sind. Ein rein äußerliches Sammeln gleicher Motive ist erst eine Vorarbeit, nach welcher noch die spezielle Funktion des Bildes im vorliegenden Märchen zu untersuchen ist. Nur im Zusammenhang aller Figuren im Märchen ergibt sich Sinneinheit der Märchenhandlung, läßt sich der geschlossene Kreis der Bilder überschauen und deuten.«[12] Dieses Merkmal ist als objektive Kontrollmöglichkeit von entscheidender Wichtigkeit.

Als Vorarbeit zur Märcheninterpretation nennt H. v. Beit das rein äußerliche Sammeln gleicher Motive. Darunter versteht sie eine Methode, der Jung den Namen »Amplifikation« gegeben hat. Überall dort, wo uns zu einem Motiv nichts sinnvoll Entsprechendes einfällt, empfiehlt es sich, nachzuschlagen, wo in der Symbolgeschichte ein gleiches oder ähnliches Motiv oder ähnliche Figuren zu finden sind. Z. B. tritt in den meisten Märchen ein Tier auf. Um dem Bedeutungsgehalt dieses Tieres näher zu kommen, ist es günstig, Vorstellungen zu sammeln, welche auf das entsprechende Tier projiziert wurden. Sagen wir einmal, es kommt ein *Rabe* vor. Er ist ein *Vogel*, sein Element die *Luft*. Vögel können im Gegensatz zum Menschen von Natur aus fliegen, stellen also möglicherweise »Gedankenflüge« dar. Das Element Luft wird ja mit dem Geistigen und Phantasiehaften, dem Unstofflichen assoziiert – daher nennt man Wunschphantasien auch »Luftschlösser«. Im Volksmund sagt man, jemand habe einen »Vogel«, wenn er merkwürdigen Gedanken oder Phantasien nachhängt. Der Rabe ist darüber hinaus auch ein *schwarzer* Vogel. Nach einem griechischen Mythos war der Rabe ursprünglich weiß, da er aber dem Apollon schlechte Nachricht über den Tod seiner Geliebten brachte, verwandelte ihn Apollon aus Zorn und Trauer in einen schwarzen Vogel. Als Bote schlechter Nachricht ist er also ein »Unglücksrabe« – er hat mit schwarzen Gedanken und Phantasien zu tun und mit ängstlicher oder depressiver Verstimmtheit.

Die Amplifikation ist – wie an diesem Beispiel nachvollzogen werden kann, eine Methode, um dem Sinn eines Symbols näher zu kommen. Vielleicht wären wir beim Raben auch ohne Amplifikation zu demselben Schluß gekommen, einfach dadurch, daß wir uns darauf konzentrieren, wie ein Rabe uns stimmungs- und gefühlsmäßig anmutet. Dieses sich direkt Anmuten-lassen von den Gestalten ist m. E. noch wichtiger als die Amplifikation. Letztere dient dann vor allem der Kontrolle, ob meine persönliche Reaktion mit allgemeinen Vorstellungen übereinstimmt. Falls man bei gewissen Gestalten und Motiven gar keine eigene Reaktion, keine eigenen Einfälle hat, kann einem die Amplifikation auch direkt weiterhelfen.[13]

Zum Aufspüren der Sinneinheit eines Märchens ist nun dessen jeweils typische *Struktur* von Wichtigkeit. Sehr viele Märchen beginnen beispielsweise damit, daß der König von einer Krise befallen ist: Seine Gemahlin ist gestorben, seine Jäger gehen im Wald verloren, er hat keine Kinder oder ist alt und krank, hat kein Lebenswasser usw. Er kann auch ein hartes Herz haben. Das Märchen beschreibt dann meistens, auf welche Weise dieser Krise abgeholfen wird. Entweder wird dem König auf neue Weise wieder auf die Beine geholfen, oder er wird abgelöst durch den Prinzen oder durch den Jüngling mit der Glückshaut etc. Viele Taten und Geschehnisse im magischen Bereich liegen aber auf der Wegstrecke zu dieser Erneuerung. Was bedeutet nun der *König* als Symbol im Märchen? Amplifizierend wäre zu sagen: Das Königstum ist eine uralte Institution, die wir schon bei vielen archaischen Stämmen finden. In Ägypten z. B. galt der Pharao als direkter Sohn des Sonnengottes Ammon-Re oder des Horus. Er ist also eine Verkörperung des Göttlichen auf Erden und hat deshalb unumschränkte Macht. Von Louis XIV. dem »Roi de soleil« stammt der berühmte Satz: »L'état c'est moi.« Ein begründeter Verdacht besteht wohl, daß der zeitgenössische Charles de Gaulle, »le grand président du soleil« in seinem Alter vom Archetyp des Gotteskönigtums überschwemmt und inflationiert war. Der König stellt also ursprünglich eine Verkörperung göttlicher Macht und göttlichen Wissens dar, er stammt von der Helligkeit par excellence, von der Sonne, dem Symbol des Bewußtseins ab. Der König, indem er seine Gesetze und Befehle erläßt, ist also von göttlicher Bewußtheit erleuchtet. Eine ähnliche Idee finden wir in dem Dogma der Unfehlbarkeit des Papstes, wenn es ex cathedra verkündigt wird. Seine Verkündigung gilt dann als Eingebung des heiligen Geistes. Es ist jedoch bemerkenswert, daß in vielen archaischen Kulturen der König wohl unumschränkte göttliche Macht besaß, aber nur so lange, als im Stamm alles gut ging. Falls Seuchen, kriegerische Niederlagen oder ähnliches über das Volk hereinbrachen, galt das als »Mana«-Verlust des Königs. Der König hatte seine göttliche Kraft verloren und ein anderer mußte König werden. Das Königssymbol ist also überpersönlich.

Wir haben dieses Motiv im Mythos vom König Ödipus, dessen Königtum durch die ausbrechenden Plagen im Volk in Frage gestellt wurde. Ähnliches berichtet das Alte Testament von Saul und David: Mitten in der Herrschaftszeit Sauls wurde das Gotteskönigtum vom Seher Samuel dem jungen David verliehen. »Der Geist des Herrn« war von Saul gewichen und er wurde von einem bösen Geist gequält. Er verfiel immer mehr der Schwermut, artete zum grausamen Tyrannen aus, bis er in einer Schlacht fiel. Auch modernen politischen Führern wird manchmal ein »Charisma« verliehen. Jeder kleinste Mißerfolg aber, wie er zum Beispiel einem Henry Kissinger passierte, bedeutet zugleich, daß eine »Zacke aus seiner Krone« fällt.

Innerpsychisch gesehen würde der König die Ordnungs- und Wertkategorien schaffende und vertretende menschliche Bewußtheit symbolisieren. Er ist Symbol einer inneren Norm, eines »gottgegebenen« Leitbildes und hat deshalb etwas Sakrosanktes, ist allverpflichtende Richtlinie. Als Dominante des kollektiven Bewußtseins symbolisiert er den jeweiligen geschriebenen oder ungeschriebenen Wertkanon. Er ist weitgehend das Prinzip des »Man«. »Man« tut das und unterläßt jenes. Das »Man« übt meistens eine größere Herrschaft über uns aus, als wir uns bewußt sind. Wir benötigen auch allgemeine Normen und weltanschauliche Übereinkünfte als Richtlinien zum Umgang mit uns selbst und mit den Erfordernissen der Sozietät. Das Symbol des Königs gehört sozusagen zur psychischen Beschaffenheit des Menschen, entspricht weitgehend dem seelischen Anteil, der in der Freud'schen Metapsychologie als »Über-Ich« bezeichnet wird. Wenn nun viele Märchen mit der Krise des Königs beginnen und die Erneuerung des Königstums beschreiben, so drücken sie eine tiefe Wahrheit aus. Es ist eine Gesetzmäßigkeit, daß lebendige neue Ideen, Neuschöpfungen religiöser, weltanschaulicher oder politischer Art ihre unmittelbare Potenz verlieren, sobald sie sich einmal etabliert haben, Anhängerschaft und Organisation mit sich bringen. Der König steht einerseits für schöpferisches Bewußtseinsprinzip: Kulturentwicklung ist eine enorme schöpferische Leistung des Menschen. Indem er das schöpferische Prinzip aber institutionalisiert und zum Gebrauch organisiert, setzt er es notwendigerweise einer Veraltung und Erstarrung aus, wobei es zusehends lebensfeindlicher wird: Das »Wasser des Lebens« ist abhanden gekommen. Nun manifestieren sich neue Wertdominanten, welche die alten kompensieren, was der Vielschichtigkeit und Lebendigkeit der menschlichen Seele entspricht. Der Prinz oder der neue Held kann deshalb als Träger solch neuer Möglichkeiten aufgefaßt werden. Damit ergibt sich beispielsweise eine Sinneinheit in vielen Märchen, wo es um Erneuerung des Königs geht. Seelische Erneuerung und Wandlung wird aufgezeigt mit all den enormen Schwierigkeiten und Konflikten, die einem solchen Prozeß innewohnen. Die notwendigen »goldenen Haare« samt dem entscheidenden Wissen müssen beispielsweise beim Teufel in einer rußigen Höhle unter größten Gefahren geholt werden, oder der tückische übermächtige Lindwurm muß besiegt werden, usw.

Da das Märchen abstrakt und bis zu einem gewissen Grade zeitlos ist, wird auch nichts über die jeweiligen Inhalte der dominanten Weltanschauung ausgesagt. Die Inhalte ändern sich auch, aber die Struktur bleibt, ob es sich um kollektive geschichtliche Umwälzungen handelt oder um den Wandlungsprozeß eines einzelnen Menschen. Um nun praktisch den möglichen Bedeutungen eines Märchens näher zu kommen, ist es manchmal günstig, sich zu fragen, was eine Motivkonstellation bedeuten könnte, wenn sie in einem Traum auftritt. Man wird alle Märchenfiguren als seelische Möglichkeiten und Persönlichkeitstendenzen im Träumer selbst auffassen, wobei der Held oder die Heldin am ich-nächsten ist. Bei einem Traum würden wir dann das ganze Geschehen auf die bewußte Situation des Träumers beziehen. Die Persönlichkeit des Träumers ist unser Bezugspunkt. Ein solcher Bezugspunkt fehlt aber im Märchen. Es bezieht sich auf die menschliche Situation im allgemeinen, stellt in psychologischer Sicht kollektiv-seelische Prozesse dar. Damit eine Deutung aber lebendig wird, scheint es mir wichtig, nach praktischen Beispielen zu suchen, wie sich eine archetypische Märchenkonstellation im Hier und Jetzt abspielen kann. Damit versuchen wir eine Verbindung vom Überzeitlich-Allgemeinen, typisch Menschlichen, zum aktuellen Geschehen persönlicher Erfahrung herzustellen. Archetypisches gewinnt Leben, wenn sich dessen Bedeutung in individueller Erfahrung aktualisiert. Beispielsweise entspricht es auch tiefenpsychologischer Therapieerfahrung, wenn ein Märchen erzählt, daß Wissen um die Ursache der Trockenheit des Brunnens oder der Sterilität des Apfelbaumes beim Teufel geholt werden muß.[14] Auseinandersetzung mit dem »Verteufelten« in sich selbst, dem Verdrängten und Verdammten fördert menschliche Bewußtwerdung und Reifung, vermag erfahrungsgemäß blockierte Energien zu befreien. Dies nur als kleines Beispiel, wie Märchen Erkenntnisse psychischer Zusammenhänge auf ihre symbolische Weise zum Ausdruck bringen.

Zusammenfassend läßt sich also feststellen, daß Märchen, vom psychologischen Standpunkt aus, als Selbstdarstellungen seelischer Prozesse aufgefaßt werden können. Deshalb sind sie für die Psychologie des Unbewußten von eminentem Interesse. C. G. Jung schrieb: »In Mythen und Märchen wie im Traume sagt die Seele über sich selbst aus, und die Archetypen offenbaren sich in ihrem natürlichen Zusammenspiel, als ›Gestaltung, Umgestaltung, des ewigen Sinnes ewige Unterhaltung‹.«[15]

ANMERKUNGEN

1 S. Freud: Ges. Werke, Bd. 13, S. 425, Fischer, Frankfurt a. M., 1969.
2 S. Freud: Ges. Werke, Bd. 8, S. 234, Fischer, Frankfurt a. M., 1969.
3 C. G. Jung: Ges. Werke, Bd. 8, S. 237, Rascher, Zürich, 1967.
4 C. G. Jung: Ges. Werke, Bd. 11, S. 162/163, Rascher, Zürich, 1961.
5 Max Lüthi: Das europäische Volksmärchen, Franke, Bern, 1960.
5a M.-L. v. Franz: Interpretation of Fairy tails, S. 11, Spring Publications, New York, 1970.
6 Siehe C. G. Jung: Ges. Werke, Bd. 8, S. 245 ff., Rascher, Zürich, 1967.
7 J. W. v. Goethe: »Maximen und Reflexionen«, in: Schriften der Goethe-Gesellschaft, Bd. 21, S. 314, 1907.
8 J. J. Bachofen: Mutterrecht und Urreligion, S. 60 ff., Leipzig, 1927.
9 Siehe C. G. Jung: Ges. Werke, Bd. 6, S. 515 ff., Walter, Olten, 1971.
10 W. Emrich: »Wertung und Rangordnung literarischer Werke«, in: Sprache im technischen Zeitalter, Bde. 11–12, S. 990 ff., 1964.
11 Zit. in H. v. Beit: Symbolik des Märchens, S. 15, Francke, Bern, 1960.
12 H. v. Beit: Symbolik des Märchens, S. 15/16, Francke, Bern, 1960.
13 Eine Fundgrube zum Auffinden allgemeiner Vorstellungen in bezug auf ein Motiv, ist das Handwörterbuch des deutschen Aberglaubens, hrsg. von H. Bächtold-Stäubli. W. de Gruyter, Berlin und Leipzig, 1927.
14 Der Teufel mit den drei goldenen Haaren, KHM, Nr. 83.
15 C. G. Jung: Ges. Werke, Bd. 9/1, S. 233, Walter, Olten, 1976.

Verena Kast

ZUM UMGANG DER MÄRCHEN MIT DEM BÖSEN

Thematische Zugänge zum Märchen als dynamischer Prozeß

Vorbemerkung: Man kann sehr viele verschiedene Fragestellungen an das Märchen herantragen, und es ist faszinierend zu sehen, daß immer wieder andere Aspekte, andere Abläufe psychischen Seins dadurch sichtbar werden. So kann man das Märchen unter dem thematischen Gesichtspunkt sehen, als eine Auseinandersetzung zwischen Gut und Böse. Das ist eine recht gebräuchliche Betrachtungsweise. Den Schluß, der dann üblicherweise daraus gezogen wird, daß im Märchen das Gute immer siegt und das Böse immer unterliegt, muß man vielleicht einmal überdenken. Die Hauptstruktur der Märchen gibt dem Bösen eine besondere Funktion im Wandlungsprozeß der Psyche, den der Erzählverlauf schildert. Es findet sich aber noch eine zweite Struktur, in der das Böse nicht verwandelt werden kann. Die Märchen zeigen in differenzierten Prozessen, *wie* man *wann* mit *welchem* Bösen umgehen kann.

Das erste, was bei der Fragestellung nach dem Bösen auffällt, ist, daß das Märchen uns immer wieder zeigt, daß »böse« nicht einfach böse ist. Die meisten Figuren können böse und gut zugleich sein. Wölfe z. B. fressen die Geißlein, fressen die Großmutter. Aber sie können auch helfen: Wenn sie nicht abgeschossen werden, geben sie, wie ein Märchenbeispiel zeigt, ein Haar, und wenn der Held dieses Haar dreht, kommt der Wolf zu Hilfe. Oder wie die beiden Jäger im Märchen »Die zwei Brüder«, die, obwohl sie Hunger haben, die Tiere nicht schießen, weil diese um ihr Leben bitten, zwei Jungtiere erhalten, die ihnen später helfen, den Drachen zu besiegen. Wir kennen alle dies Sprüchlein: »Liebe Jäger, laßt mich leben, ich will Euch auch zwei Junge geben.«

Auch Dinge können gut oder bös sein: Der Wald z. B. tritt ja oft als »verschlingender Wald« auf, aus dem man keinen Ausgang findet. Er kann aber auch eine schützende oder nahrungsspendende Funktion haben.

Prinzessinnen sind nicht nur wunderschön, lieb und engelsgleich, sie können auch recht böse sein. Sie können z. B. alle Freier umbringen – aktiv oder passiv: aktiv etwa in Gestalt aller der Rätselprinzessinnen, die jeden heiratswilligen Mann töten, der ein Rätsel nicht lösen kann. Passiv etwa in Gestalt Dornröschens, das durch sein unschuldiges Schlafen viele Prinzen dazu verleitet, zur Unzeit bei ihm einzusteigen. Sie bleiben in den Dornen hängen.

Auch das gute, schöne Schneewittchen ist immer wieder ungehorsam. In einer Schweizer Fassung halten deshalb die Zwerge sogar eine Abstimmung darüber, ob sie das Schneewittchen in der Pfanne braten sollen oder nicht. Prinzen vergessen die Bräute am Stadtrand; tun nicht, was ihnen geraten wird; versuchen manchmal sogar, Kinder zu töten. Könige können auch böse sein: Denken wir etwa an das Märchen vom »Teufel mit den drei goldenen Haaren«, wo der König mit allen Mitteln versucht, das Glückskind, das seine Tochter zur Frau erhalten soll, aus dem Wege zu räumen. Umgekehrt sind aber Hexen, die man für grundsätzlich böse hält, durchaus zu gebrauchen: Die russische Baba Jaga zum Beispiel kann dem Helden durchaus helfen, zu seiner Prinzessin zu kommen. Ob sie verschlingt oder hilft, ist oft eine Frage des Tones, den man wählt, wenn man sie anspricht.

Als Beispiel kann Iwans Umgang mit der Baba Jaga im russischen Märchen »Die Jungfrau Zar« gelten. Nachdem er sich einmal dazu durchgerungen hat, den Weg des Todes zu reiten, kommt er vor das Hüttchen der Baba Jaga, schlägt das Kreuz, wie es üblich ist, verbeugt sich, wie es Brauch ist. Da kommt die Baba Jaga und fragt ihn: »Wie ist's, Kindchen, reitest Du mit oder gegen Willen?« Da springt der kühne Jüngling auf die Alte los und ruft: »Ich hau dich um die Ohren noch, dann wird dein Arsch zum Ofenloch. Den Grind zerschlag ich mit der Hand, dann fliegt aus deinem Arsch der Sand! Du solltest, Alte, einen Helden nicht erst lange ausfragen, sondern ihm Essen und Trank geben!« Die Hexe aber steht ihm dann zu Diensten, gibt ihm Nahrung und auch ein Pferd und deckt ihm auch den Abzug; sie verrät auch, wo er Jungfrau Zar, die schöne Marja findet.

Was hier interessiert, ist das Umgehen mit dieser Baba Jaga, dieser Mutter-Hexengestalt, die ihn ja wirklich zuerst einmal einfach depotenzieren und auffressen will, wenn sie ihn mit »Kindchen« anredet. Er schleudert ihr einen kräftigen Widerstand entgegen, wobei mir sein gereimter Spruch, der wie ein Bann-Spruch klingt, sehr sinnvoll erscheint. Da vergewissert er sich noch einmal seiner Kraft. Er läßt sich nicht depotenzieren.

Doch dürfen wir darüber nicht vergessen, daß es dämonische Mächte gibt, die kaum je als gut auftreten. Ich kenne keinen positiven »Blaubart« etwa, auch Riesen sind kaum je gut, Riesinnen auch nicht. Hexenmeister, dämonische Zauberer – das sind Gestalten, die eine Lust an ihrem Bösesein zu haben scheinen.

Was ist überhaupt »böse«?

Ich werde zunächst das, was sich dem Märchen-Helden, seinem Willen, seinen Absichten hemmend entgegenstellt, oder was seine vorgegebene Situation stört, als »böse« bezeichnen. Dabei kann natürlich der Held selbst »böse« sein, indem er z. B. Verbote übertritt, was er ja andauernd tut, tun muß, da sonst keine Veränderung möglich ist. Es kommt also alles darauf an, dieses »Böse« nicht als eine fertige Größe zu betrachten. Dadurch, daß wir das Hemmende als böse annehmen, ergeben sich verschiedene Ebenen und Qualitäten des Bösen. Daß das Böse in den Märchen da ist, ist ganz eindeutig. Wenn wir uns über die Funktion des Bösen klar werden wollen, hilft es vielleicht, wenn wir uns einmal überlegen, welches die allgemeinste Struktur des Märchens überhaupt ist. Diese allgemeinste Struktur werde ich die erste Märchenstruktur nennen, im Unterschied zu einer speziellen, der zweiten Märchenstruktur. Die meisten Märchen gehen von einer Mangelsituation aus: Da werden die Früchte von einem besonderen Baum gestohlen, es ist keine Prinzessin im Land, oder die Königin bekommt keine Kinder. Diese Mangelsituationen sind Bilder dafür, daß da etwas Böses im Spiele ist. Was genau dieses Böse ist, zeigt sich jeweils im Verlauf des Märchens. Der Schluß des Märchens zeigt meistens sehr klar, woran es eigentlich gemangelt hat. Nun ist es aber nicht, oder nur selten so, daß am Ende der Erzählung einfach die Anfangssituation wieder hergestellt wäre, angereichert vielleicht durch die vermißte Person: Eine neue Ebene wurde gewonnen, eine Entwicklung hinter sich gebracht. Es kommt nicht vor, daß der Prinz einfach eine neue Prinzessin holt – und im übrigen der Alte bliebe; er verändert sich auf der Suche nach der Prinzessin, er ist immer unterwegs, in Bewegung. Äußerlich drückt sich diese Entwicklung dadurch aus, daß der Prinz schließlich König wird. In einer solchen gelungenen Schlußsituation sind mehr Möglichkeiten, mehr Freiheiten da als am Anfang. Zu vergleichen wäre der Anfang einem neurotischen Zustand, in dem viele Möglichkeiten eben nicht mehr bestehen; und der Schluß dem nicht mehr neurotischen Zustand, wenn ein Patient verschiedene Zwangsgeleise verlassen hat, und seine Möglichkeiten wieder nutzen kann. Ein Kollektiv kann auch neurotisch sein. Zwischen totalitären Systemen und einer Kollektivneurose ist kein großer Unterschied. Märchen können kollektive Situationen kompensieren. Der Weg zwischen der Ausgangssituation im Märchen, zwischen der Mangelsituation und der Behebung dieser Mangelsituation auf einer anderen Entwicklungsstufe geht nur über die Auseinandersetzung mit dem Bösen. Das Böse wird, sobald einmal eine Entwicklung stagniert, manifest und dadurch Anreiz zur Entfaltung, zur Auseinandersetzung, zur Aktualisierung aller Kräfte – entweder setzt man sich dann durch, oder man ist kein »Held« im Sinne des Märchens.

Es gibt auch eine *zweite* Märchen-Struktur. Sie kommt allerdings viel seltener vor als die, über die ich gerade gesprochen habe. Die

Mangelsituation als Ausgangspunkt bleibt sich hier mit der ersten Struktur gleich; gleich bleibt sich auch die Auseinandersetzung mit den hemmenden Mächten: Dies führt in der zweiten Struktur aber nicht zu einer Reifung, einer Entwicklung, sondern alles muß daran gesetzt werden, sich aus der unangenehmen Lage überhaupt wieder befreien zu können. Man ist froh, wenn man die eigene Haut retten kann. Ich denke da an bestimmte Versionen des Blaubartmärchens, z. B. in »L'ours à la holte«. Blaubart ist ein Mann mit großen Reichtümern. Er versucht, ein Mädchen zu freien. Das sträubt sich zuerst, denn Blaubart hat einen blauen Bart und ist unheimlich. Dann aber, angesichts der Reichtümer, gibt sie nach. Sie wohnt im Schloß mit Blaubart. Dieser sagt, er wolle verreisen, gibt ihr die Schlüssel und das Verbot, ein bestimmtes Zimmer zu betreten. Sie betritt aber das Zimmer doch. Da hängen lauter Teile von toten Frauen, und Wannen voll Blut stehen herum. Sie läßt vor Schreck den Schlüssel fallen, er wird blutbefleckt – sie kann reiben soviel sie will, das Blut geht nicht ab. In diesem Moment kommt Blaubart zurück und tötet auch sie. Dann holt er ihre Schwester unter dem Vorwand, sie solle seiner Frau die Zeit vertreiben. Es geschieht dasselbe dann holt er noch die zweite Schwester, also die jüngste. Die ist nicht so schreckhaft und auch weniger naiv, als ihre älteren Schwestern. Sie schaut nur in jenes Zimmer und läßt den Schlüssel stecken. Nun will Blaubart diese zweite Schwester heiraten, denn er meint, sie hätte die Probe bestanden. Sie geht darauf ein, verlangt aber von ihm, er müsse zuerst noch Wäsche zu ihren Eltern tragen, er dürfe unterwegs den Korb nie abstellen. Blaubart will das tun. Das Mädchen hat seine Schwestern inzwischen wieder lebendig gemacht, steckt sie in einen Korb, steigt selber mit hinein, und so werden sie von Blaubart nach Hause getragen. Immer. wenn er sich ausruhen will, ruft das dritte Mädchen aus dem Korb. sie sähe ihn, er solle weiter gehen. So sind die drei Mädchen am Schluß wieder zu Hause, Blaubart jedoch wieder allein auf seinem Schloß (»Die silberne Nase«, in: »Italienische Märchen«, MdW).

Es gibt andere Blaubartversionen, wo Blaubart wenigstens noch von den Brüdern umgebracht wird. In der Version, die ich Ihnen jetzt erzählt habe, ist es aber so, daß zwar Leben gerettet, aber nichts

Neues hinzugewonnen ist, es hat keine Entwicklung stattgefunden. Bei dieser zweiten Strukturform handelt es sich ganz bestimmt um ein anderes Böses als bei der ersten, wobei die Übergänge fließend sind. Weitere Beispiele für die zweite Strukturform wären auch jene Märchen, bei denen der Held umkommt: Etwa in »Frau Trude« (KHM), wo das Mädchen, das sich respektlos der Frau Trude nähert, von dieser in einen Holzblock verwandelt und ins Feuer geworfen wird. Zu der zweiten Strukturform zähle ich auch solche Märchen, in denen der Held seine Aufgabe nicht erfüllt. Solche Märchen sind in alten Sammlungen noch verhältnismäßig häufig anzutreffen. Als Beispiel möchte ich »Die feurige Kröte« anführen (Harzmärchenbuch, herausgegeben von August Ey, Stade, 1862):

Es kommt einmal ein Schneider nach Andreasberg, aber nicht ganz hin. Nein, bis auf den Frau Hollenplatz und da bleibt er. Der Abend ist so hübsch, zwar nicht finster, aber auch nicht hell, just wie eine hübsche Sommernacht auf dem Harz. Er denkt, du sollst dich hier hinlegen, sparst du doch das Schlafgeld und wilde Thiere giebt es hier ja wohl nicht. Moos ist bald so viel zusammengerupft, das Bett gemacht, er drauf und in ein paar Minuten hat er mit der Welt nichts mehr zu schaffen. Fest schläft er, wie ein Ratz. Da ist es mit einem Male, als risse ihm Jemand die Augen auf. Der Berg ist ganz roth, wie der Himmel, wenn die Sonne untergehen will und doch sieht er keine Flamme, nichts wovon er so roth geworden ist. Als er darüber verwundernd aufguckt, bemerkt er, daß das Rothe unten vom Berg kommt und immer höher steigt, ja daß eine gefährlich große Kröte den Berg heraufkriecht und davon die rohte Farbe des Berges herrührt. Er will auf, kann aber nicht; es ist, als wäre er festgebunden an der Stelle. Das Unthier kommt langsam immer näher und näher auf ihn zu. Natürlich bekommt unser Schneider denn doch nicht gerade geringe Angst; ein Schneider ist ohnehin nicht beherzt. Was will er aber machen, er kann nicht weg; der Angstschweiß tritt ihm auf den Leib; denn das Thier glüht über und über, und sperrt den Rachen weit auf, den heißen Athem kann man sogar sehen, und die Augen glotzen ihn an. Na, denkt er, die will dir zu Leibe, die macht dich kalt. Noch zwanzig Schritt ungefähr ist sie von ihm, da schlägt's zwölf Uhr auf dem Thurm des Glockenbergs und als es den letzten Schlag thut, da ist Alles verschwunden auf einmal, und der Berg schwarz und finster. Die Sterne gucken hie und da aus den Wolken und jenseits, dort wo Morgen liegt, geht der Mond auf. Der Schneider kann auch aufstehen und macht sich gleich nach Andreasberg hinein. Da begegnet ihm der Wächter, der bläst zwölf. Der Schneider bittet ihn, er möchte ihm doch ein Nachtlager verschaffen. Der bringt ihn hin nach seinem Nachtwächterquartier und da bleibt der Schneider bis des Morgens. Sagt aber da kein Wort, was ihm passiert ist. Des andern Morgens, so gegen zehn geht er zum Pastor und erzählt ihm den Vorfall auf dem Frau Hollenplatz. Der Pastor aber sagt, er wolle diesen Abend mit hin, dann würden sie sehen, was sich thun ließe. Der Schneider solle nur nicht bange sein. Die Kröte wäre gewiß verwünscht, und er (der Schneider) müsse sie erlösen. Dazu gehöre aber Herzhaftigkeit, auch dürfe er nicht sprechen, sonst wäre Alles verdorben. Ja, sagte der Schneider, er wolle allen seinen Muth zusammennehmen. Es wäre die Kröte aber ein scheußliches Ungethüm. Wenns das auch wäre, sagt der Pastor, so müsse er es doch küssen. Des Abends halb elf gehen sie mit einander nach der Stelle, setzen sich neben einander auf die Erde, und der Pastor sagt nochmals zum Schneider: Wenn ich nun in diesem Buche lese, so bist du ganz stille, läßt kommen, was kommt, und wenn dich die Kröte auch halb todt macht; du sollst sehen, es ist dein und mein Glück, auch der Kröte ihr's, dann sind wir alle reich. Dahinter steckt sicher etwas. Der Schneider verspricht auch, dem Rath zu folgen. So warten sie, bis es elf schlägt. Mit dem Schlag elf wird der Berg nach und nach hell und heller und diesmal noch viel heller, als das vorige Mal. Sie sehen schon die Kröte, wie sie am Berg langsam herauf kriecht; diesmal ist sie auch viel feuriger und abscheulicher, kommt auch schneller heran. Der Pastor liest, was er kann und sucht den Schneider zu stärken, sieht ihn öfter tröstend an und winkt ihm, daß er ja Muth behielte. Endlich kommt sie so nahe, daß sie dem Schneider auf die Beine mit ihren glühenden Pfoten tritt. Er fühlt den heißen, giftigen Hauch aus ihrem Feuerrachen, sie steigt höher an ihn herauf. Ihm schlägt das Herz. Der Pastor liest und sieht ihn scharf an, als wollte er sagen: »Du, halt aus, zieh nicht weg.« Am Ende kommt sie ihm fast an den

Mund, ihr Hauch riecht nach Schwefel, es dämpft ihm bald den Athem ab. Da will sie ihn küssen. Aber nun kann er es nicht mehr aushalten, voll Abscheu wendet er das Gesicht weg und da schlägt es zwölf. So wie's den ersten Schlag thut, da ist Alles verschwunden und der Pastor sagt voll Verdruß und Ärger: Nein, so ein Narr, solch eine Memme, wie der Schneider wäre, gäb's nicht weiter. Nur noch einen Augenblick hätte er aushalten sollen, dann wäre Alles geschehn. Der Schneider sagt aber, wenn er sich nicht abgewandt hätte, so hätte er ersticken müssen. Es ist nun vergebens gewesen, sie gehen also mit einander nach Haus und am folgenden Abend um dieselbe Zeit nochmals hin. Alles kommt wieder so. Der Berg wird aber diesmal so glüh, daß es wie Tag gewesen ist, und die Kröte brennt über und über. Der Schneider nimmt sich vor, er will's diesmal besser machen. Hält auch aus bis dahin, daß ihn die Kröte fast mit ihrem Rachen berührt, da verläßt ihn aber der Muth und er wendet das Gesicht wieder ab, und in dem Augenblick schlägt's wieder zwölf und Alles ist verschwunden. Nun hört man in der Ferne ein Heulen und Schreien, als wenn ein Mädchen heftig weint. Da sagt der Pastor: Jetzt ist alles vorbei und unsre Angst und Mühe ist vergeblich, und das Geschöpf muß verwünscht bleiben. Von der Zeit an hat man nichts wieder davon gesehen und der Berg ist nie wieder roth geworden; außer des Abends, wenn die Sonne recht roth unterging, dann hat auch wohl noch einmal der Berg etwas roth ausgesehen. Der Schneider ist weiter gegangen, hat aber den Vorfall in Andreasberg seinem Wirth erzählt, bei dem er die Tage hindurch gewesen ist, und der hat's wieder erzählt.

Bei der ersten Strukturform könnte man sich fragen, ob da »böse« wirklich schon böse ist – oder man kann auch andersherum fragen: erleben wir nicht oft schon als böse, was von uns Veränderung, Entwicklung will, was Konfrontation herausfordert? Das würde aber nur ein Ideal der faulen Ruhe bedeuten, oder auch zeigen, wie schwer Veränderung fällt. Ist doch jede Veränderung ein Stück Tod und Wiedergeburt, im Märchen oft bildhaft aufgewiesen in dem Helden, der getötet und dann wiederbelebt wird.

Bei der zweiten Strukturform kann man schon eher von wirklich böse sprechen. »Böse« würde da heißen, daß eine destruktive Macht am Werk ist, mit der man nicht mehr umgehen, von der man sich nur noch distanzieren kann. Flucht ist hier die einzige Möglichkeit, auch um den Preis, daß der Held oder die Heldin scheinbar ungewandelt zurückkommen. Für unsere Heldin im Blaubart-Märchen heißt das: Sie weiß nun wenigstens, daß sie nie mehr ins Schloß des Blaubarts zurückgehen darf. Das könnte etwa so verstanden werden, daß sie sich ihre destruktive Seite, auch ihre Freude am Destruktiven überhaupt, nicht mehr gestatten darf, auch nicht in kleinsten Portiönchen, weil sie sonst wieder in die Klaue des Blaubart geriete, weil sonst eine unkontrollierbare, unbeeinflußbare Destruktivität von ihr Besitz ergriffe.

Die Frage ist also, wie man wann mit welchem »Bösen« umgeht. Dies zeigen uns Märchen in sehr differenzierter Art.

Dies entspricht typischen menschlichen Verhaltensabläufen. Eine Form des Verhaltens ist das Respektieren der dunklen Macht. Diese Form liegt allen andern Formen auch zugrunde, stellt also eine Voraussetzung im Umgang mit dem Bösen dar. Im Respektieren drückt sich auch eine berechtigte Angst vor dem Bösen aus. Man steht zu seiner Angst und läßt sich trotzdem mit diesem Dunkeln ein, nimmt es an und damit auch mit sich. Als Beispiel könnten die Tiere in dem Märchen »Die beiden Brüder« gelten. Die wilden Tiere sollen nicht getötet, sondern mitgenommen werden. Wilde Tiere können Symbol für verschiedene wilde, unartikulierte, undomestizierte Triebe in uns sein – recht oft die verschiedenen Schattierungen unseres aggressiven Verhaltens, von dem wir ja häufig sagen, es sei »böse«. Wenn die Tiere aber mitgenommen werden – um im Märchenbild zu bleiben –, dann sind sie sehr hilfreich. Böse werden sie erst, wenn man ihnen nach dem Leben trachtet, also die Aggressionen, die sich in ihnen darstellen, verdrängt.

Liebevolles Annehmen ist die eine Form – wütendes Annehmen die andere: beides ist emotional. Ich denke an den »Froschkönig«. Da kann man nicht gerade von liebevollem Annehmen sprechen.

Immerhin nimmt die Prinzessin den Frosch in die Hand, bevor sie ihn an die Wand knallt – und da wird er zum Prinzen. Im Märchen »Die Prinzessin auf dem Baum« muß der Held zwölf Lämmer mitnehmen, um damit die Wölfe füttern zu können, sonst zerreißen diese sein Pferd: Auch das ist eine Form des Annehmens, ein Annehmen, das darum weiß, daß man seine Wölfe füttern muß, daß man sie nähren muß, also wissen muß, daß die Wolfsseite auch etwas braucht.

Bei dem Märchen »Das singende springende Löweneckerchen«[1] muß der Vater seine jüngste Tochter einem Löwen überlassen, weil der Vater unerlaubterweise, um eben dieser Tochter einen Wunsch zu erfüllen, ins Revier dieses Löwen eingedrungen ist. Der Vater ist untröstlich, die jüngste Tochter aber sagt: »Was versprochen ist, muß gehalten werden. Ich werde den Löwen schon besänftigen.« Sie braucht ihn aber gar nicht zu besänftigen; denn nachts ist er ein wunderschöner Prinz, nur tags ein Löwe.

Schon hier sieht man, wie das Märchen, im Vertrauen darauf, daß es so böse nun auch wieder nicht ist, bereit ist, dieses Löwenhafte anzunehmen. Das aber ist der erste Schritt zur Erlösung des Löwen. In einer Parallelversion »Der Sommer- und der Wintergarten«[2] handelt es sich nicht um einen Löwen, sondern um ein drachenartiges Ungetüm. Das Mädchen geht einmal nach Hause, da bittet das Ungetüm, es möge nicht zu lange ausbleiben. Es bleibt aber lange aus. Als es zurückkommt, ist das Ungetüm nicht mehr da. Endlich, nach langem Suchen findet es sich im Garten unter Blättern, scheinbar leblos. Da stürzt das Mädchen zu ihm nieder, küßt dieses Ungeheuer – und ein wunderschöner Prinz steht vor ihr. Das liebevolle Annehmen kann also bewirken, daß dieses, fast möchte ich sagen, »scheinbar« Böse von seiner Verzauberung erlöst wird. Damit wird aber immer das Mädchen mit erlöst.

Eine recht feine Form dieses Annehmens finden wir in einem ungarischen Volksmärchen (MdW, Ungar. Volksmärchen, 1966, S. 36). Da spricht der Held die eisenbezahnte Hexe als »Frau Mutter« an. Sie sagt darauf: »Ein Glück, daß du mich Mutter genannt hast, sonst würden deine Knochen bald winziger sein als Mohnkörner.« Da sieht der Held zwar schon, was los ist, nämlich, daß er zerquetscht werden könnte. Das setzt Wissen, Bewußtsein, voraus. Aber er erinnert die Hexe daran, daß sie trotz allem auch einmal »Mutter« sein könnte, er erinnert sie an ihre guten Seiten und spricht sie darauf an. Eine

Taktik, die wir oft auch benützen: Wir appellieren an die guten Seiten im Menschen – nicht an die destruktiven. Und das kann man ja auch bei sich selber tun. Wenn man bei sich z. B. entdeckt, daß man eine so verschlingende Seite hat, die am liebsten alles auffressen möchte, kann man vielleicht einmal versuchen, etwas herzugeben, statt nur zu fressen. Und wenn man Glück hat, bewirkt das eine Änderung.

Das Wissen um das Destruktive und doch den guten Kern Ansprechen hat eine Ähnlichkeit mit dem Leugnen im Märchen. Gemeint sind jene Märchen, in denen man verbotenerweise ein Zimmer öffnet, das hundertste etwa, zu dem man selbstverständlich den Schlüssel erhalten hat. Später leugnet man, daß man drin gewesen ist. Ich denke hier speziell an die Märchen vom Typ »Marienkind«, halte mich aber an die »vorchristliche« Version, an das Märchen »Die schwarze Frau«.[3] Bei den christlich überarbeiteten Versionen wird die Sache sehr kompliziert, weil dann natürlich das christliche Frauenbild mit hineinverarbeitet wird.

Ein armer Bauer, der kein Geld mehr hat, gibt seine Tochter in den Dienst einer schwarzen Frau, von der er dann auch viel Geld bekommt – er ist seiner Sorgen enthoben, ohne daß er etwas dafür getan hätte. Das Mädchen putzt den Palast der schwarzen Frau, und nachdem die drei Jahre schon fast um sind, öffnet es auch das hundertste Zimmer, das ihm verboten war. Da sieht es die schwarze Frau, inzwischen fast weiß. Auf die Frage der schwarzen Frau, ob es im Zimmer gewesen sei, leugnet es. Dann wird es verstoßen, in den Wald. Dort findet ein Königssohn das Mädchen und heiratet es. Die junge Königin bringt Kinder zur Welt, die schwarze Frau erscheint, fragt, ob sie im hundertsten Zimmer gewesen sei; die Königin leugnet, die schwarze Frau nimmt ihr das Kind weg und macht sie taub. Die Schwiegermutter spricht von ihrer Schwiegertochter als Kindsmörderin; das passiert dreimal, das zweitemal macht die schwarze Frau die Königin stumm, das drittemal blind. Dann soll die Königin als Hexe verbrannt werden. In diesem Moment kommt die schwarze Frau, bringt die drei Kinder und fragt sie ein letztes Mal, ob sie in dem verbotenen Zimmer gewesen sei. Noch einmal leugnet die Köni-

gin. Eben da wird die Frau weiß, gibt ihr die drei Kinder und schickt sie zurück aufs Schloß und sagt: »Hättest Du nur ein einziges Mal gesagt, Du seist drin gewesen, ich hätte Dich zu Staub und Asche zerrissen.« – Auf den Scheiterhaufen wandert dann übrigens die böse Schwiegermutter.

Welche Möglichkeiten hätte dieses Mädchen gehabt? Es hätte die Türe nicht aufzumachen brauchen, also dem Impuls zum Ungehorsam, der da ja von der schwarzen Frau, einem erlösungsbedürftigen Inhalt des Unbewußten, selbst gekommen ist, nicht nachzugeben brauchen (»erlösungsbedürftig« heißt m. E. »bedürftig, mitzuleben«). So wäre es wohl wieder nach Hause zurückgeschickt worden; vielleicht, ziemlich sicher, noch reich beschenkt. Vielleicht wäre die schwarze Frau weiß geworden, das Mädchen selbst hätte kaum eine Wandlung erfahren. Es hätte auch die Türe aufmachen, und dann dazu stehen können; dann wäre es, nach Aussage der schwarzen Frau, selber zu Staub und Asche zerrissen worden. Das wäre also wohl die gefährlichste Lösung gewesen: »Zu Staub und Asche zerrissen« zu werden, bedeutet wohl, daß die ganze Ich-Persönlichkeit gesprengt worden wäre. Ehrlichkeit hätte sich hier schlecht bezahlt gemacht. Das Mädchen hat die dritte Lösungsmöglichkeit gewählt: Es hat aufgemacht, gesehen und standhaft geleugnet. Dafür werden ihr die Kinder weggenommen und sie wird als Kindsmörderin hingestellt. Aber das konsequente Leugnen bis zum Scheiterhaufen führt letzten Endes zum Erfolg. Die schwarze Frau wird weiß – und die böse Schwiegermutter stirbt. Eine große Mutterproblematik wird hier verarbeitet: Die dunkle Mutter verschwindet; das Mädchen kann nun selber Mutter sein – die Wandlung ist vollzogen.

Es geschieht viel »Böses« in diesem Märchen: schon zu Anfang. Der Vater weiß sich nicht mehr zu helfen – hier besteht also die Notlage, die ihn eigentlich zwingen würde, etwas zu unternehmen. Er aber verkauft seine Tochter und saniert sich dadurch. Väter, die ihre Kinder opfern, oft sogar die ungeborenen, stehen häufig am Anfang von Märchen, in deren Verlauf dann das Kind, meistens das großgewordene Kind, sich mit den dämonischen Mächten auseinandersetzen muß. So geschieht es z. B. in den Märchen »Das Mädchen ohne Hände« oder »Der Königssohn und die Teufelstochter« (Deutsche Märchen seit Grimm in der Sammlung »Märchen der Weltliteratur«, MdW). »Das Kind opfern« könnte heißen, neu erwachende Kräfte zu opfern zugunsten der vorhandenen Depression: Es gibt ja doch keine Lösung ... Doch das wäre ein leichtfertiges Preisgeben der Hoffnung auf Entwicklung – und ist Verrat am Unbewußten. Solche Väter werden übrigens im Märchen nie gewandelt, es sieht fast so aus, als würde dann jeweils die alte Generation ungewandelt sterben.

Die Herausforderung zum Ungehorsam kommt in unserem Märchen von der »schwarzen Frau«. Diese verbietet, das hundertste Zimmer zu öffnen, und das Mädchen gehorcht fast drei Jahre lang – dann stellt es seine Neugier gegen dieses Verbot, es wird ungehorsam.

Das Mädchen hat doch fast drei Jahre lang bei dieser schwarzen Frau Zimmer geputzt – und gleichzeitig offenbar auch die dunkle Mutter selbst. Es lebte also sehr viele Aspekte dieser Seite, erlebte sie und bearbeitete sie. Der Ungehorsam bewirkt, daß das Mädchen die schwarze Frau sieht, sie fast erlöst, er bewirkt aber auch die Trennung von ihr – etwas, das eigentlich zusammengehört: Loslösen durch Sehen, durch Erkennen; und Loslösen als Schritt zum Erlösen.

Das *Leugnen,* in diesem Falle Nichts-Gesehen-Haben-Wollen von diesem Aspekt der Psyche, von dieser unheilvollen und wohl auch sehr faszinierenden Seite, und vor allem, nicht darin gewesen zu sein, im gleichen Zimmer mit dieser schwarzen Frau, das schafft Distanz zu diesem psychischen Inhalt, zu diesem abgespaltenen »Dunkeln«, und es zeigt, daß das Mädchen um die Gefährlichkeit dieser Seite weiß. Sie vermeidet es, mit diesem Dunkeln identisch zu werden, sie vermeidet eine Inflation im Bösen. Die Folgen dieses Leugnens sind einmal das Ausgestoßensein im Wald – Verlust der Sprache, des Hörens, des Sehens. Verlust der Kommunikation also im weitesten Sinne. Man kann der Außenwelt nichts sagen von alledem, was einem da geschieht. Die weitere Folge ist die Schlimmste: Verlust der Kinder. Diese Kinder werden von der schwarzen Frau gestohlen, weil sie sie braucht.

Psychologisch gesehen bedeutet dies: Alle Energien nach Innen, statt nach Außen. Es geht um einen kompromißlosen Introversionszustand, und es kann nicht artikuliert werden, was darin vor sich geht. Gerade dies aber bewirkt die Wandlung. Das Bewußtsein leugnet und leidet aufs äußerste – und schweigt –, und durch diese enorme Abkapselung wandelt sich der destruktive Komplex.

Beim ersten Kind wird das Mädchen taub, beim zweiten stumm, beim dritten blind. Diese erzwungene Introversion, dieses Sich-Bewahren, wird bis zu einem höchsten Maße gefordert, nicht zuletzt wohl auch, weil sich das Mädchen in der Umgebung der bösen Schwiegermutter mit dem dunklen Weiblichen hätte verhaken können.

Das Märchen zeigt eine sehr differenzierte Einstellung »dem Dunkeln« gegenüber, wie man die schwarze Frau wohl sicher nennen kann. Bedenken wir zunächst das Arbeiten in ihrem Haus, also Arbeiten an dieser Dunkelheit, der eigenen und damit offenbar auch an einer überpersönlichen; dann das Sehen dieser Dunkelheit – vor allem die Erlösungsbedürftigkeit dieser Dunkelheit – und doch Nicht-Gesehen-Haben, also auch hier eigentlich ein respektvolles Annehmen und Ablehnen zugleich, wobei das Ablehnen der verzweifelte Versuch ist, sich von diesem übermächtigen Dunkel zu distanzieren. Und das ist mit enormen Leiden verbunden. Der Ungehorsam der Heldin aber ist unbedingt nötig; er leitet die endgültige Ablösung von der »dunklen Mutter« ein.

Eine weitere Form des Umgehens mit dem Bösen neben dem Leugnen ist der *Kampf*, dessen häufigste Form der sogenannte »Drachenkampf« ist. Einem Drachen gut zuzureden, hilft wenig. Da muß eine aktive Entscheidung getroffen werden. Der Kampf als aktive Auseinandersetzung mit dem Bösen kommt vor allem in Märchen wie: »Die zwei Brüder« (KHM) vor. Die beiden Brüder, Söhne eines armen Mannes, haben hier Herz und Leber des Goldvogels gegessen – und finden deshalb jeden Morgen ein goldenes Ei unter ihrem Kopfkissen. Nachdem sie beim Jäger in der Lehre waren, ziehen sie in die Welt, und einer der Brüder befreit eine Stadt von einem Drachen, der sich bisher jedes Jahr eine Jungfrau holte. Diesen Drachen kann er mit Hilfe seiner Tiere überwinden; dadurch gewinnt er die Königstochter zur Frau. Der Drache bedroht die Bewußtseinswelt. Er fordert ihr unangemessene Opfer ab – jedes Jahr eine Jungfrau –, und diese Opfer der Jungfrauen werden ja über kurz oder lang das ganze Leben lahm legen. Wir wissen, daß schon viele Ritter von diesem Drachen getötet worden sind. Unser Jäger kann ihn töten. Wann aber muß man vor diesem bedrohenden Monstrum fliehen, wann kann man den Drachen töten? Mir scheint, es hängt davon ab, in welcher Entwicklungsphase man auf den Drachen trifft. In dem Drachentötermärchen waren die beiden Brüder immerhin schon beim Jäger in der Lehre, sie kennen sich also im Walde bereits aus, sie haben auch ihre Tiere – vom Hasen bis zum Löwen –, und sie finden jeden Morgen ein goldenes Ei unter ihrem Kopfkissen – und sind gar noch zu zweit. Sie haben also schon Erfahrung im Umgang mit dem Unbewußten. Der Drache, der Verschlingende, Bedrohende, konstelliert sich erst zu einem Zeitpunkt, da die Brüder doch schon recht gut ausgerüstet sind zum Kampf.

Der Drache könnte, psychologisch interpretiert, eine alte, undifferenzierte Seite bedeuten, die wieder verschlucken will, was sich das Bewußtsein erarbeitet hat.

»Den Drachen töten« könnte heißen, jene Stimmung in sich zum Schweigen zu bringen, die einem einflüstern will, daß nachdem man große Arbeit an sich getan hat, alles nichts ist, alles beim Alten geblieben ist. Und alles Erreichte wird so verschluckt.

Im Märchen geht man aber gegen das Böse öfter mit *List* zu Werk als mit Gewalt.

In »Hänsel und Gretel« (KHM) wird die Hexe dadurch aus der Welt geschafft, daß Gretel, als sie in den Ofen kriechen soll, so tut, als wisse sie überhaupt nicht, wie man das anstellen könnte, so daß es ihr die Hexe ganz ungeduldig vormacht. Da braucht Gretel ihr nur noch den letzten Stoß zu geben und die Ofentür zu schließen.

Gretel macht sich also die Absichten der Hexe zu eigen und verwendet sie gegen die Hexe – dadurch vernichtet sie sie. Das setzt natürlich voraus, daß Gretel auch ein wenig hexenhafte Züge hat, sonst könnte sie ja diese gar nicht durchschauen. In ähnlicher Richtung geht der Trick mit der Zipfelmütze in dem Märchen »Der Däumling« (bei Perrault: »Petit Poucet«) vor sich. Der Däumling, beim Menschenfresser angekommen, setzt sich und seinen Brüdern nachts die Goldkrönchen der Menschenfresser-Töchter auf, diesen aber die schwarzen Mützen der Buben. Der Menschenfresser tötet dann seine Töchter, die schon recht blutsaugerische Fähigkeiten entwickelt haben. Auch hier geht es um ein Voraussehen, was dieser Menschenfresser tun wird; man muß gescheiter sein als er, eine Fantasie für das Böse haben; auch das ist eine Form des Akzeptierens des Bösen. Dies gilt besonders auch in Beziehungen: Man wird dadurch dem Partner gerechter und letzten Endes weniger enttäuschbar.

Auch mit den Riesen wird man mit List fertig: Denken wir etwa an das »tapfere Schneiderlein«, das den beiden Riesen zerstörerische Steine auf die Brust wirft – vom Baum herunter –, so daß sie wütend werden und aufeinander losschlagen, bis sie sich gegenseitig umbringen.

Das Schneiderlein muß auch im voraus wissen, daß die Riesen, dumm wie sie sind, so reagieren werden.

Riesen sind riesendumm, riesengroß, gewalttätig, wütend und tobend. Sie können für unsere sehr ungestalteten Affekte (Riesenangst, Riesenwut) stehen. Das Schneiderlein gibt den Rat, *über* diesen Affekten zu stehen, also oben im Baum zu sitzen. Dadurch durchschaut er sie in ihrem Funktionsablauf, und läßt sie sich erschöpfen. Riesenaffekte – das sind Affekte, die stärker sind als die bewußte Kontrolle – gehören nicht in die Gemeinschaft.

Auch mit dem Teufel kann man mit List umgehen: Im Grimm-Märchen »Der Bauer und der Teufel« sieht eines Nachts der Bauer auf seinem Feld ein Feuer, auf dem ein schwarzer Teufel tanzt. »Du sitzt wohl auf einem Schatz?« fragt das Bäuerlein. Der Teufel will ihm diesen gern geben, denn er hat Geld genug und sehnt sich nach den Früchten der Erde. So will er dem Bauern das Geld unter der Bedingung geben, daß er zwei Jahre lang die Hälfte von dem bekommt, was der Acker abwirft. Damit kein Streit entsteht, will der Bauer ihm im ersten Jahr das geben, was über der Erde wächst, im zweiten Jahr das, was unter der Erde wächst. Im ersten Jahr pflanzt er Rüben – der Teufel hat dementsprechend nur verdorrtes Laub; im zweiten Jahr pflanzt er Weizen. Da fährt der Teufel wutentbrannt in die Felsschlucht nieder – und der Bauer hat den Schatz.

Der Bauer hat also dem Teufel den Schatz abgejagt, nicht aber den

Teufel erlöst. Mir scheint, daß der Teufel eine gewisse Erlösungssehnsucht hatte, denn es gelüstet ihn nach den Früchten der Erde, d. h. er hätte sich gern in die Welt der Menschen hineinentwickelt. Wenn man bedenkt, daß zu allen Zeiten immer wieder etwas anderes verteufelt wurde, der Teufel also nicht einfach eine feststehende Größe ist, und auch jeder von uns vielleicht wieder etwas anderes verteufelt, daß der Teufel also ein Name ist für das, was am weitesten von unserem Bewußtsein weggeschoben ist, dann tut es einem fast leid, daß da keine Erlösung stattfinden konnte.

Nimmt man aber an, diese Seite, die der Teufel verkörpert, wäre zu gefährlich, als daß man sie leben könnte, dann wäre das Verhalten des Bauern richtig: Er sieht ein Schattenproblem, gibt ihm aber keine Nahrung, sondern pflegt immer mit Humor jene Seiten, an die der Teufel nicht heran kann. So erhält er den Schatz in Form von Geld, also in Form der Energie, die mit dieser Seite verbunden ist.

Die allgemeine Aussage dieses Märchens geht dahin, daß das Böse nicht unüberwindlich ist, daß man aber genau hinsehen und dann die List anwenden muß, dort zu bauen, wo der Teufel seine Hand nicht im Spiele hat. Wie oft wollen wir gerade erst recht dort etwas erledigen, wo der Teufel die Hand im Spiele hat. Ganz allgemein geht es bei der List darum, daß man recht vertraut ist mit der Person, die man überlisten will, daß man ihr Verhalten voraussehen kann. Das heißt aber, daß man recht gute Einsicht haben muß in diese bösen Gestalten. Irgendwoher muß man sie aber gewonnen haben. Das heißt also, man muß Einsicht in die eigenen Schattenseiten gewonnen haben, in das eigene Böse – so daß man das Böse nicht mehr einfach nur in der Projektion erlebt, erkennt und bekämpft.

Hilft weder Gewalt noch List, dann hilft die *Flucht*, die oft auch mit Listelementen durchsetzt ist.

In deutlicher Form sehen wir die magische Flucht in dem Grimm'schen Märchen »Die Wassernixe«:

Ein Brüderchen und ein Schwesterchen spielen an einem Brunnen, fallen hinein und werden von einer Wassernixe gefangen gehalten. Als sie einmal in der Kirche ist, entfliehen die beiden. Die Wassernixe sieht natürlich schnell, was da geschehen ist und setzt den bei-

den nach. Nun wirft das Mädchen die Bürste hinter sich – es entsteht der Bürstenberg, über den die Nixe klettern muß; dann wirft der Knabe einen Kamm hinter sich. Daraus entsteht der Kammberg, den die Nixe überklettern muß; da wirft das Mädchen den Spiegel hinter sich – daraus entsteht ein Spiegelberg, und die Nixe muß nach Hause gehen, um eine Axt zu holen, damit sie den Berg entzweihauen kann. In dieser Zeit sind die beiden entflohen – und die Nixe muß sich wieder in ihren Brunnen trollen.

In anderen Märchen von der magischen Flucht, z. B. im russischen »Das Mädchen als Soldat«, gibt es statt des Spiegels ein Steinchen, das zu einem Fluß wird – und die Baba Jaga säuft sich an diesem Fluß zu Tode, d. h. sie zerplatzt.

Die magische Flucht findet immer als Flucht vor einer Hexe, einem bösen Zauberer oder vor dem Teufel selber statt. Es ist eine elementare Bedrohung, die es zu überstehen gilt. Man flieht und wirft zurück; man opfert, was der Verfolger haben will, was zu ihm gehört, was einen daher auch mit ihm verbindet; denn wenn nichts mehr mit dem Verfolger verbindet, dann hat er auch keinen Angriffspunkt. Es sind meistens Gegenstände, die irgendwie etwas mit der weiblichen Eitelkeit zu tun haben. Männer dagegen opfern Satteltaschen oder Reitgerten (in »Balkan-Märchen«, MdW). Und insofern ist es wohl das Aufgeben der eigenen Machtgelüste im weitesten Sinn. Was hier rettend wirkt, ist, ganz einfach zu werden, nichts mehr zu haben, sogar das letzte Kieselsteinchen zu opfern, das man noch bei sich trägt, jeden Anspruch auf Besitz zu opfern. Wenn man den Machtanspruch opfert, kann jene Seite, jene gierige, gefräßige Seite, die hinter diesem Anspruch steht, nicht mehr herankommen. Und selbst, wenn sie wieder käme nach einer gewissen Zeit – unbewußte Konstellationen scheinen ja eine gewisse Periodizität zu haben –, dann müßte wieder neu geopfert werden. Es ist freilich ein Angstopfer, aber was bliebe schon anderes übrig?

Eine andere Version der magischen Flucht ist die *Verwandlungsflucht:* An die Stelle des Opfers treten die Verwandlungen in verschiedene Gestalten. Als Beispiel steht etwa das Märchen »Der Königssohn und die Teufelstochter« (Dt. Märchen seit Grimm): Der Königssohn wird, noch ungeboren, an den Teufel verkauft, von seinem Vater, der aus eigener Kraft nicht mehr siegen, sich nicht mehr an der Macht halten kann. Es gibt hier also Ähnlichkeiten mit der Ausgangslage bei der schwarzen Frau. Der Teufel gibt dem Königssohn unmögliche Aufgaben. Erfüllt er sie, kann er sein Leben retten, erfüllt er sie nicht, wird er endgültig dem Feuer übergeben. Die dämonische Macht verlangt eine Arbeit, die weit über das Menschenmögliche hinausgeht. Deren Funktion ist es meistens, zu bewirken, daß das hochmütige Bewußtsein aufgibt, daß sich der Held geschlagen gibt, daß sein Spruch, »was ich will, das kann ich«, fallen gelassen wird. Meistens legt der Held im Märchen in einer solchen Situation den Kopf in den Schoß eines Mädchens und schläft – was wohl heißt, daß er nun endlich einmal psychisch geschehen lassen kann. Das Mädchen vollbringt dann die Aufgaben.

In unserem Märchen vollbringt die Teufelstochter, die »menschengefühlige«, wie ihr Vater, der Teufel, sie nennt, die Aufgaben der Geißel ihres Vaters. Nur die dritte Aufgabe, eine Kirche zu bauen, samt Kuppel und Kreuz, das können die Höllengeister nicht, da bleibt nur noch die Flucht. Die Teufelstochter verwandelt sich in ein weißes Pferd, der Prinz ist der Reiter. Wenn sich jeweils die Höllengeister nähern, verwandelt sich das Paar: Sie wird zur Kirche, er ist der Pfarrer darin; dann wird sie zu einem Erlenbaum, er ist das Vöglein drauf; sie wird zu einem Reisfeld, er die Wachtel darin; dann wird sie zu einem Milchweiher, er zur Ente, die immer in der Mitte des Weihers schwimmen und den Teufel nicht ansehen soll. Er tut das Verbotene dann doch, worauf die Milch zu gären beginnt. Es ist ein ganz feiner Ungehorsam da, der an sich sehr gut ist, weil dann die Milch, die der Teufel in Gestalt einer Gans einfach aussäuft, samt der Ente darauf, in seinem Leib zu gären beginnt und der Teufel zerplatzt. Königssohn und ehemalige Teufelstochter aber stehen nun in voller Schönheit da.

Wesentlich bei der Verfolgung ist, daß der Prinz in all seinen Wandlungsformen nie dem Höllenfürsten Gehör schenkt, ihn aber zuerst sieht: »Sieh hinter Dich – was verfolgt uns?«, ist immer die Frage der Teufelstochter. Dem kein Gehör zu schenken, den Kontakt nicht aufzunehmen, bedeutet wohl, daß man »das Böse« oder gewisse destruktive Komplexe einfach nicht direkt angehen kann, daß man wegsehen muß. Wegsehen vom Verfolgenden – aber in sich hinein, konzentriert auf die eigene Mitte. Das scheint mir ausgedrückt im Bild der Ente in der Mitte des Teichs, die ihren Kopf bei sich haben muß – und auch nicht nach dem Teufel schielen sollte, oder eben nur ein wenig. Der Teufel zerplatzt; das würde wohl heißen, daß dieser nicht assimilierbare destruktive Komplex seine Kompaktheit verliert, somit aber auch seine Bedrohlichkeit und Gefährlichkeit für das Bewußtsein. Es geht also darum, sich einem zerstörerischen Komplex, einem zerstörerischen Affekt, zu entziehen. Das Ich-Bewußtsein kann sich da nur mit größter Mühe fernhalten. Es ist aber doch nicht so, daß, wenn es aussichtslos ist, Fliehen immer das Richtige wäre. An die Stelle einer bestimmten Phase der Suchwanderung, der Quest, kann die Flucht treten, besonders die Verwandlungsflucht. Die Prinzessin gewinnt der Prinz ja auch hier, es scheint eigentlich kein großer Unterschied zu bestehen zur Quest: Man muß nur wissen, wann man suchen und wann man fliehen soll. Es geht wohl darum, die Möglichkeiten und die Grenzen des Bewußtseins richtig einzuschätzen im Umgang mit dem Bösen. Die jeweilige *Situation* muß klar gesehen werden, nicht das, was man gerne sehen möchte oder das, was »normalerweise« zu sehen ist.

Wenn es heißt, daß das Gute im Märchen immer über das Böse siegt, dann ist das wohl zu wenig differenziert gesehen. Es siegt nämlich auch nicht einfach das »Gute«, sondern der Held. Der Held ist aber nicht nur gut. Gutes und Böses stehen sich gegenüber, fordern einander heraus, und wenn die Herausforderung angenommen werden kann, gehen meistens beide Teile gewandelt aus dem Abenteuer heraus. Es siegt – wenn man so will – der Drang nach Entwicklung. Dennoch meine ich, daß man das Böse nicht zu harmlos sehen sollte: Auch wenn der große Bogen, den die Märchen beschreiben, meistens eine Entwicklung umspannt, so können einzelne Situationen doch bestimmt als sehr unangenehm erlebt werden, sogar als »ausweglos«, mit all der dazugehörigen Angst und Verzweiflung. Es ist sicher unangenehm, von einer Hexe verzaubert zu sein, also etwa in Tiergestalt herumlaufen zu müssen, sich wie ein Tier benehmen zu müssen. Es ist auch schwer zu ertragen, versteinert zu sein, bewegungslos, erstarrt. Es ist nicht einfach, vor dem Teufel davonlaufen zu müssen, wo immer er auch beim einzelnen oder in einem Kollektiv sitzen mag; der Teufel hat immer auch eine große Macht, und wenn sie noch so »verteufelt« ist, sie lockt uns doch.

Die Märchen zeigen uns aber, daß eine Auseinandersetzung mit dem Bösen eine Wandlung bewirkt: Sie wandelt den Helden, sie wandelt das Böse selber, sie wandelt die ganze Lebenssituation, in der der Held steht. Gerade aus dieser Hoffnung heraus ist es vielleicht eher möglich, das Böse zu sehen.

Die Ethik, die das Märchen vertritt, ist eine Weg-Ethik, eine Ethik des Unterwegs-Seins. Der Held handelt spontan, ist jeweils auf die bestehende Situation und auf ein Ziel bezogen. Das Handeln ist nicht einfach gut, sondern so, daß Entwicklung stattfinden kann, daß der Held auf dem »Weg« bleibt, auf dem Weg zum Ziel.

Die Märchen zeigen also verschiedene Formen des Umgehens mit dem Bösen:

1. *Respektieren des Bösen* ist Grundbedingung allen Umgehens damit. Man steht dabei zu der Angst, die man vor dem Bösen hat, läßt es aber doch mitleben, mitgehen. Diese Tatsache wird auch von *Leuner* im katathymen Bilderleben, einer Tagtraumtechnik, angewandt, in dem es ein »Prinzip des Nährens« gibt. Es geht dabei darum, daß angsterregende Figuren in der Phantasie genährt, und dann meistens als weniger angstauslösend erlebt werden.

2. Man kann sich an den *positiven Aspekt* innerhalb des Bösen wenden, etwa an des Teufels Großmutter. Dem entspricht ein Verhalten, das zwar durchaus destruktive Züge im Gegenüber entdeckt, dieses aber auf seine nichtdestruktiven Seiten anspricht.

3. Das Böse sehen, ohne einer *Inflation im Bösen* zu verfallen; d. h. sich hartnäckig zu distanzieren und zu leiden, und dadurch zu akzeptieren, daß das Böse stärker ist als man selbst, und daß man sich trotzdem davon befreien kann. Dieses Verhalten gilt wohl überall dort, wo man es mit etwas zu tun hat, das stärker ist als das Ich-Bewußtsein.

4. *Kampf* kann im richtigen Moment zum Ziel führen, das ist eine uns sehr vertraute Verhaltensweise.

5. *List* im Umgang mit dem Bösen führt oft weiter: Anwendenkönnen von List setzt voraus, daß man sich selber als »auch böse«

erlebt hat, versteht und akzeptiert. Nur dadurch gelingt die nötige Einfühlung in die Strategie des Gegenübers, die nötig ist, um sie mit List unterlaufen zu können.

6. Ist das Böse zu stark, kann man nur *fliehen*, wobei es wesentlich zu sein scheint, daß man bei sich selbst bleibt, und jede zu starke Annäherung an das Böse vermeidet. In einer solchen Situation das Böse als solches integrieren zu wollen, im Sinne einer Schatten-Integration, würde zu einer Katastrophe führen. Daran ist etwa zu denken, wenn Menschen z. B. in Therapien einen sehr großen Widerstand zeigen, ein Problem anzugehen. Vielleicht ist das Problem stärker als ihr integrierendes Ich-Bewußtsein, zumindest in der aktuellen Situation.

Für das Märchen ist die Existenz des Bösen eine Selbstverständlichkeit, doch es vermittelt den Eindruck, daß angesichts des Bösen immer auch Hoffnung besteht. Man muß sich nur richtig verhalten. Dazu paßt, daß in unserem Märchenbeispiel vom Königssohn und der Teufelstochter zwar das Böse da ist, verkörpert durch den Teufel, gleichzeitig aber auch, aus dem gleichen Haus wie der Teufel, auch seine Tochter, die hilft, das Böse – eigentlich ihren Vater – zu überwinden. Dennoch dürfen wir nicht vergessen, daß es ein Böses gibt, vor dem man nur fliehen kann.

Standhalten, Überwinden oder Flüchten: Keines ist an sich besser oder schlechter, nur in der jeweiligen Situation mehr oder weniger zweckmäßig.

ANMERKUNGEN

1 Kinder- und Hausmärchen der Brüder Grimm, KMH, Nr. 88.

2 J. Bolte, G. Polivka: Anmerkungen zu den Kinder- und Hausmärchen der Brüder Grimm, Bd. 2, S. 231 ff., Hildesheim, 1963.

3 MdW: Märchen aus dem Donaulande.

Verena Kast

METHODISCHE BEMERKUNGEN ZUR MÄRCHENINTERPRETATION

Vorbemerkung: Bei der Deutung eines Märchentextes als ganzem, gilt es, die möglichen *Ebenen*, *Phasen* und *Modalitäten* der Interpretation zu berücksichtigen. Grundsätzlich kann man jedes Märchen auf zwei Ebenen interpretieren: einer kollektiven und einer individuellen. Im Verlauf der Erzählung werden sich immer vier Phasen – Ausgangssituation, Verdichtung, Umschlagspunkte und Schlußsituation – herausheben lassen, die den psychischen Wandlungsprozeß markieren. Die einzelnen Bilder sowie der Bildzusammenhang können allgemein oder speziell symbolisch interpretiert werden. Schließlich sind verschiedene Modalitäten im Umgang mit den Bildern möglich: neben der symbolischen auch eine meditative.

Selbstverständlich gibt es verschiedene Arten von Märcheninterpretationen. Jede ist geprägt von dem, der interpretiert, von der Zeitsituation und von der Absicht, die sich mit der Interpretation verbindet.

Wir interpretieren in der Absicht, Parallelen zu psychischen Vorgängen aufzuzeigen, die typisch sind, die sich immer wieder bei verschiedenen Menschen ereignen können, und die sich deshalb auch in den Märchenerzählungen niedergeschlagen und erhalten haben. Es geht uns bei der Interpretation darum, daß wir diese Märchen so formulieren, daß wir ihre Botschaft wieder verstehen können. Das Lesen eines Märchens, das Anhören eines Märchens, betrifft uns emotional unmittelbar. Das Verstehen eines Märchens durch die Auseinandersetzung damit fügt neue Perspektiven zum unmittelbaren Betroffensein hinzu. Es wäre lohnend und interessant, alle verschiedenen Interpretationsmethoden an einem Märchen anzuwenden, um dann herauszufinden, welche gemeinsamen Grundstrukturen sich in den verschiedenen Interpretationen zeigen. Dies ist aber meist aus praktischen Gründen nicht möglich, so sind wir meist auf eine Interpretationsmethode angewiesen.

Die Interpretationsmethode der analytischen Psychologie ergibt sich aus der Grundannahme, daß Märchen Ausdruck des kollektiven Unbewußten sind, also typische Kompensationen auf typische Probleme des Menschen darstellen; Kompensationen und Beschreibungen, die Ausdruck für den schöpferischen Aspekt des Unbewußten sind.

Diese Voraussetzung ergibt auch die verschiedenen *Ebenen* der möglichen Märcheninterpretation.

1. Interpretation als Beschreibung, wie eine kollektive Mangel-Situation durch das Märchen kompensiert, das heißt ergänzt und überwachsen wird. Dabei ist es wohl lohnender, diesen *Überwachsungsvorgang als Prozeß* zu sehen, und zu deuten in Beziehung zu einer vorherrschenden Bewußtseinssituation, als diese Bewußtseinssituation zu sehr auszudeuten.

   Die kollektive Situation im Märchen kann in einem zweiten Arbeitsschritt auf eine *aktuelle kollektive Situation* übertragen werden. Typische menschliche Probleme können sich immer wieder konstellieren. Märchen, in denen eine aktuelle Problematik behandelt wird, sprechen jeweils mehr Menschen an als andere Märchen.

2. Kollektive Vorgänge werden von jedem einzelnen anders erlebt; damit sind sie auch individuelle Probleme. Wir können also Probleme und Problemlösungen, die das Märchen zeigt, auch als Probleme und Möglichkeiten der *Problemlösung im einzelnen*n sehen. Dabei ist aber wieder zu beachten, daß wir den ganzen Ablauf eines Märchens auf einen psychischen Prozeß übertragen, den wir in einem weiteren Arbeitsschritt dann auf eine aktuelle Problematik anwenden können.

Kriterium jeder gelungenen Interpretation ist – wie im Eingangskapitel schon erörtert wurde –, daß man den Ansatz, den man gewählt hat, durch den ganzen Text beibehalten kann. Grundsätzlich ist jede Interpretation vertretbar, die in sich ein Ganzes bildet, in der die Teile sinnvoll miteinander verbunden sind. M. a. W. sind Interpretationen, bei denen kein Gesamtverlauf sichtbar wird, nicht vertretbar. Es ist das Wesen der Märchen, daß sich aus bestimmten Situationen ganz bestimmte Verhaltensabläufe ergeben, die dann wieder zu ganz bestimmten Lösungen führen können. Darin ist u. a. der praktische Nutzen der Märchen und ihrer Interpretation für therapeutische Methoden zu sehen, was bei der Anwendung der Technik des Imaginierens deutlich wird: Imaginieren heißt, Bilder in sich aufsteigen zu lassen, diese, wie auch deren Wandel zu beobachten. Wir wissen mit einer gewissen Wahrscheinlichkeit, daß, wenn uns etwa in einer solchen Imagination, ein wildes Tier verfolgt, wir versuchen müssen, es uns günstig zu stimmen, ihm also z. B. etwas zu fressen zu geben. Dann verliert es seinen bedrohlichen Charakter. Woher wissen wir es? Wohl aus den Märchen.

Im Gesamtverlauf eines Märchens können wir feststellen, daß sich das Geschehen immer wieder phasenspezifisch verdichtet bis zu einem Punkt, an dem die Wende eintritt. Wir werden deshalb folgende Momente besonders beachten:

1. Ausgangssituation: Das ist die *Bedingung*, unter der es überhaupt zur ganzen Geschichte kommt. Die Ausgangssituation ist ein Bild für das vor-

liegende Problem, das das Märchen dann bearbeitet.

2. Verdichtung: Darunter versteht man den *Weg* bis zum Umschlagspunkt, im Märchen oft auch als Weg dargestellt, den der Held gehen muß. Unter Umständen gibt es auch schon verschiedene Umschlagspunkte innerhalb dieser Verdichtung.

3. Umschlagspunkte: Man erkennt sie daran, daß sich anderes Verhalten nachher ereignet. Es ist der Moment, in dem sich die *Wandlung* zeigt, die sich während der ganzen Verdichtung angebahnt hat. Die Wandlung zeigt sich real im veränderten Handeln.

4. Schlußsituation: Durch die Wandlung entsteht eine *neue Gesamtsituation.*

Wenn wir diese Phasen berücksichtigen in einer Interpretation, die auch die verschiedenen Ebenen bedenkt, so bleibt uns immer noch die Möglichkeit, die einzelnen Bilder *allgemein* oder *spezieller* zu interpretieren. Es ist oft hilfreich, zunächst einmal eine allgemeine Interpretation zu versuchen. Sie wird aber nicht ganz befriedigen. In vielen Märchen kommt z. B. das Bild vor, daß jemand in einem ausgehöhlten Baum sitzt. Allgemeine Interpretation auf einem hohen Abstraktionsniveau wäre: inaktiv sein, warten. Nun wartet man nicht an einem Fluß, nicht auf einem Berg, sondern im hohlen Baum. Um zu einer speziellen Interpretation zu kommen, muß das konkrete Bild in seiner besonderen *Symbolik* interpretiert werden. In diesem Beispiel etwa in dem Sinne, daß man die schutzgebende Funktion des Baumes hier besonders betont; mit schutzgebend verbinden wir »mütterlich«. Die Höhle im Baum erinnert auch an Tod. Der Sarg war ursprünglich auch ein ausgehöhlter Baum. Da die Höhle aber offen ist, ist es möglich, da wieder herauszukommen, gleichsam geboren zu werden. Als persönliches Erleben dürfte in diesem Bild nicht nur ein Gefühl der Geborgenheit zum Ausdruck kommen, sondern auch ein Gefühl des Eingeschlossenseins und, damit verbunden, der Notwendigkeit, da wieder irgendwann herauszukommen.

Wir können nur symbolisch interpretieren, weil die Märchensprache eine Bildersprache ist. Über das Einzelsymbol hinaus läßt sich auch der Zusammenhang aller im Märchen vorkommenden Symbole als symbolisches Sinngefüge interpretieren: Auch dies ist eine Probe darauf, ob im Einzelfall stimmig und schlüssig gedeutet wurde. Diese Bilder-Sprache legt aber immer einen doppelten Interpretations-Modus nahe:

1. Die eben beschriebene symbolische Interpretation mit der Methode der Amplifikation.
2. Die Interpretation durch Meditation.

Die beiden Modalitäten ergänzen sich in der Praxis sehr gut. Interpretation durch Meditation könnte hier etwa heißen, daß wir die Bilder des Märchens – einmal ungeachtet ihres symbolischen Gehalts – uns vorstellen und eigene Bilder, die in uns aufsteigen, als Reaktion unserer Psyche auf diese Bilder festhalten. Dies ist natürlich auch eine Deutung, allerdings eine ganz individuelle. Diese Methode werden wir nur bei Märchen anwenden, die uns persönlich betreffen.

Diese eher meditative Art, mit dem Märchen umzugehen, ist eine gute Vorbereitung auf die symbolische Interpretation mit der Methode der Amplifikation, wie sie von C. G. Jung entwickelt worden ist, und die im wesentlichen darin besteht, daß man Parallelen aus andern Märchen, Mythologien, Ethnologien etc. zu einem Symbol sammelt. Dadurch zeigen sich dann die gemeinsamen Bedeutungen eines Symbols.

ZWEITER TEIL

DAS BÖSE IM MÄRCHEN

Interpretation von Textbeispielen

Verena Kast

DER DREISSIGER

Zum Umgang mit verdrängten »Riesen-Affekten«

Vorbemerkung: In diesem Märchen geht es vor allem um den Umgang mit dem »sogenannten Bösen« in unserer Kultur: den »Riesen-Affekten« wie Aggression, Angst und Wut. Das Märchen weist auf, daß die, gemeinsam mit dem Weiblichen in einer männlich geprägten Kultur (dreißig Männern steht keine einzige Frau gegenüber), abgespalten sind (in dreißig Riesen-Töchtern). Das verdrängte Weibliche ist hexenhaft geworden. Doch zeigen die Phasen des Märchens, wie, bei wachsender Bearbeitung durch den Helden, hinter den Emotionen die persongebundenen Gefühle zutage treten und sich entwickeln können. Die Energien, die in den noch bewußtseinsfernen Emotionen gebannt waren, werden im Verlauf des Märchens für den Beziehungsbereich erschlossen.

Der Dreißiger[1]

Es war einmal ein Mann, der hatte dreißig Buben. Er hatte zu essen und zu trinken für sie genug und sagte oft: »Wenn ihr erst alle aus der Schule seid, dann kaufe ich jedem ein Pferd, und dann könnt ihr in die weite Welt ziehen und selbst sehen, wo ihr euer Brot findet.«

Er hatte aber die Buben alle nach Zahlen benannt, damit er sie auseinander kannte. Der letzte und jüngste von ihnen war der Dreißiger. Als der aus der Schule war, erinnerte er seinen Vater an sein Versprechen, und da kaufte der Alte dreißig Pferde, gab jedem Buben etwas Zehrgeld in den Beutel und ließ sie ziehen.

Obwohl der Dreißiger der jüngste von den Brüdern war, so führte er sie doch alle an, und sie ritten fröhlich und vergnügt ihres Weges. Am Abend kamen sie in das Haus eines Riesen. Da klopften sie an und fragten: »Können wir hier unsere Pferde unterstellen und zur Nacht bleiben?«

Der Riese beriet sich mit seiner Frau. Und da er nicht weniger als dreißig Töchter hatte, so dachte er, die Buben wären ein guter Bissen für seine Kinder, und er ließ seine Frau zum Fenster hinaus sagen: »Stellt eure Pferde unter und kommt nur herein!«

Da gingen sie alle in das Haus, bekamen ein gutes Abendessen und legten sich dann schlafen. Sie mußten aber mit den Töchtern des Riesen in einem Zimmer schlafen, und die Frau des Riesen setzte jedem Buben eine schwarze Nachtmütze auf den Kopf. Die Riesentöchter aber hatten weiße Nachtmützen auf.

Die Brüder schliefen bald ein, nur der Dreißiger blieb wach. Da hörte er auf einmal in der Küche Messer schleifen. O weh, dachte er, der Riese will uns schlachten. Und da fiel ihm ein, daß der Riese auch im Dunkeln die schwarzen Schlafmützen von den weißen unterscheiden könne. Er sprang rasch aus dem Bett und vertauschte die Nachtmützen, so daß nun die Brüder weiße, die Riesentöchter aber schwarze Nachtmützen trugen. Dann legte er sich wieder zu Bett und blieb ganz still. Derweil schliff der Riese immerzu das Messer. Endlich hörte der Bursche ihn sagen: »Jetzt ist es haarscharf, komm, Frau!«

Der Dreißiger hielt sich mucksmäuschenstill, als der Riese nun ins Zimmer trat und von einem Bett zum andern ging und allen Schwarz-

mützigen die Hälse durchschnitt. Er war froh, als alles wieder still war, weckte seine Brüder und erzählte ihnen leise, in welcher schweren Gefahr sie gewesen waren.

Ganz sachte schlüpften sie in ihre Kleider, entwichen durchs Fenster ins Freie, banden ihre Pferde los und ritten in stockdunkler Nacht davon.

Am andern Tag kamen sie an dreißig Kreuzwege. Da trennten sie sich, und jeder ritt seinen Weg.

Der Dreißiger ritt einen Waldweg und kam am Abend an ein Hexenhaus. Die Türe stand offen, und er sah am Herd die alte Hexe sitzen, und neben ihr einen Kater, der streckte den Schwanz steil in die Luft. Als der Dreißiger anklopfte, stand die Hexe von ihrem Stühlchen auf und humpelte an die Türe. Der Dreißiger fragte sie, ob er in dem Häuschen übernachten dürfe. Da sagte die Hexe: »Du kannst immer bei mir bleiben, und ich will dir auch meine schöne Tochter zur Frau geben, wenn du mir vier Wünsche erfüllst!« Da ließ sich der Dreißiger die Tochter zeigen. Sie war so schön wie der helle Tag, und sie gefiel dem Burschen so gut, daß er sich sagte: »Ich will dir die vier Wünsche schon erfüllen!«

Er schlief nun erst einmal, und am nächsten Morgen sagte ihm die Hexe den ersten Wunsch. »Du sollst mir«, sagte sie, »den Teppich holen, auf dem der Riese mit seiner Frau schläft!« Der Dreißiger sagte ja und ritt, so schnell er konnte, zu dem Haus des Riesen. Er wartete im Gebüsch, bis der Riese mit seiner Frau fort war. Dann schlich er sich ins Haus und versteckte sich unter dem Kanapee.

Am Abend vor dem Schlafengehen sagte die Riesin zu ihrem Mann: »Komm, hilf mir den Teppich aufschütteln, auf dem wir schlafen!« Und sie holte den Teppich, der Riese half ihr beim Aufschütteln, und dann breiteten sie ihn auf dem Boden aus. Dann löschte der Riese das Licht. Derweil aber rollte der Dreißiger den Teppich geschwind zusammen und kroch unter dem Kanapee heraus, schwang sich durchs Fenster ins Freie und verschwand auf seinem schnellen Roß. Der Riese aber und die Riesin bekamen Streit, denn jeder dachte, der andere habe ihm den Teppich weggezogen. Zuletzt machten sie Licht und da sahen sie erst, daß der Teppich gestohlen war.

Als der Dreißiger mit dem Teppich im Hexenhäuschen anlangte, *war die Hexe sehr froh. Sie lobte den Dreißiger über die Maßen, und ihre Tochter durfte ihm einen Kuß geben.*

Am nächsten Tage tat die Hexe den zweiten Wunsch. »Du sollst«, sagte sie, »mir das Roß des Riesen holen!« – »Nichts leichter als das«, sagte der Dreißiger, setzte sich auf sein Pferd und ritt stracks vor das Haus des Riesen. Da wartete er erst, bis der Riese in den Wald gegangen war, ging dann keck hinein zu der Riesin und fragte sie, ob er sein Pferd in ihrem Stall unterstellen und die Nacht in ihrem Hause bleiben dürfe. Die Riesin sagte: »Ja, stelle nur dein Pferd unter und komm herein!« Da ging der Dreißiger in den Stall des Riesen, machte dessen Pferd los, setzte sich auf und ritt wie der Wind davon.

So kam er wohlbehalten im Hexenhaus an. Die Hexe lobte ihn über die Maßen, und die Tochter durfte ihm zwei Küsse geben.

Am nächsten Tage tat die Hexe den dritten Wunsch. »Du sollst«, sagte sie, »mir den Papagei des Riesen holen!« – »Den will ich schon holen!« sagte der Dreißiger zuversichtlich und ritt los.

Er band sein Pferd im Walde an einem Baum fest und schlich dann an das Riesenhaus heran. Es glückte ihm auch, durch das Fenster in das Zimmer des Riesen zu kommen, als er aber nach dem Papagei griff, da rief der: »Der Dreißiger, der Dreißiger!« Die Riesin kam aus der Küche ins Zimmer gelaufen und faßte den Dreißiger. Sie steckte ihn in einen großen Weidenkorb und sagte: »So, jetzt habe ich dich, jetzt wirst du fett gemacht, dann haben wir ein gutes Essen!«

So steckte der arme Dreißiger in dem Korb, bekam tüchtig zu essen und wurde Tag für Tag fetter. Als dann der Tag vor dem Feste herankam, da schleppte die Riesin eine Unmenge Holz herbei. Der Dreißiger sah ihr zu, wie sie sich quälte, es klein zu machen. Da sagte er: »Laß mich ein bißchen aus meinem Käfig heraus, ich will dir helfen, Holz zu spalten!« Die Riesin lachte. »Hei, das sollte dir so passen, dann könntest du mir durchbrennen!« Der Dreißiger antwortete: »Du kannst mir ja die Füße zusammenbinden, und den Strick kannst du am Bettpfosten festmachen!« Das überlegte sich die Riesin, sagte: »Gut!«, band dem Dreißiger die Füße zusammen und verknotete den Strick am Bettpfosten. Dann gab sie ihm ein Beil in die Hand; als sie sich aber bückte, um ihm eine Welle Holz zuzuwerfen, da schlug ihr der Dreißiger das Beil auf den Kopf, daß sie tot zusammenstürzte. Dann löste er mit einem einzigen Hieb seine Füße aus der Fessel, ergriff den Papagei, holte sein Pferd, das der Riese in seinen Stall getan hatte, und eilte davon.

Als er im Hexenhaus angekommen war, erzählte er seine Abenteuer. Die Hexe lobte ihn mehr denn je, und die Tochter durfte dem Dreißiger drei Küsse geben.

Am nächsten Tag tat die Hexe den vierten Wunsch. »Du sollst«, sagte sie, »mir den Riesen selbst lebendig hierher holen!« – »Das will ich schon fertigbringen!« sagte der Dreißiger und machte sich auf den Weg.

Als er zum Haus des Riesen kam, sah er den Riesen trübselig auf der Haustreppe sitzen. Der Dreißiger stieg vom Pferd und ging keck auf ihn zu. Er fragte ihn, warum er so traurig sei, und der Riese erzählte ihm, wie er selbst seine Kinder ermordet habe, wie seine Frau tot sei, und wie er nun selbst nichts Klügeres tun könne als sterben.

Als das der Dreißiger hörte, sagte er: »Ja, dann mußt du doch auch einen schönen Sarg haben!« Der Riese fragte: »Kannst du einen machen?« Und da der Dreißiger »Ja!« sagte, war der Riese recht froh. Er holte Bretter herbei, und der Dreißiger schaffte den ganzen Tag wie toll. Endlich war der Sarg fertig. Da sagte er zu dem Riesen: »So, jetzt müssen wir einmal probieren, ob er auch für dich paßt!« Der Riese legte sich arglos in den Sarg, der Dreißiger drückte den Deckel darauf und schlug ihn mit Nägeln fest. Dann packte er den Sarg vor sich auf das Pferd und brachte so den Riesen lebendig zur Hexe. Nun lobte die Hexe ihn über die Hutschnur und sagte: »So, jetzt sollst du auch meine Tochter zur Frau haben!« Da bekam der Dreißiger so viel Küsse, als er nur haben wollte. Die Hochzeit wurde gefeiert, und wenn der Dreißiger nicht gestorben ist, so lebt er heute noch.

Zu diesem Märchen existieren sehr viele Parallelen. Eine der bekanntesten ist das Schweizer Märchen »Tredeschin«.[2] »Der Dreißiger« ist auch aus sehr vielen bekannten Märchenmotiven zusammengesetzt: Wir erkennen das Däumlingsmotiv mit dem Vertauschen der Mützen, das Hänsel-und-Gretel-Motiv, Motive aus dem Meisterdieb und stellenweise erinnert das Märchen auch an »Ferenand getrü und Ferenand ungetrü«.[3]

Als Ausgangssituation haben wir einen Mann mit *dreißig* Buben, für die er genug zu essen und zu trinken hat. In andern Versionen sind es nur dreizehn Buben. Jedenfalls haben wir da eine ganze Fülle von heranwachsenden Männern. Es geht alles in einem recht großen Stil zu. In vergleichbaren Geschichten sind es gewöhnlich allenfalls *drei* Buben, die in die Welt ziehen.

Auch haben wir offensichtlich keine Mangelsituation. Der Vater will ja nur zu gegebener Zeit diese Söhne vom Hals haben, was man gut verstehen kann, bedenkt man, wie lange es eigentlich gedauert hat, bis auch der dreißigste seiner Söhne der Schule entwachsen ist. Daß Frauen fehlen, merken sie noch nicht einmal! Es wird also letztlich darum gehen, daß aus den Dreißig Individuen werden, und daß das Weibliche gefunden wird.

Das Problem ist wohl, daß sie *so viele* sind. Da paßt es, daß jeder Sohn nur noch eine Zahl als Namen hat, jeder ist also in einer gewissen Beziehung nur eine Nummer. Ansonsten aber geht es ihnen gar nicht schlecht. Sogar ein Pferd bekommen sie und etwas Geld. Sie sind also wohlausgerüstet, aber der bisherige Zustand kann nicht mehr aufrechterhalten werden. Dazu könnte auch die Zahl 30 passen: mit 3 mal 10 kommt ein dynamisches Element mit hinein. Und der *Dreißiger* (er ist eigentlich der 31.) führt an, löst überhaupt die ganze Situation aus: er will gehen, eigenständig werden.

Als erstes kommen die dreißig nach ihrem Aufbruch an das Haus eines *Riesen*. Das verwundert wenig – wo sonst hätten sie Platz gehabt. Hier treffen wir aber die umgekehrte Situation an: Hatten wir am Anfang eine ausschließliche Männergesellschaft vor uns, finden wir jetzt in den 30 Mädchen (32 Riesen, wenn man die Rieseneltern hinzunimmt, also eine leichte Überzahl) die Ergänzung. Offenbar sind diese Frauen bisher »verdrängt« worden, denn immerhin mußten die Männer einen ganzen Tag reiten, um zu ihnen zu kommen.

Dieses Riesenhaus mit den Riesentöchtern zeigt an, wie sehr da im Bereich des Weiblichen ein »Riesenkomplex« am Werk ist. Nicht, daß das einfach Mädchen wären, die sich da finden, es sind Riesentöchter. Damit können zwei Dinge ausgedrückt sein: Einmal, daß

Dinge, die verdrängt sind, dazu neigen, in größeren Dimensionen sich auszuweiten, riesenhaft zu werden. Die Angst davor macht diese verdrängten Inhalte noch riesenhafter. Zum zweiten müssen wir uns auch inhaltlich einmal überlegen, was denn Riesen symbolisieren. Von den Märchen her wissen wir, daß sie sehr stark sind und zugleich außerordentlich dumm. Sie machen immer alles mit Brachialgewalt. Sie sind äußerst reizbar, und zerreißen im Zorn einfach alles, was ihnen in den Weg kommt. Sie dürften also, wenn wir es von einem psychologischen Standpunkt aus ansehen, ungestaltete Affekte bedeuten, »Riesenwut«, »Riesenangst«, in unserem Fall durchaus destruktive Affekte.

Wir können diese Ausgangssituation wieder auf *verschiedenen Ebenen* interpretieren:

Kollektiv: Eine durch und durch männlich betonte Gesellschaft hat das Weibliche, damit aber vor allem die Emotionalität abgespalten, oder sie überhaupt noch gar nicht entdeckt. Dabei ist zu beachten, daß dieser Männerhaufen doch recht vital zu sein scheint. Nun geht es also darum, diese »Riesen-Seiten« einmal zu entdecken.

Individuell: Wenn man von einem Individuum her interpretieren wollte, müßte man da wohl an eine recht vitale, facettenreiche, aber noch ziemlich unbewußte Persönlichkeit denken, die vermutlich unter fürchterlichen Anfällen von Emotionen leidet (z. B. Wutanfälle), denn meistens sind ja diese Riesen, wenn auch weit weg, durchaus in Aktion. Diesen Anfällen von Emotionen muß man auf die Spur kommen, die Energie, die darin gebunden ist, muß nutzbar gemacht werden.

Vielleicht könnte man auch von der *Gruppenpsychologie* her operieren. Problem jeder Gruppe ist es eigentlich, daß die Emotionen in der Gruppe sehr verstärkt werden. Das ist einerseits die Chance (verstärken), andererseits aber auch das Problem, denn die Emotionen können ja auch zu wenig bewußt sein und versperren dann Einsichten. Es ist dann auch wesentlich, daß man diesen Emotionen nachspürt – sie bewußt macht.

Nun ist aber der Riese auch gefährlich: Er will die Brüder zum Fraß für die Töchter töten. Diese Riesentöchter fressen also das Menschliche auf. Das ist ein sehr treffendes Bild, bedenkt man, daß man in sehr starken Emotionen oft unmenschlich wird. Aber genau seine ruchlose Absicht ist der erste Schritt in der Bewältigung dieses Riesenproblems: Die *Riesin* selber setzt das erste Unterscheidungszeichen: die Söhne haben schwarze Mützen, die Riesentöchter weiße Mützen. Das ist zunächst einmal einfach ein Unterscheidungszeichen. *Daß* überhaupt unterschieden wird, scheint mir wesentlich zu sein, denn darin zeigt sich bereits ein Beginn von Bewußtwerdung. Der Impuls kommt von der Riesin. Der Dreißiger, der ja eigentlich wie ein Ich für seine dreißig Brüder agiert, tut aber mehr. Als er das Messerschleifen hört, versetzt er sich in den Riesen hinein. Er kann also durchaus seine Phantasie dazu gebrauchen, um herauszufinden, was der Riese jetzt tun wird – und er kommt ihm zuvor. Das ist immer das Geheimnis einer jeden List: Sich hineinzudenken in den anderen, meistens in seine »bösen« Absichten, und diesen Absichten zuvorzukommen. In unserem Märchen bedeutet das, daß der Dreißiger von der destruktiven Riesenseite in ihm durchaus eine Ahnung hat. Im Hause des Riesen zu sein, bedeutet ja auch, die Behausung dieses Problems gesehen zu haben, davon zu *wissen*. Durch die Vertauschung der Nachtmützen wird aber die Destruktionswut des Riesen nicht nach außen, gegen die Buben, sondern nach innen, gegen sein eigen Fleisch und Blut gerichtet, wodurch die Riesenfamilie bereits erheblich dezimiert wird. Vielleicht sollte man *schwarz* und *weiß* doch interpretieren: Schwarz gilt unter vielem anderen oft als die Farbe der Schuld, des Todes; weiß als die der Unschuld. Wir kennen den Ausdruck »Schwarz-Weiß-Malerei« als undifferenzierte Unterscheidung. Damit, daß die Kappen vertauscht werden, sagt der Dreißiger natürlich, daß nicht *sie, die Buben,* die Schuldigen sind. So richtet sich die Emotion der Riesen gegen ihre eigenen Kinder, – nicht aber gegen den, der die Emotion hat. Auf der persönlichen Ebene würde es heißen, daß diese ungestalteten Emotionen in sich als Problem zu sehen sind, daß man aber deswegen keine Schuldgefühle haben muß.

Die Geschehnisse im Hause des Riesen bewirken offenbar, daß sich die Dreißig trennen können – nachdem sie nun zuerst einmal *fliehen,* also sich distanzieren –, *individuelle* Wege einschlagen, offenbar zu Individuen werden. Dieses erste Erlebnis besteht also darin, daß man einmal das Haus des Riesen gefunden hat, also den Ort des Riesenkomplexes, daß man sich dem damit verbundenen Destruktiven entzogen hat, indem man sich distanziert hat. So bearbeitet sich der Komplex in sich selber. Es ist tatsächlich so, daß man sich in großen Emotionen erstaunlich kollektiv verhält. Und jetzt schwenkt das Märchen über zur Geschichte des Dreißigers, seine Brüder interessieren nicht mehr. Er ist – von einem Individuum aus gesehen – integrierter geworden, dadurch daß das Problem der Emotion überhaupt angegangen worden ist. Der Dreißiger kommt nun zu einer *Hexe,* die aber so hexenhaft überhaupt nicht ist. Dennoch spricht das Märchen von Hexe. Das verwundert an sich nicht: Er trifft die dunkle Mutter, nachdem am Anfang keine Frau da war. Das verdrängte Weibliche ist hexenhaft geworden. Und die Hexe will ihm auch gleich ihre Tochter geben, wenn er ihr vier Wünsche erfüllt. Das Weibliche soll also auf einer persönlichen Ebene errungen werden. Hinter den Emotionen tauchen die personengebundenen Gefühle auf. Emotionen sind meistens sehr unbezogen. Das Weibliche ist aber immer noch im Einflußbereich der Hexe, also im Einflußbereich eines negativ gewordenen Mutterkomplexes. Die Auseinandersetzung mit dem *Riesen* muß weitergehen. In dieser Phase ist interessant, daß die Hexe einmal eine sehr schöne Tochter hat, und dann, daß die Gegenstände aus dem Riesenhaus herausgeholt werden müssen. Die weitere Auseinandersetzung mit dem Riesen in Verbindung mit der Erringung der Tochter bedeutet aber, daß man nun *die Emotionen nutzbar machen muß für den persönlichen Beziehungsbereich.* Das Märchen betont diesen Aspekt, denn: der Dreißiger bekommt jeweils nach vollbrachter Heldentat eine genau abgezählte aber steigende Anzahl von Küssen.

In diesen Emotionen ist Wesentliches verborgen, sind zumindest sehr große Energien gebunden. Es ist ein Schuldgefühl, wenn durch das Gefühl, gewisse Emotionen dürften nicht sein, auch der Weg zu diesen Energien hin verbaut ist. Interessant in diesem Zusammenhang scheint mir eine Äußerung von *Trungpa* zu sein, in der er sagt, daß jeder Mensch eine ganz besondere Eigenschaft hätte, etwa eine besondere Heftigkeit oder eine besondere Trägheit, aber eben diese müsse man als seine besondere Beschaffenheit ansehen, nicht unbedingt als Fehler oder Blockierung, denn da sei sein Wesentliches verborgen.[4]

Betrachten wir jetzt die einzelnen Heldentaten des Dreißiger: Er soll den *Teppich* bringen, auf dem Riese und Riesin miteinander schlafen. Der Teppich gehört zu den Riesen, er ist gleichsam ihre Ruhestätte, der Ort, auf dem sie liegen, auf dem sie sich regenerieren, ein Boden, Unterlage, ein fest umschriebener und auch mitschleppbarer Bereich, auf dem die beiden Riesen sich befinden. Im Vergleich zum Haus ist der Teppich körpernäher. Gehen wir davon aus, daß Riesen eine riesengroße Emotion verkörpern, dann würde das Wegnehmen des Teppichs bedeuten, daß man einmal den engeren Bereich, in dem sich diese Emotionen zu ereignen pflegen, aufhebt, ins Bewußtsein hebt – die Riesen haben dann den Teppich nicht mehr – auf diesem Boden kann sich also keine Emotion niederlassen.

Wie packt der Dreißiger das an? Erst einmal schleicht er sich ein. Sobald der Teppich zwar ausgerollt, aber noch nicht von Riese und Riesin in Beschlag genommen ist, zieht der Dreißiger den Teppich weg. Das hieße also, der Riesen-Wut keinen Raum zu geben, keinen Boden zu geben, auf dem sie lagern kann. Jeder, der schon eine Wut gehabt hat, weiß, wie sie gesteigert werden kann. Wir wissen jeweils genau, woran wir nur auch noch zu denken brauchen, um noch wütender zu werden. Den Teppich wegzuziehen würde wohl bedeuten, dies eben nicht zu tun. Und nun bekommen die Riesen nach Riesenmanier Krach miteinander, und der Dreißiger kann weggehen. Dieses Phänomen, daß die *Riesen einander anklagen, muß man im Gegensatz dazu sehen, daß sie sich ja auch sofort gegen außen wenden könnten.* Sie tun es nicht. *Die Emotion rollt wieder in sich selber ab* – wie wir es schon beim Töten der Töchter gehabt haben, hier nun aber zentral zwischen Riese und Riesin. Ich meine doch, daß das damit zu tun hat, daß es eine Wut ist, die in sich selber abläuft, etwa vergleichbar der Situation, in der man sehr wütend ist, aber die Wut auf keinen Außenstehenden loslassen kann; dann werden wütende innere Zwiegespräche die Folge sein, man entdeckt aber, daß das Ich eigentlich wenig beteiligt ist, daß wirklich zwei Riesen die Debatte führen. Sie ist dann meistens auch entsprechend »dumm«. In unserer Zivilisation sind wir neuerdings gewohnt, zu hören, daß die Emotionen geäußert werden sollen. Das ist sicher auch richtig, dann wüchsen sich wohl auch die Riesen nicht mehr so aus. Es ist aber doch zu beachten, daß es einen Unterschied gibt: Solange *wir* die Emotionen haben, solange sollten wir sie äußern, aber wenn die Emotionen *uns* haben, dann gehören sie nicht mehr in die Gemeinschaft hinein, dann müssen sie innerlich bearbeitet werden – vorerst einmal.

Nachdem er den Teppich gestohlen hat, muß der Dreißiger ihn zu der Hexe bringen. Diese Hexe irritiert: Sie wird *Hexe* genannt, hat auch die Katze bei sich, wie es sich für eine echte Hexe gehört, andererseits verhält sie sich aber überhaupt nicht hexenhaft, außer daß sie den Dreißiger zwingt, immer wieder zum Riesen zu gehen. Wir haben hier also eine Hexe, die durchaus im Dienste der Entwicklung steht, wie sie ab und zu auch in anderen Märchen vorkommt. Unklar bleibt jedoch, ob er die Dinge wirklich der Hexe bringen muß, oder ob sie ihm nicht vielmehr nach vollbrachter Tat bereits selbst *angehören.* Das ist schon ein Unterschied: Bringt er sie der Hexe, dann sind zwar diese Gegenstände, damit verbunden die psychischen Energien, bewußtseinsnäher als vorher, aber immer noch im Hexenbereich und nicht im Bereich des Ego, oder anders ausgedrückt: Die Frage ist eigentlich, dies jetzt vorweggenommen, ob er am Schluß überhaupt die Hexe verläßt, oder ob er bei ihr bleibt. Die anderen Versionen des Märchens sind in dieser Beziehung nicht ganz vergleichbar. Der, der den Dreißiger oder wie er jeweils heißt, auf die Reise schickt, spielt am Schluß des Märchens jeweils keine Rolle mehr.

Bevor wir dieses Problem angehen, wollen wir uns noch einmal den weiteren Heldentaten zuwenden. Nun soll er also das *Roß* des Riesen holen, was ihm auch ohne jede Komplikation gelingt. Er tauscht aber *eigentlich sein eigenes Roß gegen das Roß des Riesen* ein. Statt »eigenes« Roß muß man vielleicht sagen: sein *bisheriges* Roß. Das Roß kann, wie wir schon gesehen haben, ganz allgemein als Triebkraft gesehen werden, in einem sehr umfassenden Sinn. Daß des Riesen Roß ein schnelles Roß ist, entnehme ich der Tatsache, daß der Junge dann wie ein Wind davonreitet. Es zu nehmen, könnte bedeuten, daß man überhaupt einmal einsieht, welche großen Energien in diesen Riesen-Emotionen stecken – und sie für sich in Anspruch zu nehmen. Sich selber also zu erleben, nicht nur als einen, der in großen Emotionen steckt und erleidend ist, sondern auch als einen, der durch diese Emotionen Riesenenergien hat: Energien, die u. a. auch in Beziehungen investiert werden können – der Dreißiger erhält hier zum Zeichen dafür bereits drei Küsse.

Als nächstes soll der Dreißiger den *Papagei* holen. Es ist auffallend, mit wie viel Selbstvertrauen der Dreißiger immer auf den Weg geht! Helden haben Urvertrauen!

Mit dem Papagei geht die Sache aber nicht so leicht. Im Riesenhaus muß oft vom Dreißiger die Rede gewesen sein, daß sogar der Papagei seinen Namen weiß ... denn ein Papagei plappert ja nur nach, was man ihm vorsagt. Papageien sind bekanntlich meistens sehr geschwätzig und wiederholen ziemlich stereotyp, was sie einmal aufgeschnappt haben. Der Papagei, er könnte das stereotype Gerede, das stereotype Geschwätz, die stereotypen Verhaltensweisen verkörpern, die immer wieder zu diesen Riesenemotionen gehören. Nun aber vertut sich der Dreißiger. Der Papagei erkennt ihn, und nicht er den Papagei, sonst hätte er ihn zuerst einmal zum Schweigen bringen können. Papageien entführt man nur schlafend (vgl. Tredeschin, Schweizer Märchen, KHM). Über diesen Bereich verfängt er sich also wieder im Riesen-Haus.

Allerdings sind Papageien in iranischen/persischen Märchen allwissend und oft Ratgeber. Auch hier hat der Papagei eine weiterweisende Funktion: Der Dreißiger *muß* erst wieder einmal im Riesenhaus gefangen sein, um zu erfahren, daß weitere Bearbeitung des Riesenproblems not tut. Wir kennen das aus Analysen: Man fällt noch einmal in einen Komplex zurück, gerade dann, wenn man meint, ihn einigermaßen integriert zu haben.

Er soll aufgefressen werden. Das würde bedeuten, daß die Emotion Oberhand bekäme. Das wäre eine ernste Sache. So liebenswürdig das Märchen geschrieben ist, es ist immer auch klar, daß eine der beiden Seiten, die Riesen- oder die Dreißiger-Seite, weichen muß – beide Seiten können so nicht nebeneinander bestehen. Nun aber ist der Dreißiger am schlechteren Ende – vermeintlich. Insofern aber, als er die Hoffnung offenbar nicht aufgibt, hat er wiederum keine schlechte Position. Wir haben hier eine Hänsel-und-Gretel-Passage:

Die Riesin rückt in die Position der Hexe, der *wirklichen Hexe* mit ihrem Teufelskreis: Füttern – Gefangenhalten – Auffressen. Und der Dreißiger beweist, daß er mit Hexen umgehen kann: Er bietet der Hexe seine Hilfe an und sagt ihr gleich auch noch, wie sie verhindern kann, daß er ausreißen kann. Er geht auf ihren Wunsch, auf ihre Sorge ein, behebt sie auch – und gibt gar noch vor, menschenfreundlich zu sein. *Er wird aktiv.* Er nimmt die Hexe auf die charmanteste Art – und tötet sie, denn er sieht, daß es ihm wirklich an den Kragen geht, daß das Ich zerstört werden könnte. Ich meine, daß der Papagei als Symbol für ein Sich-Gefallen im Lamentieren steht, als ein ständiges Sich-Wiederholen, was, wie gesagt, zu diesen Emotionen gehört, was ganz lustvoll sein kann, ein »mutterkomplexiges« Genießen; er wird ja in der Folge von der Riesin auch gefüttert. Und eben diese *Riesin, die da füttert und dann fressen will, muß er töten.* Die Riesin zu töten, könnte bedeuten, die eigenen Machtgelüste, die eigenen Machtgefühle, die ihm aus den Emotionen heraus, aus der Freude an diesen Emotionen heraus erwachsen, zu töten; also gewissermaßen den Lustgewinn aus diesen Emotionen zu opfern, weil er sonst in ihnen gefangen bleibt.

Als letzte Tat soll der Dreißiger den Riesen-Mann lebendig der Hexe bringen. Leider wird nichts darüber gesagt, was sie mit ihm tun will.

Der Riese sitzt trübselig vor seiner Haustreppe. Er will sterben. Wieder geht der Dreißiger auf seine Absichten ein – er überredet ihn nicht, er sucht im Bereich der Stimmung des Riesen das, was ihm dann schließlich nützt, was ihn weiterbringt. Aber er bleibt im Bereich des Wunsches des Riesen. Dieses Eingehen auf den Wunsch des Riesen in einem bedeutet auch immer, daß man in sich hineinhört, was denn eigentlich die Intention dieser störenden Emotionen ist.

Der Riese ist traurig, weil er alles verloren hat. Das erzählt er ausgerechnet dem, der alles in die Wege geleitet hat. Weil er alles verloren hat, will er auch sterben. Der Riese ist nun richtig depotenziert, hat keine Lebenskraft mehr – das Problem ist in diesem Sinne aufgearbeitet. Der Riese aber wird – als Andenken, oder nochmals als zu Bearbeitendes? – mitgenommen in den nächsten Lebensbereich. Und zwar in einem *Sarg:* Der Sarg hat eine nahe Beziehung zum

Baum einerseits und zum Schiff andererseits. In einigen Gegenden wird der Sarg auch »Totenbaum« genannt. Die Idee dahinter ist die, daß der Tote in die Geborgenheit der Mutter wieder eingeht. Insofern geht es hier durchaus um ein »Befrieden« dieser ganzen Riesenemotionen. Sie werden überführt (Schiff). Allerdings ist die Tatsache, daß der Riese hier noch am Leben bleibt, ein Hinweis darauf, daß das Problem wieder aufflackern könnte, nur für den Moment gebannt ist. Es zeigt sich dann auch, daß als Folge davon die persönliche Beziehung ihren Platz beanspruchen kann: Der Dreißiger bekommt so viele Küsse, wie er will. Nicht ganz klar ist, wie schon erwähnt, ob nun eigentlich die Hexe da bleibt, oder ob er mit der Hexentochter nun allein ist, allenfalls sogar weggeht. Jedenfalls ist klar, daß die gesamte Energie, die im Riesenhaushalt gesteckt hat, nun überführt ist.

Ich glaube, daß das den großen Bogen des Märchens ausmacht: Da ist zunächst Männergesellschaft ohne Frauen; in diesem Märchen ergeben sich daraus die verdrängten, noch vormenschlichen Emotionen (Riesen sind in den Schöpfungsberichten immer die Generation vor den Menschen); vom Wahrnehmen dieses »Vormenschlichen« kommt es zur schrittweisen Integration, hier vor allem auf der emotionalen Stufe.

Nun ist natürlich bei jedem größeren abgespaltenen Komplex eine Riesenemotion mit im Spiel. Im Kollektiv bedeutet das: Viele Komplexe verbinden sich. Ich bin aus dem Grunde immer auf diesem relativ abstrakten Niveau der Bearbeitung von Riesenemotionen geblieben, weil eigentlich alles, was besessen macht, nach diesem Muster funktioniert. Also zum Beispiel auch ein Riesenanspruch, den man etwa verdrängt hat.

Dabei kann das einen Menschen allein, es kann aber auch eine ganze Gesellschaft betreffen. *Gruppenemotionen geht man genau gleich an.* Wichtig scheint mir zu sein, daß in diesem Märchen – und in verschiedenen Varianten – die Energie aus dem Riesenkomplex in Beziehungsenergie übergeführt wird. Es gilt nämlich allgemein, daß jeder sehr starke Komplex den Komplexträger von den Beziehungen abzieht. Dabei kann man Beziehungen in einem sehr weiten Rahmen sehen, also auch etwa Beziehungen zu Dingen, Beziehungen zur Arbeit einschließen. Gerade bei Arbeitsstörungen zeigt es sich immer wieder, daß irgendein Komplex, oder ein Komplexgefüge soviel Energien abzieht, daß keine mehr da sind, um sich auf die Arbeit beziehen zu können. Das Appellieren an den guten Willen hilft dann wenig, weil man nicht mehr wollen kann.

Seine Komplexe zu bearbeiten ist also auch eine soziale Angelegenheit, die durchaus Gewinn bringt, denkt man an die vielen Küsse, die der Dreißiger von Schritt zu Schritt bekommen hat.

ANMERKUNGEN

1 Deutsche Volksmärchen, in MdW, S. 125.

2 Tredeschin in: Schweizer Volksmärchen, MdW, Diederichs.

3 Grimms KHM

4 Tschögyam Trungpa, Aktive Meditation, Fischer Nr. 1837

Verena Kast

DIE VERWÜNSCHTE PRINZESSIN

Zum Problem des Sado-Masochismus

Vorbemerkung: Das Böse begegnet uns im Alltag vor allem in bestimmten Verhaltensmechanismen, die Beziehungen zwischen Menschen zerstören oder gar nicht erst aufkommen lassen. Auch im Märchen werden solche Verhaltenszirkel – dort als »verwünscht« benannt, die wir heute als sado-masochistisch bezeichnen können – anschaulich geschildert. Hinter diesem Zirkel macht die Bildersprache des folgenden Märchens eine Berggeist-Figur sichtbar, eine überhöhte Vaterfigur, von der das Mädchen innerlich in Bann geschlagen ist. Die Interpretation, die die individuelle wie auch die kollektive Ebene des Problems berücksichtigt, arbeitet vor allem die Phasen des Lösungsprozesses aus diesem Komplex heraus, in dessen Verlauf eine Beziehung zwischen männlichem und weiblichem Partner möglich wird.

Die verwünschte Prinzessin[1]

Es war einmal ein Vater, der hatte einen Sohn, Peter hieß er, dem gefiel es nicht zu Haus, er forderte deshalb sein Erbteil, das waren zwanzig Taler, und ging damit in die weite Welt. Der Bursche hatte aber ein mitleidiges Herz und fühlte, was recht und unrecht war, und half, wo er helfen konnte. Einmal kam er vor einem Dorfe an, da fand er einen toten Menschen, und nicht weit davon pflügte ein Bauer. Peter ging zu dem Bauern und fragte, warum der Mensch nicht begraben würde. Der Bauer antwortete, der Tote sei arm, und das Dorf habe ihn nicht begraben lassen, weil das was koste: deshalb wäre er dahin gebracht, und die Vögel und Füchse hätten ihn über kurz oder lang doch gefressen, daß er wegkäme. Das dauerte Peter in der Seele, und er fragte sogleich, was die Beerdigung wohl koste. Der Bauer antwortete: »So gegen zwanzig Taler.« Da ging Peter zum Schulzen, gab ihm zwanzig Taler und befahl, man solle den Toten davon begraben, der vor dem Dorfe läge; und das geschah auch. Er selbst blieb so lange im Dorfe, begleitete die Leiche, und dann reiste er weiter. Wie er zum Dorfe hinaus und eine kurze Strecke fortgegangen war, kam ein Mann hinter ihm her, fing ein Gespräch mit ihm an und sagte, er wolle mit ihm wandern. Das ließ sich Peter wohl gefallen, denn der Mann sah so gut und brav aus, daß er ihn gleich liebgewann und sich freute, daß er einen so wackeren Reisegefährten gefunden hatte. Schon waren sie mehrere Wochen miteinander gereist und hatten sich alles erzählt, was sie auf dem Herzen hatten, da kamen sie in eine Stadt, darin waren alle Häuser schwarz behängt, und oben im Schlosse wehte eine schwarze Fahne zum Zeichen der Trauer. Peter fragte, warum das wäre. Die Leute antworteten, die liebe gute Prinzessin wäre von einem Berggeist verzaubert, wäre den Tag über still und in sich gekehrt, bisweilen aber so böse, daß sie alles zerschlüge und umbrächte, was ihr ins Gehege käme; und zumal wäre der ein Kind des Todes, der es wage, sie zu erlösen, wenn er das Rätsel, das sie ihm aufgebe, nicht erraten könne. Viele hübsche Prinzen hätten durch sie schon ihren Tod gefunden, und auch mancher andere brave Junge wäre durch sie ums Leben gekommen, so daß sich seit einem Jahr keiner gefunden hätte, der sie hätte erlösen wollen, und doch wäre es so ein schönes und gutes Mädchen gewesen und sei es auch noch. Da sagte Peter zu seinem Kameraden: »Soll ich einmal mein Heil versuchen, was meinst du, soll ich's wagen? Sterbe ich, so sterbe ich für eine gute Sache; gelingt's, so könnte ihr und mir kein größeres Glück widerfahren.« Sein Kamerad sagte: »Tu's nur, ich will dir beistehen; und damit du glaubst, daß ich es vermag, so will ich dir sagen, daß ich nicht ein Mensch bin, sondern der Geist von dem, den du dort im Dorfe hast beerdigen lassen; ich weiß Mittel genug, daß du dein Vorhaben glücklich ausführen kannst. Geh also zum König und sage, du wollest die Prinzessin erlösen. Er wird es recht gerne sehen und dich reich beschenken, wenn du es vollbringst.« Peter ging also zum König, ließ sich anmelden und wurde vorgelassen. Als er nun sagte, was er wolle, sprach der König: »Mein lieber junger Mann, da hast du dir etwas Schweres vorgenommen. Bedenke, es kostet dein Leben, wenn es dir nicht gelingt, meine Tochter zu retten. Sie bringt dich auf der Stelle um, wenn du nicht das Rätsel errätst, dàs sie dir aufgibt.« – »Das tut nichts«, sagte Peter, »ich will's versuchen, es mag mir gehen, wie's will.« – »So komm morgen wieder«, sprach der König, »ich will's meiner Tochter sagen.« Darauf ging Peter wieder zurück nach seinem Wirtshause, wo sein Kamerad auf ihn wartete. Als er ihm die Antwort des Königs erzählte, sprach sein Kamerad: »Laß es nur Abend und zehn Uhr werden, dann will ich's schon machen. Bis dahin sag keinem, was du vorhast, und sei nur guten Mutes. Du erlöst die Prinzessin, dafür laß mich sorgen.« Sie ließen sich's nun wohl sein, gingen miteinander aus und besahen sich die Stadt und alles Merkwürdige darin, erkundigten sich auch, wo sich die Prinzessin aufhielt und welches die Fenster von ihrem Schlafzimmer wären, gingen dann wieder nach ihrem Wirtshaus, aßen zu Abend und besprachen sich, bis es zehn schlug. Da holte Peters Reisegefährte eine Kruke und ein paar große Fittiche aus seinem Felleisen und eine recht schlanke eiserne Rute. Peter mußte sich nun ausziehen, der Geist bestrich ihm seine Schultern mit der Salbe, die in der Kruke war, und setzt ihm die Fittiche an. Dann sagte er: »Nun flieg hin nach der Prinzessin ihrem Kammerfenster und paß auf, wenn sie herauskommt; dann haue sie mit der Rute immerzu, flieg dahin, wohin sie fliegt, und schleich da mit hinein, wo sie hineingeht. Dann verkriech dich und höre zu, was der Berggeist sagt. Sie wird ihm alles sagen und ihn dann auch fragen, was sie dir zu raten aufgeben soll. Dann gib genau acht und sei still.« Als dem Peter die Flügel angewachsen waren, machte der Geist das Fenster auf und sagte: »Rückwärts mußt du der Prinzessin ebenso folgen, bis sie wieder in ihr Fenster hineingeflogen ist.« Nun kriegte Peter die eiserne Rute in die Hand, flog zum Fenster hinaus, über die Stadt weg nach dem Fenster der Prinzessin. Da sah er sie, wie sie auch Flügel anhatte und im Zimmer hin und her rannte, als wenn sie nicht recht klug wäre. Er ließ sich aufs Gesimse nieder und wartete, bis sie herauskam. Sowie es elf schlug, machte sie das Fenster auf und flog fort. Peter hinterher und holte sie auch bald ein und fing an, sie ganz erbärmlich zu prügeln, daß es ihn selbst dauerte. Doch ging's nicht anders, er mußte gehorchen, wenn ihm auch sein Herz blutete. Endlich kamen sie an einen hohen, großen Berg, der tat sich auf, und beide flogen hinein. »Nun muß ich aber vorsichtig sein«, dachte Peter und schlich sich mit in den großen Saal, wo an der Tür ein großer Altar war. Hinter dem Altar versteckte er sich, damit er alles hören und gleich Reißaus nehmen konnte, wenn's schlimm wurde oder wenn's Zeit war. Die Prinzessin lief auf den Berggeist zu, und er nahm sie in den Arm. Es war ein alter Mann mit schneeweißem Bart, hatte Augen im Kopf, die glühten wie Feuerkohlen, dabei war sein ganzes Wesen so grimmig und gefährlich, daß Peter ordentlich Furcht bekam und es ihn anfing zu gereuen. Doch durfte er sich nicht rühren, er konnte sonst nicht wieder hinaus. Die Tür war wieder weg, und ein großer Felsen lag da, wo sie gewesen war. Endlich sagte der Berggeist zu der Prinzessin: »Bist lange nicht dagewesen, hast lange keinen umgebracht, hast dich lange nicht können am Blute deiner Erlöser freuen. Ist also wieder ein Vogel ins Garn gegangen?« – »Ja«, antwortete sie, »es ist wieder einer da, aber nur ein gewöhnlicher Mensch, kein Prinz, Graf oder Adliger. Draußen ist aber ein gewaltig starkes Hagelwetter, sieh her, mein hoher Geist, wie ich zerrissen und zerschlagen bin von den Hagelstücken«, und das Blut floß an ihr nieder. »Tut nichts«, sagte der Berggeist, »desto mehr mußt du deinen Menschen peinigen, desto mehr Freude mußt du an seinem Blute haben, desto mehr mußt du davon trinken, desto eher wirst du für mich rein und *mein eigen.« – »Was soll ich ihm aber für ein Rätsel aufgeben, woran soll ich denken?« sagte die Prinzessin. »Denke an deines Vaters weißes Roß«, antwortete der Berggeist. »Ist gut«, sagte die Prinzessin und bat: »Laß mich hinaus, denn es ist dreiviertel auf zwölf, ich habe noch weit zu fliegen, du weißt, die zwölf kommt bald heran.« Der Berggeist öffnete, die Prinzessin machte sich wieder fort, und Peter hinterdrein, und draußen in der Luft ging das Schlagen wieder los bis zum Kammerfenster. Die Prinzessin flog hinein, Peter nach Haus und legte seine Fittiche ab und ging zu Bett. Sein Kamerad schlief schon, hatte ihm aber vorher gesagt, er solle die Fittiche vorsichtig abnehmen und sie wieder in das Felleisen legen, aber zusehen, daß er keine Feder knicke. Das tat Peter auch, und danach schlief er bis zum Morgen. Am Morgen stand er auf, zog sich hübsch an, frühstückte dann auch gehörig mit seinem Kameraden und ging darauf nach dem Schlosse. Dort wurde er zur Prinzessin geführt; sie saß in einem schönen Zimmer auf einem kleinen Sofa und sah recht betrübt aus, war aber ein allerliebstes Mädchen. Ihr Auge war so sanft und gut, sie selbst war nicht groß und stark, sondern fein und zierlich gebaut; man traute ihr gar nicht zu, daß sie schon jemanden umgebracht hätte, und doch waren schon neun Mannsleute durch sie ums Leben gekommen. Als Peter hereintrat in ihre Stube, stand sie gleich auf und kam auf ihn zu und sagte in einem freundlichen Tone: »Also du willst mich erlösen. Aber weißt du auch, daß es dein Leben kostet, wenn du mein Rätsel nicht errätst?« – »Ja«, sagte er, »ich will es versuchen, muß ich dann sterben, so will ich gerne für dich sterben. Denn du bist so schön und gut und so lieb, daß ich gerne für dich den Tod leide. Sag mir also dein Rätsel.« – »Also soll's sein«, antwortete sie ganz traurig, und die Tränen traten ihr in die Augen. Sie kam näher und sagte: »Du dauerst mich. Doch da du es nicht anders willst, so höre: Sag mir, woran ich jetzt denke.« – »Das ist nicht schwer zu sagen«, antwortete Peter: »Prinzessin, Ihr denkt jetzt an Eures Vaters weißes Pferd.« Die Prinzessin wurde leichenblaß und sagte: »Du hast es erraten. Das Glück möge dir ferner günstig sein. Komm morgen wieder. Wenn du mich erlösest, sollst du königlich belohnt werden.« Peter verbeugte sich und ging. Den Tag verbrachte er wieder mit seinem Reisegefährten und war guter Dinge, und abends ging es ebenso wie das erste Mal, nur daß Peter diesmal zwei eiserne Ruten, in jede Hand eine, bekam, womit er die arme Prinzessin prügeln mußte. Doch als sie zu dem Berge kamen und in den Saal hineintraten, da war der Raum heller erleuchtet als am Abend zuvor, und in der Mitte war der Mond, der alles mit seinem Licht übergoß, und auf dem Altar lag ein großer, stachliger Fisch. Am Abend vorher standen bloß einige Sterne an der Decke, und der Altar war leer. Als die Prinzessin wieder hineintrat und hinter ihr Peter sich hineingeschlichen hatte, schloß sich die Tür; die Prinzessin ging auf den Berggeist zu, der auf einer Art Thron saß, und sagte: »Hoher Geist, unser erstes Rätsel hat der Mann erraten, was sagst du dazu?« – »Das geht nicht mit rechten Dingen zu. Eine geheime Macht waltet hier, die mir und dir zuwider ist. Diesmal soll er's aber nicht erraten. Diesmal sollst du an deines Vaters Schlachtschwert denken.« – »Gut«, sagte die Prinzessin; »der Flug hat wieder viel Blut gekostet, es hagelte diese Nacht schlimmer noch als die vorige, sieh, wie ich blute. Aber wenn er das Rätsel nicht errät, so soll er durch meines Vaters Schlachtschwert sterben, darauf verlaß dich.« – »Tue also, meine Tochter; nun geh und mach deine Sache gut, sag aber keinem das Rätsel«, und damit ging sie fort und Peter hinterher; auf dem Wege bekam sie wieder ihre regelrechten Schläge, bis sie zum Fenster hinein war, und unser Peter flog nach Haus, tat seine Fittiche ab und legte sich ins Bett. Am andern Morgen ging er wieder zu der Prinzessin, und sie empfing ihn ebenso wie am vorigen Tage. Diesmal aber lag schon das Schlachtschwert ihres Vaters auf dem Tische und hatte noch Blutflecken. Als er hereintrat, fragte sie gleich: »An was denke ich?« – »An das Schlachtschwert Eures Vaters, gnädige Prinzessin.« Da sank sie zurück auf das Sofa und stammelte: »Erraten! Morgen komm wieder. Das Glück möge dir noch einmal beistehen, dann wird alles gut.« Damit ging Peter wieder weg und brachte seinem Kameraden die Nachricht, daß er das zweite Rätsel auch erraten hätte. Beide machten sich einen vergnügten Tag, bis es dunkel wurde, aßen dann zusammen, und Peters Kamerad sagte, wie es gegen zehn hinkam: »Diese Nacht hast noch ein schweres Stück vor dir. Diesmal bekommst du zwei eiserne Ruten, womit du die Prinzessin prügeln mußt, und ein zweischneidiges Schwert, mit dem mußt du dem Berggeist den Kopf abhauen. Nimm dich aber in acht, wenn du in seinen Saal kommst, daß er dich nicht sieht, denn es wird diesmal so hell darin sein wie am Tage, und du wirst Mühe haben, dich vor ihm zu verbergen. Ich werde dich aber begleiten, und, wenn du in Not bist, schützen. Hab nur guten Mut. Zuletzt wird er mit herausgehen, sowie er aber Abschied von der Prinzessin genommen hat und in den Berg zurückgehen will, so haue ihm den Kopf ab und nimm den mit.« Alles geschah so. Peter hin nach der Prinzessin ihrem Kammerfenster; um elf Uhr kam sie heraus; er dahinter her und peitschte sie ganz erbärmlich bis in den Berg hinein. Als sie miteinander in den großen Saal hineintraten, da stand die Sonne an der Decke, und alles war so hell wie am Tage; auf dem Altare lag der stachelige Fisch und stand ein feuriges Rad, doch hinter dem Altar war alles dunkel, dort versteckte sich Peter gleich. Die Prinzessin ging eilig zu dem Berggeist, warf sich ihm an den Hals und sagte wie in Verzweiflung: »Wieder erraten!« – »Das ist schlimm«, sagte der; »so denke diesmal an mein Haupt. Daran kann kein Sterblicher denken, am wenigsten ein Mensch.« – »Oh«, sagte sie, »wie bin ich diesmal zerfleischt von dem fürchterlichen Hagelwetter. Sieh meinen Rücken, meine Arme, mein Haupt, ich triefe von Blut.« – »Du dauerst mich, armes Kind«, sagte der Berggeist. »Dies ist eine harte Probe. Jetzt geh und bade dich in dem Blute des Schändlichen. Ich werde mit dir sein, rechne auf mich; morgen bin ich unsichtbar bei dir. Diesmal soll's ihm nicht gelingen, daß er das Rätsel errät«, und so begleitete er sie hinaus. Als er zurückwollte, schlug ihm Peter mit einem Hiebe das Haupt ab, faßte es an den Haaren und flog der Prinzessin nach und walkte auch die noch einmal gefährlich durch bis vor ihr Fenster. Dann machte er sich nach Haus und legte sich in die Federn und freute sich im voraus, daß er seinen Willen kriegte. Er schlief wieder prächtig, und am andern Morgen machte er sich wieder zurecht, nahm den Kopf des Berggeistes, wickelte ihn in sein Schnupftuch und ging aufs Schloß. Als er diesmal zu der Prinzessin in das Zimmer trat, war die Prinzessin ganz blaß von Schrecken und wußte nicht, ob sie ihm das Rätsel sagen sollte oder nicht. Da sprach Peter: »Gnädige Prinzessin, heute komm' ich zum letzten Male, sagt mir Euer Rätsel, damit ich es errate oder sterbe.« Und die Prinzessin fragte mit zitternder Stimme, als wenn ihr Tod oder Leben davon abhing: »Woran denke ich?« Ohne zu antworten knüpfte er das Taschentuch auf und setzte das Haupt des Berggeistes auf ihren Tisch. Da rief die Prinzessin: »Mein Erlöser!« und stürzte ihm ohnmächtig in die Arme. Er legte sie aufs Sofa und klingelte. Alsbald kamen Bediente, und der König wurde geholt und die Ärzte, und als die Prinzessin wieder zu sich kam, gab der König seine Tochter dem Peter zur Frau. Darauf sagte Peter, er müsse aber erst einmal nach seinem Wirtshause. Es wurde nun gleich ein großer Wagen mit sechs prächtigen Pferden angespannt, und der Peter wurde hingefahren. Da kam ihm sein Kamerad in der Tür schon entgegen, half ihm aus dem Wagen, und sie gingen miteinander oben auf ihre Stube, und dort sagte der Reisegefährte zu Peter: »Wenn du nun mit deiner Frau zu Bette gehen willst, so laß, ohne daß sie etwas davon weiß, eine große Wanne mit Wasser vor euer Bett setzen, und wenn sie diese Nacht aufspringt und fort will, so springt sie in die Wanne mit Wasser, dann tauche sie gleich unter, dann wird ein Rabe daraus kommen und fortfliegen, dann tauche sie nochmals unter, so wird eine Taube herauskommen und sich auf deine Schulter setzen, dann tauche sie nochmals unter das Wasser, dann wird die Prinzessin in ihrer vorigen Engelsschönheit und Frömmigkeit daraus heraufsteigen, dann küsse sie dreimal und sei glücklich mit ihr, du wirst dann nach dem Tode des alten Königs König werden. Nun leb wohl, jetzt hast du mich nicht mehr nötig; ich verlasse dich jetzt und die Welt. Meine Schuld, glaube ich, hab' ich dir bezahlt. Leb wohl und sei glücklich!« Danach war er verschwunden. Peter setzte sich in seinen Wagen und war sehr traurig über den Abschied von seinem Kameraden und fuhr dann zurück nach dem königlichen Palast. Hier befolgte er alles getreulich, was ihm sein Gefährte gesagt hatte, und es kam auch alles so; er wurde so glücklich mit seiner Frau wie ein König, und später ist er auch König geworden und hat sein Land gut regiert bis an sein seliges Ende.*

Unser Märchen gliedert sich in zwei Teile: Der erste Teil handelt von der Auslösung eines Toten, der zweite Teil von der Befreiung einer Prinzessin aus der Besessenheit durch einen *Berggeist*, was aber nur mit Hilfe dieses Toten möglich ist. Am Schluß des Märchens haben wir unseren Peter mit seiner – nunmehr wieder friedlichen Prinzessin – und wir wissen, daß Peter später König werden wird. Sowohl der *Totengeist* wie auch der Berggeist sind verschwunden. Der erste Teil des Märchens ist aber absolut wichtig für den zweiten Teil, der ohne den ersten nicht denkbar ist. So werden wir also auf diese »Geisterfiguren«, auch wenn sie am Schluß aus der Erzählung herausfallen, sich also gewissermaßen im Laufe des Geschehens aufgearbeitet haben, ein besonderes Augenmerk zu richten haben.

Sieht man die Bewegung an, die in diesem Märchen ist, fällt auf, daß es eine lange Lösungs- und damit auch Erlösungsgeschichte ist: Peter löst sich vom Vater, dann löst er den Toten aus, erlöst ihn also aus seinem unbefriedeten Zustand. Der Geist des Toten hilft, daß Peter das Rätsel lösen kann; erlöst wird dadurch die Prinzessin von diesem Berggeist, die abgelöst werden mußte. Dadurch, daß er dies in die Wege leitete, löste der Tote seine Schuld ein. Am Schluß haben wir unser Paar, beide »abgelöst«: Peter vom dankbaren Toten, die Prinzessin vom Berggeist.

So wird der große Bogen in diesem Märchen der sein, daß Ablösungen von Vätern und Vater-Geistfiguren stattfinden, von Vatergeistfiguren, die gleich hinter den Vätern stehen. Dadurch wird unser Held selbständig und gewinnt zudem eine Frau oder eine weibliche Seite in sich, die wieder zufriedenstellend und befreit »funktioniert«. Würde man das aufs Weibliche übertragen – das könnte man meines Erachtens ohne weiteres auch –, dann würde es heißen, daß auch das Weibliche aus den Klauen einer dominierenden Vaterfigur, die ihr bedeutende psychische Schwierigkeiten verursacht, erlöst wird.

Das wäre die allgemeine Interpretation. Wenden wir uns den Einzelheiten zu: Peter gefällt es nicht zu Hause, er geht weg, samt seinem ganzen Erbteil. Peter verläßt seinen Vater, löst sich also ab, weil es ihm nicht mehr gefällt. Dieses »Nicht-mehr-Gefallen« ist ein Ausgangspunkt für etwas Neues, das entwickelt werden muß. Weil in der Ausgangssituation keine Frauen da sind, kann man annehmen, daß es auch darum geht, daß er eine Frau findet. Eigentümlich ist, wie wohlanständig Peter geschildert wird. Immer wieder, auch im Fortgang des Märchens, wird auf seine Qualitäten hingewiesen. Auf seiner Wanderung findet er einen unbeerdigten *Toten*. Dieser arme Tote ist einer, der in der Weltordnung, wie sie herrschte, nicht zu Geld kam, also nicht beachtet und nicht bedacht wurde. Der arme Tote würde also eine Schattenseite, eine Seite, die nicht gelebt wird, die aber doch dazu gehören würde, verkörpern. Was könnte es sein, das da so sehr verdrängt wurde? Von unserem Märchen her wissen wir nur, daß dieser Tote so arm war, daß er nicht begraben werden konnte. In Parallelversionen haben wir etwas mehr Information: Einmal ist er ein Sünder, der so sehr Sünder ist, daß ihn die Kirche nicht begraben will; ein andermal ist er jemand, der Schulden hat. Im norwegischen Märchen »Der Kamerad« ist er ein Weinhändler, der den Wein gepanscht hat. Diese Gestalten haben alle ein wenig menschliche Untugenden, von denen man sich schwer vorstellen kann, daß sie so schlimm sein sollen, daß man deshalb nicht begraben werden sollte. Aber es sind Gestalten, die tun, was man nicht tut. Und immerhin brauchen die Helden jeweils das ganze Geld, das sie vom Vater haben, um diesen Toten auszulösen. Alle Werte, die sie noch von ihrer alten Einstellung her haben, müssen sie opfern, damit der Tote beerdigt werden kann, damit dieses Problem »befriedet« wird. Das heißt also, man hat diese Schattenseiten akzeptiert, und dafür auch viel hergegeben, nämlich zumindest das alte Bild, das man von sich hatte, hier das Bild von sich als »Vaters gutem Sohn«. Wesentlich aber scheint mir, daß der Held und der Begleiter danach einen gemeinsamen Weg gehen, daß sie vertraut werden miteinander, und daß sie zusammen in diese Stadt kommen, wo die *Königstochter* wohnt. Wir wissen vom Fortgang der Erzählung her, daß dieser Reisebegleiter der Geist des Toten ist. Es muß also ein langer Weg zurückgelegt werden, um mit diesem Geist vertraut zu werden, und nur mit diesem Geist auch gelingt es, die *Prinzessin* zu erlösen. Es zeigt sich sehr deutlich der Doppelaspekt des Begleiters: einerseits das Verachtete in diesem Toten, andererseits, nachdem er einmal angenommen ist, nachdem einmal etwas investiert ist für dieses Verachtete, wird er zu einem Helfer. Dieser Helfer zeigt auch Verbindung zu großen Tiefen, denn er kann mehr, als ein Mensch könnte. In Parallelversionen wird er deshalb wohl auch als Engel Gottes dargestellt (Finnische Version). Wesentlich scheint mir in diesem Zusammenhang, daß er weit über das Bewußtsein hinaus weist.

Nun kommen die beiden in die *schwarz* verhängte *Stadt*. Eine Trauerstadt; am Königshof ist auch alles ein wenig versteinert. Immerhin weiß man, daß »die liebe, gute Prinzessin« von einem Berggeist verzaubert ist. Wie diese Verzauberung aussieht, ist recht anschaulich geschildert: Tagsüber ist sie still in sich gekehrt, bisweilen aber so böse, daß sie alles zerschlägt, was ihr in den Weg kommt. Wer sie erlösen will, und das Rätsel nicht lösen kann, wird umgebracht[2] – offenbar von ihr eigenhändig. Dabei sagt das Märchen aus, die Prinzessin sei ein so schönes und gutes Mädchen gewesen, und ist es ja noch, ihre Augen sind so sanft und gut, sie ist so zierlich und fein – und doch hat sie schon neun Männer getötet. Jetzt kommt der zehnte dran – und ein Jahr ist, seit der letzte da war, vergangen. Bei dieser Schilderung hat man das Gefühl, daß das Mädchen in gewisser Hinsicht zu lieb, zu fein, zu sanft gewesen sei. Zwar ist dieser Zustand behoben, aber keineswegs zufriedenstellend. Das Märchen sagt, sie sei verzaubert – es scheint, daß das Wesen des Berggeistes durch sie hindurch spricht –, und wenn wir den Zustand der Prinzessin einmal ansehen, dann wechseln da offenbar Depression – als Bild: die schwarze Stadt – und sinnlose Raserei, sehr aggressives Gebaren, miteinander ab. Sie selber scheint im ganzen Spiel kaum einen freien Willen zu haben. Sie ist Gefangene der Situation. Dazu paßt, daß sie erlöst, aber gleichzeitig auch nicht erlöst werden will. Mir scheinen die beiden Strebungen etwa gleich stark nebeneinander zu bestehen. So sagt sie zu Peter mit Tränen in den Augen, bevor sie ihm das Rätsel aufgibt: du dauerst mich – und nachdem er es gelöst hat, wird sie leichenblaß. Man hat den Eindruck, man hat es da mit einem sehr feinen, beeindruckbaren, etwas depressiven Menschen zu tun, der plötzlich in Raserei ausbrechen kann, und auch nicht davor zurückscheut, in dieser Raserei sehr verletzend zu sein. Nicht nur verletzend: tötend. Diese Raserei muß unendlich destruktiv sein.

Zu vergleichen ist das etwa mit den Zuständen, wenn jemand plötzlich von sehr destruktiven Launen überfallen wird und in kürzester Zeit alles an menschlicher Beziehung zerstören kann, was in langer Zeit aufgebaut worden ist – am meisten dabei aber sich selber. Von diesen Zuständen soll die Prinzessin erlöst werden – und der Geist des Toten weiß, wie das zu geschehen hat. Nicht nur, daß er es weiß, er hat auch in den Flügeln für Peter die Mittel dazu. Die Prinzessin hat wohl die ihren von ihrem Berggeist bekommen.

Es zeigt sich darin, daß offenbar so verschieden der Geist des Toten und der Berggeist auch wieder nicht sind. Zumindest werden beide *»Geist«* genannt – und das könnte doch bedeuten, daß sie zwei Aspekte desselben Geistes wären.

Interessant ist, wie Peter einfach diesem Geist gehorcht, immerhin in einer so wenig menschenvertrauten Situation wie der des Fliegens. Das dürfte mit eine Folge der ursprünglichen Vaterbindung sein. Es ist wesentlich, daß er genau das tut, was die Prinzessin tut, daß er ihr folgt, daß er ihren Irrweg – wenn es einer ist – auf sich nimmt. Allerdings muß er mit eisernen Ruten, zunächst einmal genügt eine, auf sie schlagen. Es steht dort, »er mußte gehorchen, wenn ihm auch sein Herz blutete«. *Er* muß also aggressiv sein. Damit übernimmt er einen Teil an Aggression – das scheint mir bei diesen Ruten wichtig zu sein. Das steigert sich folgerichtig von Tag zu Tag.

Und nun kommen die beiden in den großen Berg. Der Berggeist wohnt dort offenbar untertags – auch wieder Symbol dafür, daß er von der Helligkeit des Tages abgesondert ist, denn was im Berg ist, das ist verborgen. In diesem Berg ist ein Altar in einem Saal. Fast hat man das Gefühl, es sei eine Kirche im Berg, oder zumindest etwas Kirchenähnliches. Dies weist aber auch dem Berggeist eine Wichtigkeit zu. Dieser Berggeist sieht so furchterregend aus, daß Peter Angst vor ihm bekommt. Das würde heißen: Wenn man einmal sieht, welche Dämonie hinter diesem zerstörerischen Wesen der Prinzessin steht – sei das nun die weibliche Seite von Peter oder sei es eine Frau, die von einem solchen Berggeist besessen ist –, dann würde man am liebsten fortlaufen. Die Prinzessin aber läuft diesem Dämon in die Arme. Für sie scheint die ganze Sache durchaus eine gewisse Großartigkeit zu haben. Nicht nur von der Behausung her können wir auf das Wesen dieses Berggeistes schließen, sondern auch aus dem, was er sagt. »Bist lange nicht dagewesen, hast lange keinen umgebracht, hast dich lange nicht können am Blute deiner *Erlöser* freuen. Ist also wieder ein Vogel ins Garn gegangen.« Daraus spricht die triumphierende, genüßliche Freude am Töten – und besonders am Töten derer, die erlösen wollen. Er fühlt sich stark und allen überlegen, die da erlösen wollen. Und wie sich die Prinzessin über das Hagelwetter beklagt, über die Qualen, die sie hat ausstehen müssen, sagt er nur: »Tut nichts, desto mehr mußt du deinen Menschen peinigen, desto mehr Freude mußt du an seinem Blute haben, desto mehr mußt du davon trinken, desto eher wirst du für mich rein und mein eigen.« Je mehr du leidest, desto mehr mußt du die andern leiden machen – das ist die Psychologie, die er vertritt. Aber nicht nur das: Sie soll auch Freude daran haben. Wir haben hier – ich werde nachher darauf zurückkommen – die Quintessenz einer sado-masochistischen Verhaltensweise. Ich brauche den Ausdruck »sado-masochistisch für Quälen und Gequält-Werden, der durchaus mit einem gewissen Lusterleben, nicht aber unbedingt einem sexuellen Lusterleben verbunden, und überhaupt nicht nur auf die Sexualsphäre bezogen ist.

Schon Freud ist in seinem Verständnis eines »moralischen Masochismus« – Wange hinhalten, wo immer man einen Schlag auffangen kann, nicht nur von der geliebten Person – vom streng sexuellen Sinn weggegangen. »Je mehr du leidest, um so mehr mußt du die andern zum Leiden bringen, Freude daran haben.« Der Berggeist sagt aber noch bedeutend mehr: »Um so mehr wirst du mein eigen – und für mich rein.« Also nicht nur wird sie sich freuen, sie wird auch dadurch, daß sie in diesem Verhaltenszirkel bleiben muß, solange sie diesem Berggeist verfallen ist, ihm immer mehr verfallen. Denn immerhin sucht sie den Berggeist nur auf, wenn einer sie erlösen will. Solange niemand sie erlösen will, scheint sie das nicht zu tun. Wesentlich aber ist, daß Peter bei dieser Szene zwischen Berggeist und Prinzessin zuhört. Deren Abgeschlossenheit hat aufgehört, so ganz abgeschlossen zu sein; was bedeutet, daß das Verfallensein an diesen Geist durchaus noch besteht, daß aber schon etwas um diese Verfallenheit weiß – und so ist die Verfallenheit nicht mehr total.

Und nun das Rätsel: Sie soll an ihres Vaters weißes Roß denken. Diese lapidare Frage, »woran denke ich?«, kann vielleicht doch mehr aussagen, als es auf den ersten Blick scheint, insbesondere, wenn wir einmal die anderen Gegenstände, an die sie denkt, mit einbeziehen: Vaters weißes Roß, Vaters Schlachtschwert, und dann den Kopf des

Berggeistes, der sie zwischenhinein einmal als »meine Tochter« anspricht. Wenn eine Prinzessin in solch einem Augenblick an Vaters weißes Roß und an Vaters Schlachtschwert denkt, im heiratsfähigen Alter, dann denkt sie doch eigentlich oft an Dinge ihres Vaters – und an Dinge des Vatergeistes. Es stellt sich also auch hier eine enge Vaterbindung heraus. Dazu paßt, daß in diesem Märchen auch am Königshof nichts von einer Königin zu hören ist; wenn es sie gibt, spielt sie keine Rolle. Alles in allem: die Sache erscheint einem ungeheuer patriarchal. Warum taucht aber gerade »Vaters« *weißes Roß* auf? Weiße Pferde sind in der Mythologie die »Sonnenpferde«, es sind die Pferde, die mit dem Lichtgott zu tun haben – und seine Energie verkörpern, während die dunklen Pferde die Pferde der Unterweltsgötter sind. Pferde an sich symbolisieren Triebkraft, und zwar aufbrechende Triebkraft. Im weitesten Sinn, so scheint es mir, als ob in diesem Denken an Vaters weißes Roß mehr als nur Ausdruck der Gebundenheit an ihn läge; mir scheint, es liegt darin auch ein Ausdruck des »Aufbruchs«, wenn wir an den positiven Aspekt, der in dieser Vaterverbindung steckt, denken. Es sieht fast so aus, als wollte der Berggeist auch irgendwo erlöst werden, denn der Berggeist selber denkt sich dieses Rätsel aus. »Erlöst« heißt hier, nicht länger so abgespalten sein Unwesen treiben zu müssen wie bisher. Aber seien wir nicht zu optimistisch: Das Symbol zeigt zwar Frühling an, und insofern ist auch Frühling, als endlich einer gekommen ist, der ausgerüstet ist, diesen Fluch zu brechen. Gleichzeitig scheint mir in diesem Roß-Symbol enthalten, daß in der Gebundenheit an den Vater eine große Libido steckt, die man brauchen könnte, um vorwärts zu kommen.

Nun soll Peter also das Rätsel lösen: Die Prinzessin verhält sich dabei weinerlich sentimental, was auf den ersten Blick gar nicht zu ihrer Brutalität paßt, was aber in dem Märchen eigentlich zueinander gehört. So fragt sie auch noch in freundlichem Ton, ob er wisse, daß es ihn das Leben koste . . . Ich denke da unwillkürlich an Menschen, die mit unendlich vielen Präambeln versichern, daß sie einen niemals verletzen möchten. und die dann etwas Brutales sehr gekonnt ansetzen. Man steht dann da, versichert, daß man es nicht als Verletzung empfinde, mit dem Gefühl, dennoch sehr verletzt worden zu sein und mit dem Wunsch, zurückschlagen zu dürfen, wären nur die Hände durch die vielen Präambeln nicht schon gebunden. Dazu paßt die Leichenblässe der Prinzessin, als Peter das Rätsel errät.

Nun erfolgt der zweite Ausflug zum Berggeist – die zweite Reise dahin, um zu sehen, woran die Prinzessin denkt, was denn ihr Geheimnis ist. Sie wird noch mehr geprügelt – Peter also muß jetzt noch aggressiver sein. Es steht nichts mehr davon da, daß sie ihn dauerte. Dieses Geprügelt-Werden ist natürlich auch Ausdruck dafür, wie sehr sie auf ihrem Weg zum Berggeist leiden muß. Der Weg zum Berggeist muß ihr »verhagelt« werden, so daß es richtig schwer wird, gerade *diesen* Weg zu gehen. Es erinnert auch an Austreibungsszenen, wie sie sich sogar im Neuen Testament niederschlagen, wo die bösen Geister sich darüber beklagen, daß sie von Christus »gequält« würden.

Im Alltag könnte es bedeuten, daß man, wenn man den destruktiven Sog im andern spürt, auch aggressiv reagieren soll; aber »mitbegleitend«, nicht verachtend, sondern teilnehmend. Dadurch nimmt man einerseits dem andern Aggression ab, er ist nicht allein böse, andererseits wird durch eine solche Reaktion im anderen auch ein Gefühl für die »Berggeistwelt« entwickelt, für das Destruktive darin.

Dieses Mal ist es heller im Raum, da steht der *Mond*. Am Abend vorher waren es nur ein paar *Sterne*. Es scheint hier eine »Naturkirche« zu bestehen – wenn schon. Auffallend ist, daß es heller wird – also die ganze komplexe Situation dürfte sich aufhellen; man sieht auch besser, wobei es nicht um künstliche Lichter geht, sondern um die natürlichen.

Auf dem Altar liegt ein großer stachliger *Fisch*. Diese Gegenstände helfen uns alle, den Berggeist näher zu identifizieren: Er erscheint als Macht, die irgendwie mit dem Kosmos zusammenhängt, – damit wird er »universal« – mit der Sonne, dem Mond und den Sternen. Hinzu kommt noch dieser »Stachelfisch«. Fische haben eine äußerst vielschichtige Symbolik. Ich halte mich an die allgemeinste: Sie sind Inhalte der Gewässer, sie schwimmen in den Wässern herum, und man versucht, sie herauszuziehen. Dieser ist offenbar bereits herausgezogen. Man könnte also sagen, daß man einen Fisch aus dem Unbewußten gezogen hat. Wie man bei einem Fisch aber auch erst weiß, was man hat, wenn man ihn ißt, so weiß man auch hier noch nicht so genau, was er in sich birgt. Es ist ein Zustand, wo man das Gefühl hat, irgend etwas irgendwie erfaßt zu haben. Daß man diesen Inhalt noch nicht ganz anfassen kann, darauf weisen auch seine Stacheln hin. Fische mit Stacheln sind unangenehm anzufassen. Der *Altar* war früher der Herd, der Herd als der Ort, wo die Dinge gekocht werden. So ist der Altar ein Ort, wo die Dinge verwandelt werden. »Stachelig« kann aber in diesem Zusammenhang auch bedeuten, daß das ganze Problem ein eher stacheliges Problem ist – was es ja zweifelsohne auch wirklich ist: Nichts primär Seligmachendes, das da aus dem Unbewußten kommt, sondern etwas, an dem man sich die Hände zersticht.

Der Geist sitzt auf dem hohen Thron. Das muß er wohl, denn wenn es eine geheime Macht gibt, die ihm und der Prinzessin zuwider läuft, dann muß er sich erhöhen, um seine Omnipotenzsituation zu unterstreichen.

Es könnte sein, daß der Zustand der Prinzessin, obwohl eigentlich die Erlösung im Gang ist, sich noch ins Destruktive steigert. Das zeigt sich auch in dem Umstand, daß sie beim zweiten Besuch Peters keine lange Einleitung macht, sondern sehr direkt auf ihr Ziel zusteuert – aufs Köpfen. Dabei hat sie das *Schlachtschwert,* an das sie denken soll, ja bereits auf dem Tisch liegen. Da bekommt man eigentlich recht stark den Eindruck einer Besessenheit: Sie kann nicht mehr warten. Das Schlachtschwert ist das Schwert, mit dem der Vater sich seine Siege holt, seine Feinde umbringt. Wenn sie ihre Erlöser mit dem Schlachtschwert ihres Vaters tötet, dann tötet sie nicht mit eigenen Mitteln, sie zeigt ihr Verhaftetsein an den Vater. Es ist nicht ihre Aggression, sondern die Aggression ihres Vaters. Und als Peter ihre Gedanken errät, sinkt sie zurück aufs Sofa – und stammelt: »Erraten! Morgen komm wieder. Die Götter mögen Dir noch einmal beistehen, dann wird alles gut.« Durch den ganzen Text hindurch bleibt immer diese Doppeldeutigkeit erhalten – und ich glaube, sie muß auch erhalten bleiben, denn die Prinzessin hat ein ambivalentes Gefühl dieser Erlösung gegenüber. Sie ist einerseits besessen, und kann in diesem Zusammenhang gar nicht heraus wollen aus dieser Besessenheit, andererseits aber gibt es auch einen Trend zum Weiterleben, und da geht es darum, daß diese Besessenheit aufgelöst wird. Besessenheit wirkt wie eine Zwangsjacke; sie hindert am Weiterleben.

Auf der dritten Reise zum Berggeist hat Peter ein Schwert bei sich. Mit ihm soll er dem Berggeist den Kopf abhauen. Bis jetzt hat immer die Prinzessin den unglücklichen Freiern den Kopf abgehauen, jetzt übernimmt Peter auch das, allerdings dem Berggeist gegenüber, nachdem er die Prinzessin wieder prügeln mußte. Der Begleiter bereitet Peter vor – er selbst ist bestens informiert. Interessant ist, wie Peters Kamerad und der Berggeist dem Sinne nach genau den gleichen Satz sagen. »Ich werde dich aber begleiten – und wenn du in Not bist, schützen«, sagt der Kamerad. »Ich werde mit dir sein, rechne auf mich; morgen bin ich unsichtbar bei dir«, sagt der Berggeist. Es zeigt sich auch da, daß zwischen den beiden Geistern mit Sicherheit eine gewisse Verwandtschaft besteht. Wie aber hat sich der Raum des Berggeistes verändert? Der Raum des Berggeistes, das ist der Raum dieses Komplexes. Die Sonne steht nun an der Decke – es ist hell geworden. Auf dem Altar liegt der stachelige Fisch und ein *feuriges Rad.* Hinter dem Altar ist es immer dunkel, das bleibt der mütterlich bergende Ort. Von der Aufhellung dieses Raumes haben wir bereits gesprochen. Nun ist die ganze Sache »sonnenklar«. Das Feuerrad auf dem Altar setzt noch eine weitere Bedeutung: Feuerräder brauchte man an Ostern, auch zur Sonnwendzeit. Wenn es Frühling wurde, hat man solche Räder hergestellt und sie über die Wiesen gerollt, die Abhänge herunter – das sollte der Sonne Kraft geben für ihre nun wieder aufsteigende Bahn. Später wurde dieser germanische Brauch zu einem christlichen Osterbrauch, weil ja die neuerstandene Sonne und der auferstandene Christus miteinander in die gleiche Symbolik passen. In dem Feuerrad haben wir sicher noch einmal den Hinweis auf Frühling, Hinweis darauf, daß das Leben wieder seinen Gang nimmt, daß der Winter, der psychische Winter, das Eingeschlossensein in diesem Berg, vorüber ist. Es könnte allerdings auch ein Hinweis auf die Emotionen darin enthalten sein: Ein feuriges Rad, ein feuriges Pferd bedeuten, daß diese Emotionen wieder in einer gewissen Regelmäßigkeit gelebt werden können, und daß sie auch da sind.

Die Prinzessin wirft sich »wie in Verzweiflung«, sagt das Märchen, dem Berggeist an den Hals. »Wie in . . .«, also vielleicht in Verzweiflung. Vielleicht aber auch nicht. Beides in einem, wie wir schon so oft gesehen haben. Und nun soll sie an des Berggeistes *Haupt* denken. Daran aber, sagt der Berggeist, »kann kein Sterblicher denken, am wenigsten ein Mensch«. Der Berggeist legt seine letzte Macht hinein, das, was ihn von einem Menschen so sehr unterscheidet, daß die Menschen nicht einmal daran denken können. Der Kopf ist der Sitz seiner Gedanken – und daß kein Mensch daran denken kann, stimmt nicht, denn Peter kennt seine Gedanken sehr wohl, wenn auch nur durch die Hilfe seines Geist-Kameraden. Der Berggeist besitzt seinen Kopf eigentlich schon nicht mehr allein, auch bevor er ihm abgeschlagen wird. Und als die Prinzessin diesmal nach dem Rätsel fragt, zittert ihre Stimme, »als wenn *ihr* Tod oder Leben davon abhinge«. Das ist auch richtig, denn errät Peter das Rätsel, dann ist sie dem Leben wiedergegeben; errät er es nicht, würde sie endgültig in die Klauen des Berggeistes fallen.

Nachdem sie wieder zu sich gekommen ist, wird sie Peter zur Frau gegeben. Dieses »Zu-sich-kommen« bedeutet, daß sie durch Peters Handeln »ohnmächtig« geworden war. Sie, die vermutlich vorher ihre Umwelt tyrannisiert hat mit Still-Sein und mit Ausbrüchen, mit Köpfung usw., ist *ohne jede Macht.* Das zeigt aber auch, daß die Macht des Berggeistes gebrochen ist. Peter will sofort zu seinem Kameraden schicken. Dieser gibt ihm einen letzten Rat und verschwindet. Sobald der Berggeist erledigt ist, braucht auch der Geist dieses Toten nicht mehr da zu sein. Denn eigentlich hat dieser Geist geholfen, den Berggeist zu besiegen, zu eliminieren. Der Berggeist *konnte* nur durch den Geist des Toten eliminiert werden.

So ist also die Prinzessin vom Berggeist abgelöst, Peter vom Geist des Toten. Jetzt erst ist diese Schattenproblematik, von der am Anfang die Rede war, gelöst.

Was aber ist der letzte Rat des Totengeistes an Peter? Neben das Bett soll er eine Wanne mit *Wasser* stellen, und wenn die Prinzessin nachts fort will, solle er sie nieder*tauchen;* den *Raben,* der daraus entstehe, wieder niedertauchen; die *Taube* auch – und erst dann sei die richtige Prinzessin wieder da. Das *Taufmotiv* bedeutet Erneuerung: Das Alte wird ersäuft. Die Prinzessin will also noch immer fort. Das aber soll verhindert werden. Offenbar muß diese Prinzessin doch noch durch verschiedene Wandlungsformen hindurchgehen. Der *Rabe* ist bei uns häufig ein Symbol für den Teufel, für das Böse schlechthin. Allerdings hat Odin auf seinen Schultern auch zwei Raben, Hugin und Munin. Hugin und Munin stehen für das schöpferische Prinzip, der Wolf von Odin für das Zerstörerische. Trotzdem: Diese Raben könnten für eine Prinzessin mit dunklen Gedanken, mit allzu düsteren Gedanken stehen. Die *Taube* dagegen ist ein Symbol des Friedens bei uns geworden seit der Arche-Noah-Geschichte, in der sie den Olivenzweig brachte. In Verbindung mit einer »Taufe« erinnert sie auch an die Taube des Heiligen Geistes. Jedenfalls spricht man auch von einem »Täubchen« und meint eine große Friedfertigkeit und Reinheit und Sanftmut. Dazu paßt psychologisch sehr gut, daß Tauben sehr aggressive Wesen sind. Und das verbirgt sich ja hinter allzu viel Feinheit und Sanftmut. Deshalb darf man auch diese Form der Prinzessin nicht akzeptieren. Beide Verhaltensformen sind ja auch durch Vögel, nicht durch Menschen dargestellt, sind also noch nicht menschlich, noch viel zu wenig auf dem Boden. Weist man diese Verhaltensformen zurück, dann wird die Prinzessin in ihrer menschlichen Form sichtbar. – Die Engelsschönheit und Frömmigkeit, in der sie dann wieder erstehen soll, mutet zwar etwas süßlich an – aber Engelsschönheit und Frömmigkeit müßten nicht ausschließen, daß sie auch mit ihren Aggressionen zurechtkommt. Dennoch wünschte man sich, daß das Märchen weiterginge, die Prinzessin noch bodenständiger würde.

Wir haben das Märchen vor allem unter dem Aspekt männlicher Psychologie gesehen: Das würde bedeuten, daß ein Mann aus seiner Vatergebundenheit, was immer auch bedeutet, Gebundenheit an die kollektiven Werte, an die Gesellschaftsordnung, ausbricht und einmal sieht, was denn in diesem System ausgespart worden ist. Er findet alle jene Werte, die in ihm arm und tot sind, die aber, wenn man ihnen Aufmerksamkeit zuwendet, eine beachtliche Macht in sich haben. Arm und tot ist die eine Seite, vor der man sich nicht so sehr fürchten muß – auf der anderen Seite ist aber auch dieser Berggeist verdrängt. Dieser Berggeist ist aggressiv-omnipotent in seiner Destruktivität. Das aber bewirkt, daß die weibliche Seite von Peter, die es ja erst einmal zu entdecken gilt, denn die war in dem patriarchalen Gefüge seiner Herkunft auch nicht vorhanden, unter dem Einfluß dieses Berggeistes steht, d. h., daß ein Zustand äußerster seelischer Unausgeglichenheit besteht, insbesondere im Bereich der Aggressionen. Und wenn man dieses Weibliche ansieht, so hat man sehr stark das Gefühl, daß die Besessenheit durch den Berggeist zu einem sadomasochistischen Verhalten führt. Eine weibliche Seite zu haben, die Rätsel aufgibt und köpft, wenn man sie nicht errät, ist recht schwierig. Sie will erlöst werden und nicht erlöst werden. Es ist ein Zustand des In-sich-selber-Kreisens – bald leidend, bald tobend – aber keineswegs kann da ein fruchtbares Leben geführt werden. Es gilt, den Berggeist dahinter zu sehen und ihn schließlich zu eliminieren. Dazu gehört aber, daß man seiner weiblichen Seite erst einmal folgt in ihren Ausflügen, daß man hinsieht – kritisch hinsieht, aber mitgeht. Das Schlagen mit der Rute kann bedeuten, daß man diese Ausflüge nicht einfach duldet, sondern dabei die Prinzessin in sich selber gleichzeitig auch schlägt, also kritisch ist gegen sich selber. Dabei scheint mir aber auch der andere Gedanke wichtig zu sein, daß auch Peter ein Stück Aggression willentlich übernimmt, daß nicht alle seine Aggressionen unbewußt bleiben, auch wenn sich seine Aggression bewußt gegen die eigene weibliche Seite wendet, also gegen ihn selbst. Den Dämon in sich selber zu sehen, ihm den Kopf abzuhauen, wenn die Zeit gekommen ist, sich diese Destruktivität, diese Freude am Quälen, eines Tages einfach nicht mehr zu erlauben, das scheint die Lösung zu sein. Das aber war nur dadurch möglich, daß ein Stück dieses Berggeistes, quasi das, was menschenähnlicher an ihm war, von Peter integriert werden konnte.

Man kann den Passus mit der Prinzessin auch von der weiblichen Psychologie her verstehen. Auch die Prinzessin steht unter der Herrschaft des Vaters, wie wir verschiedentlich gesehen haben. Dies sogar in doppelter Hinsicht: einmal unter der Herrschaft ihres eigenen Vaters, dann aber auch unter der Herrschaft des Berggeistes, eines negativen, dämonisch-überhöhten Vaters. Das heißt nicht, daß ihr eigner Vater auch dämonisch gewesen sein müßte, es wäre psychologisch sogar wahrscheinlicher, daß er ein aggressionsgehemmter Mann ist, daß auch er die Dämonie in seinem eigenen Wesen verdrängt hat. Es ist aber so, daß die Prinzessin das kollektive Schicksal erleidet: Sie ist von diesen Vätern mitgeprägt, insbesonders aber auch von den Seiten, die verdrängt sind, weil man sich mit diesen ja nicht auseinandersetzen kann. Diese drängen sich im Gegenteil einfach auf. Wenn wir also am Anfang unserer Interpretation gesagt haben, daß Peter den kollektiven Schattenanteil sucht, dann treffen wir diesen für die Prinzessin in Form einer Vatergestalt. Dieser Vatergeist ist recht dämonisch und verkündet seine Parole: »Je mehr du leidest, desto mehr sollen die andern leiden«, desto mehr sollst du dich daran freuen, wenn die andern durch dich leiden. Man kann diesen Wahlspruch als den sado-masochistischen Leitspruch bezeichnen. Das Märchen selbst nennt die Tatsache, unter diesem Leitspruch zu stehen, »verzaubert« zu sein – es ist also ein böser Fluch. Dieser ist leider recht verbreitet. Es ist ein Teufelskreis, der keine Lösung in sich birgt.

Er bringt Leiden ohne Wandlung, denn es wird nicht am Eigentlichen gelitten. Es ist ein Zirkel von jemandem, der sehr verletzt worden ist – und es ist ein Zirkel dessen, der sich nicht auf der gleichen Ebene mit dem Gegner auseinandersetzen kann. Im Märchen ist interessant, daß die Prinzessin die Rutenhiebe als Hagel identifiziert. Gegen Hagel kann man nichts tun, gegen Rutenschläge allenfalls doch. Sie ist nicht fähig zu einer Auseinandersetzung mit dem, der ihr diese Rutenhiebe verpaßt. Wir sprechen in diesem Zusammenhang im Alltagsleben von einer Aggressionshemmung. Die Aggressionen können nicht offen ausgelebt werden, werden dann aber in irgend einer Form pervertiert, sei es, daß sehr destruktive Ausbrüche erfolgen, sei es, daß die Aggressionen am falschen Ort ausgelebt werden, nicht dort, wo sie hingehören, sondern dort, wo man nicht zu viel Angst haben muß, daß sie einem selber zu sehr schaden.

Was steckt hinter diesem Zirkel? Im Märchen ist es die Bindung an den Berggeist, an den »hohen Geist«. Es ist die Bindung an eine faszinierend destruktive Seite, es ist Identifikation mit ihr. Man trifft sie etwa dort an, wo alles Konstruktive verneint wird, aus der Überzeugung, daß ja letztlich doch alles kaputt gehe. Faszinierend ist sie, obwohl man darunter leidet, weil durch diese Identifikation ein Erlebnis von Macht verbunden ist, was in unserem Märchen sehr schön zum Ausdruck kommt. Dieses Machterlebnis steht als Gegenpol zu dem sehr schlechten Selbstwertgefühl dessen, der so verletzt worden ist. Wir finden bei solchen Menschen, bei denen das Leiden im Vordergrund steht, oft eine Identifikation mit der Christusfigur. Die dahinterstehende Idee ist wohl diese, daß durch jede Identifikation, sei es mit etwas omnipotent Bösem oder mit der Christusfigur, oder sei es mit beidem (!), das Problem gelöst werden könne, das Problem, daß man sich nicht wirkungsvoll mit der Welt auseinanderzusetzen vermag. Diese Form von Erlösung funktioniert aber nicht. Und einer Erlösung steht der, der innerhalb dieses Zirkels ist, skeptisch gegenüber: In ihm bestehen größter Wunsch und größtes Verwerfen des Wunsches gleichzeitig. Das ist verständlich. Denn Erlösung bedeutete, daß dieses Berggeistrefugium verschwände – damit verschwände aber etwas in seinem Gefühlsgehalt Großartiges aus dem Leben dieser Menschen: Großartig, auch wenn es großartig destruktiv war.

In unserem Märchen wird die Prinzessin erlöst. Die Erlösung erfolgt in zwei Schritten:

Der erste Schritt ermöglicht die Integrierung des Schattens, der so lange verdrängt war – und damit Übernahme der eigenen Aggressivität durch Peter, der für eine neue männliche Generation steht. Wenn wir das nun von der weiblichen Psychologie aus sehen würden: Die männlichen Seiten in der Frau müßten auch die ihnen zugehörige Aggressivität, das Sich-Durchsetzen übernehmen, dann brauchte es nicht mehr auf die Tour zu gehen: Je mehr ich leide, desto mehr sollt ihr auch leiden ... Das heißt aber auch: offene Aggression wird möglich, nicht mehr nur die versteckte, die sehr brutal sein kann.

Der zweite Schritt besteht im Bewältigen des Berggeistes und im Vollziehen der Taufsituation.

Bezieht man das Märchen auf kollektive Zusammenhänge, ergäbe sich etwa folgendes: Wir haben eine patriarchale Gesellschaft – im Märchen – vor uns, die das Böse sehr stark verdrängt. Das Böse äußert sich als Berggeist: Aggressiv und destruktiv. Es handelt sich also um eine sehr wohlanständige Gesellschaft mit vielen Gesetzen, gegen die man verstoßen kann – also um Wohlanständigkeit mit einem sehr aggressiven, destruktiven Unterton. Diese gesellschaftliche Situation beeinflußt auch die Frauen. Ihr Konflikt ist einerseits das geforderte Rollenverhalten zu erfüllen – im Falle der Prinzessin »engelsschön und fromm« zu sein –, dadurch aber in ihrer männlichen Seite aggressiv gestaut zu werden – andererseits destruktiv werden zu müssen, weil sich Aggressivität mit dem gängigen Bild nicht vereinbaren läßt, und die Frau, als die Unwichtige im patriarchalen System, ohnehin nicht die Stellung hat, um sich durchzusetzen.

Von der Männerwelt aus gesehen heißt es, daß das Weibliche als unwichtig verdrängt ist – und als solches mit dem verdrängten Schatten zusammenspielt. Das aber führt dazu, daß die weiblichen Seiten des Mannes unendlich irritierbar sind, daß da Engels- und Teufelslaunen miteinander abwechseln. Das Märchen zeigt den Weg, wie man aus diesem Zwangsgeleise herauskommt. Der Mann muß seinen Schatten sehen, mit ihm gehen, ihm vertrauen, ihn loskaufen.

ANMERKUNGEN

1 »Märchen aus dem Harz«, in: Deutsche Märchen seit Grimm, MdW, S. 144 ff.

2 Außer Märchenparallelen gibt es dazu eine Parallele in den Apokryphen des AT im Buch Tobias (Sara hat bereits sieben Männer umgebracht, als Tobias um sie freit. Tobias 7, 11).

Verena Kast

DER BLAUBART
Zum Problem des destruktiven Animus

Vorbemerkung: Über Reichtum, Prestige und Macht gelingt es Blaubart immer wieder, eine Frau, deren ungutem Gefühl zum Trotz, an sich zu binden, die er dann, wie alle ihre Vorgängerinnen, zu töten sucht, als sie hinter sein Geheimnis kommt. Die Interpretation nimmt auch in diesem Märchen ein sado-masochistisches Beziehungsschema wahr: Ein dominierend destruktiver Mann steht einer Frau gegenüber, die sich mit seiner scheinbaren Macht identifiziert, bis sie merkt, daß sie gerade in ihrer Weiblichkeit in dieser Beziehung zugrundegehen muß. Wenn sich dieser Beziehungszirkel zwischen Mann und Frau öffnen soll, kann die Frau den Blaubart-Animus nicht länger nur auf die konkreten Männer projizieren und dort bekämpfen, sondern vor allem auch in ihr selbst. Blaubart in der Frau ist ihr eigener destruktiver Animus, von dem sie sich, wenn er ihr bewußt wird, distanzieren kann.

Der Blaubart[1]

Es war einmal ein Mann, der besaß schöne Häuser in Stadt und Land, goldenes und silbernes Tafelgeschirr, Möbel und Stickereien und vergoldete Kutschen. Aber unglücklicherweise hatte dieser Mann einen blauen Bart. Das machte ihn so häßlich und abschreckend, daß es keine Frau und kein Mädchen gab, die nicht vor ihm geflohen wäre.

Eine seiner Nachbarinnen, eine Dame aus vornehmem Stande, hatte zwei wunderschöne Töchter. Der Blaubart erbat sich eine von ihnen zur Frau und überließ es der Mutter, welche von beiden sie ihm geben würde. Beide aber wollten ihn nicht, und eine schob ihn der anderen zu, weil keine sich entschließen konnte, einen Mann mit einem blauen Bart zu heiraten. Außerdem schreckte es sie ab, daß er schon mehrere Frauen geheiratet hatte, und daß niemand wußte, was aus diesen Frauen geworden war.

Um sie näher kennenzulernen, lud der Blaubart die Schwestern ein, mit ihrer Mutter, mit drei oder vier ihrer besten Freundinnen und einigen junge Leuten aus der Nachbarschaft, in eines seiner Landhäuser zu kommen. Volle acht Tage verbrachten sie dort mit Spaziergängen, mit Jagd und Fischfang, mit Tanz und Festmahl, wobei Titel und Würden verliehen wurden. Sie kamen überhaupt nicht zum Schlafen, sondern verbrachten die Nächte mit Scherz und Spiel. Zuguterletzt war es so weit, daß die Jüngste den Bart des Hausherrn schon nicht mehr so blau fand und ihn selbst aller Ehren wert. Sobald sie in die Stadt zurückgekehrt waren, wurde die Hochzeit gefeiert.

Nachdem ein Monat vergangen war, sagte der Blaubart zu seiner Frau, er müsse in einer wichtigen Angelegenheit für mindestens sechs Wochen in die Provinz reisen, und sie möge sich in seiner Abwesenheit gut unterhalten; sie könne sich ihre Freundinnen einladen und mit ihnen aufs Land fahren, wenn sie Lust hätte, und sie solle das Beste aus Küche und Keller auftischen lassen. »Hier sind die Schlüssel«, sagte er dann, »diese sind für die beiden großen Möbelkammern, diese sind für das goldene und das silberne Tafelgeschirr, das nicht alle Tage benutzt wird, diese für die eisernen Truhen, in denen mein Gold und mein Silber aufbewahrt ist, diese für die Kassetten mit meinen Edelsteinen, und dies ist der Hauptschlüssel für alle Gemächer. Und dieser kleine Schlüssel hier, das ist der Schlüssel zu dem kleinen Gemach am Ende des langen Ganges im Erdgeschoß. Ihr dürft alles öffnen und überall hineingehen, nur nicht in dies kleine Gemach. Ich verbiete Euch, es zu betreten, ich verbiete es Euch mit aller Strenge. Solltet Ihr es dennoch tun, würde Euch mein fürchterlichster Zorn treffen.« Sie versprach, alles, was er ihr befohlen habe, genau zu befolgen. Er umarmte sie, stieg in seine Kutsche und trat seine Reise an.

Die Nachbarinnen und die guten Freundinnen warteten nicht, bis sie eingeladen wurden, die Jungvermählten zu besuchen, denn sie brannten vor Neugier, allen Reichtum des Hauses zu sehen. Solange der Gemahl da war, hatten sie nicht zu kommen gewagt, weil sie sich fürchteten vor seinem blauen Bart. Jetzt aber liefen sie durch die Gemächer, durch Kammern und Kleiderzimmer, von denen die einen immer schöner und prächtiger waren als die anderen. Dann stiegen sie hinauf zu den Möbelkammern, wo des Staunens kein Ende war über die vielen herrlichen Teppiche, die Betten, die Sofas, die Schränke mit den Geheimfächern, die Tische und die Spiegel, in denen man sich von Kopf bis Fuß sehen konnte, mit Rahmen aus Glas, aus Silber und aus vergoldetem Silber, die schönsten und prächtigsten, die man je gesehen hatte. Sie konnten sich nicht genugtun, überschwenglich das Glück ihrer Freundin zu preisen und zu neiden. Die junge Frau jedoch hatte keine rechte Freude beim Anblick all dieser Schätze vor lauter Ungeduld, das kleine Gemach im Erdgeschoß zu öffnen.

Sie war so getrieben von ihrer Neugier, daß sie nicht daran dachte, wie unhöflich es sei, ihre Gäste allein zu lassen; über eine kleine Geheimtreppe eilte sie hinab mit so großer Hast, daß sie sich zwei- oder dreimal fast den Hals gebrochen hätte. Als sie vor der Tür des kleinen Gemaches angelangt war, hielt sie erst einen Augenblick inne und dachte an das Verbot ihres Gemahls und überlegte, daß ihr Ungehorsam sie unglücklich machen könnte. Aber die Versuchung war so groß, daß sie ihr erlag. Also nahm sie den Schlüssel und öffnete zitternd die Tür zu dem Gemach.

Zuerst sah sie nichts, weil die Fensterläden geschlossen waren;

nach einigen Augenblicken konnte sie erkennen, daß der Fußboden mit geronnenem Blut befleckt war. Und in diesem Blut spiegelten sich die Leiber mehrerer toter Frauen, die rings an den Wänden festgebunden waren. (Es waren alle Frauen, die der Blaubart geheiratet und eine nach der anderen umgebracht hatte.) Die junge Frau glaubte, vor Furcht zu sterben, und der Schlüssel, den sie aus dem Schloß gezogen hatte, fiel ihr aus der Hand. Nachdem sie ein wenig zur Besinnung gekommen war, hob sie den Schlüssel auf, schloß die Tür wieder ab und stieg in ihr Zimmer hinauf, um sich zu fassen, aber es gelang ihr nicht, zu groß war ihre Erregung. Als sie bemerkte, daß der Schlüssel mit Blut befleckt war, wischte sie ihn zwei- oder dreimal ab, aber das Blut ließ sich nicht beseitigen. Sie mochte ihn noch so oft abwaschen, sie mochte ihn sogar mit Sand und Sandstein scheuern, immer blieb er blutig, denn der Schlüssel war verzaubert, und es gab kein Mittel, ihn völlig zu reinigen: hatte man das Blut auf der einen Seite entfernt, so kam es auf der anderen wieder hervor.

Noch am selben Abend kehrte der Blaubart von seiner Reise zurück. Er sagte, er habe unterwegs Briefe empfangen mit der Nachricht, daß die Angelegenheit, derentwegen er zur Reise aufgebrochen war, sich bereits zu seinen Gunsten entschieden habe. Seine Frau tat, was sie konnte, um ihm zu bezeugen, wie entzückt sie sei über seine schnelle Rückkehr. Am nächsten Tag verlangte er die Schlüssel zurück. Sie gab sie ihm so zitternd, daß er ohne Mühe erriet, was vorgefallen war. »Wie kommt es«, sagte er, »daß der Schlüssel für das kleine Gemacht nicht dabei ist?« »Ich muß ihn oben auf meinem Tisch gelassen haben«, antwortete sie. »Vergeßt nicht, ihn mir nachher zu geben«, sprach der Blaubart. Sie zögerte es solange wie möglich hinaus, aber schließlich mußte sie ihm den Schlüssel bringen. Als der Blaubart ihn betrachtet hatte, sagte er zu seiner Frau: »Warum ist Blut an diesem Schlüssel?« »Das weiß ich nicht«, erwiderte die arme Frau, bleicher als der Tod. »Das wißt Ihr nicht?« rief der Blaubart, »aber ich, ich weiß es! Ihr wolltet in das kleine Gemach! Nun, meine Liebe, Ihr sollt hineinkommen und Euren Platz haben neben den Damen, die Ihr dort gesehen habt.« Sie warf sich weinend ihrem Gemahl zu Füßen und flehte um Gnade und zeigte wahre Reue, daß sie so ungehorsam gewesen war. Sie hätte einen Felsen erweicht, so schön und so verzweifelt wie sie war. Aber des Blaubarts Herz war härter als ein Felsen. »Ihr müßt sterben, meine Liebe, und zwar sofort!« »Wenn ich denn sterben muß«, antwortete sie und sah ihn tränenüberströmt an, »so gebt mir noch ein wenig Zeit, um zu Gott zu beten.« »Ich gebe Euch eine halbe Viertelstunde«, erwiderte der Blaubart, »aber nicht einen Augenblick mehr.«

Als sie oben in ihrem Zimmer allein war, rief sie ihre Schwester und sagte: »Meine liebe Anne« (denn so hieß die Schwester), »bitte steige auf den Turm, um zu schauen, ob unsere Brüder nicht kommen; sie haben mir versprochen, mich heute zu besuchen. Wenn du sie siehst, gib ihnen Zeichen, daß sie sich beeilen.«

Die Schwester stieg auf den Turm hinauf, und die arme Verzweifelte rief ihr von Zeit zu Zeit zu: »Anne, meine Schwester Anne, siehst du nichts kommen?« Und die Schwester antwortete ihr: »Ich sehe nur die Sonne, die scheint, und das Gras, das grünt.« Indessen rief der Blaubart, einen großen Hirschfänger in der Hand, aus Leibeskräften nach seiner Frau: »Komm sofort herunter, oder ich komme hinauf!« »Noch einen Augenblick, bitte«, bat seine Frau und rief leise: »Anne, meine Schwester Anne, siehst du nichts kommen?« Und die Schwester antwortete: »Ich sehe nur die Sonne, die scheint, und das Gras, das grünt.« »Komm jetzt sofort herunter«, schrie der Blaubart, »oder ich komme hinauf!« »Ich komme schon«, erwiderte seine Frau, und dann rief sie: »Anne, meine Schwester Anne, siehst du nichts kommen?« »Ich sehe eine große Staubwolke auf uns zukommen«, erwiderte die Schwester. »Sind es die Brüder?« »Ach nein, liebe Schwester, es ist eine Schafherde.« »Willst du endlich herunterkommen?« brüllte der Blaubart. »Einen Augenblick noch«, erwiderte seine Frau, und dann rief sie: »Anne, meine Schwester Anne, siehst du nichts kommen?« »Ich sehe zwei Reiter auf uns zukommen«, antwortete die Schwester, »aber sie sind noch sehr weit!« Und gleich darauf: »Gott sei Lob und Dank! Es sind die Brüder! Ich gebe ihnen Zeichen, so gut ich kann, damit sie sich beeilen.«

Da schrie der Blaubart so laut, daß das ganze Haus erzitterte. Die arme Frau stieg hinab und warf sich ihm zu Füßen, in Tränen aufgelöst und mit zerrauftem Haar. »Das nützt Euch alles nichts«, sagte der Blaubart, »Ihr müßt sterben.« Er packte sie mit einer Hand bei den Haaren, mit der anderen erhob er den Hirschfänger, um ihr den Kopf abzuschlagen. Die arme Frau blickte ihn an, Todesangst in den Augen, und bat ihn, ihr einen letzten Augenblick zu gewähren, damit sie sich sammeln könne. »Nein, nein«, sagte er, »befiehl deine Seele Gott.« Und er holte aus mit dem Arm ... In diesem Augenblick wurde so laut an die Tür geklopft, daß der Blaubart kurz innehielt. Man öffnete, und zwei Reiter stürzten mit dem Degen in der Hand geradenwegs auf den Blaubart zu. Er erkannte die Brüder seiner Frau, den Dragoner und den Musketier, und ergriff sofort die Flucht, um sich zu retten. Aber die Brüder blieben ihm auf den Fersen und stellten ihn, bevor er die Freitreppe erreichen konnte. Sie durchbohrten ihn mit ihren Degen und ließen ihn tot liegen.

Die arme Frau war fast so tot wie ihr Mann. Sie hatte nicht mehr die Kraft, sich aufzurichten, um ihre Brüder zu umarmen.

Es stellte sich heraus, daß der Blaubart keine Erben hatte, und so fiel sein ganzer Reichtum seiner Frau zu. Einen Teil davon verwendete sie dazu, ihre Schwester Anne mit einem jungen Edelmann zu vermählen, den sie seit langem liebte, von einem anderen Teil erwarb sie für ihre beiden Brüder den Hauptmannsrang, und den Rest brachte sie selbst einem höchst ehrenwerten Mann mit in die Ehe, der sie die schlimme Zeit vergessen ließ, die sie mit dem Blaubart verbracht hatte.

Es gibt sehr viele Blaubartversionen, doch allen ist gemeinsam, daß Blaubart die Frauen zerteilt und immer neue Frauen haben will. In einigen Versionen wird er, wie in der unseren, beseitigt, in andern Versionen rettet man sich vor ihm, rettet man wenigstens das nackte Leben. Verwandelt wird er nie. Immer wird der Blaubart als sehr vermögend geschildert, und immer ist es auch sein Besitz, der die Frauen veranlaßt, ihn doch zu heiraten. Sie finden nämlich ausnahmslos seinen blauen Bart furchterregend.

Was hat es mit diesem blauen Bart auf sich?

Nach Bolte-Polivka[2] nannte man im 16. Jahrhundert einen Mann mit bläulich schimmerndem schwarzen Bart »Barbe – bleue«. Solche Männer galten als Mädchenverführer. Perrault sah in diesem blauen

Bart etwas Abnormes und Unheimliches, in Analogie dazu setzen andere Märchen etwa einen Rotbart oder einen Grünbart ein. Anstelle eines blauen Bartes kann auch sonst eine Auffälligkeit treten: so tritt etwa in der italienischen Version Blaubart als Bräutigam mit der silbernen Nase auf, oder in einer finnischen Version als Bräutigam mit einer goldenen Nase. Sowohl in der italienischen als auch in der finnischen Version frißt Blaubart Leichen. Daraus leiten Bolte-Polivka ab, es könnte sich bei Blaubart ursprünglich um einen Totengott handeln.

Vermutlich hängt das Märchen mit der in ganz Europa verbreiteten Ballade vom Lustmörder zusammen, der von einer in den Wald entführten Jungfrau oder von deren Bruder umgebracht wird (Bolte-Polivka).

Das verbotene Zimmer wäre dann in dieses Märchen neu eingeführt worden. Wir kennen es auch aus vielen Märchen, wie z. B. dem »Marienkind« (KHM).

Das Märchen sagt, daß der blaue Bart den Mann »häßlich und abschreckend« mache – so häßlich und abschreckend, daß jede Frau vor ihm fliehe. Dieser blaue Bart bewirkt also, daß man Angst vor ihm hat. Niemand hat einen blauen Bart – also kennzeichnet diese Bläue ihn auch als »außermenschlich«. Es ist etwas *Besonderes* – und zwar in positivem wie in negativem Sinn. Hätte der Blaubart nicht demonstrieren wollen, daß er etwas Besonders ist, er hätte sich wohl mit Leichtigkeit diesen blauen Bart abschneiden können.

An der Bläue dieses Bartes zeigt das Märchen dann auch die psychische Distanz, die seine zukünftige Frau zu ihm hat: Sie findet nämlich später plötzlich den Bart so blau nicht mehr, d. h. sie findet den Mann nicht mehr so abstoßend. Nicht, weil sein Bart weniger blau etwa geworden wäre, sondern weil sie seinen Reichtümern verfällt.

Davon, daß er auch einen Frauenkonsum zu haben scheint, einen Frauenverschleiß geradezu, ist überhaupt nicht mehr die Rede. Reichtum und Macht, die damit verbunden sind, besiegen jedes Gefühl des berechtigten Unbehagens – materielle Werte stehen anstelle des Eros, Identifikation mit Fremdeigentum anstelle der eigenen Möglichkeiten: Es wird also geheiratet.

Und bald schon stellt Blaubart seine Frau auf die Probe: Ist sie auch die gehorsame Gattin? Will er etwa feststellen, ob er noch Herr im Haus ist?

Großzügig verleitet er seine Frau zum Ungehorsam. Er verleiht ihr die Schlüsselgewalt und indem er das Zimmer erwähnt, in das sie nicht gehen darf, verführt er sie geradezu, in dieses Zimmer zu gehen, denn da ist das Geheimnis dieses Blaubartes.

Was aber ist dieses Geheimnis?

Es sind getötete Frauen. Wir haben von Anfang an gewußt: Blaubart hat einen Frauenverschleiß. Blaubart wird oft als eine Gestalt des Totengottes angesehen, leichenfressend. Wenn schon ein Totengott, ist er ein Totengott nur für Frauen ...

Das Geheimnis also ist, daß er Frauen tötet, und zwar immer dann, wenn sie hinter sein Geheimnis kommen. Offenbar aber will er auch, daß sie hinter sein Geheimnis kommen, weshalb sonst würde er den kleinen Schlüssel diesen Frauen jeweils geben?

Es ist an der Zeit, uns darüber klar zu werden, was denn dieser Blaubart bedeuten könnte. Jedes Märchen kann, wie gesagt, auf verschiedenen Ebenen gedeutet werden. Einerseits als Ausdruck eines typischen psychischen Problems des Individuums, andererseits als allgemeines Zeitproblem. Beide hängen unmittelbar miteinander zusammen.

Blaubart ist zum einen Vertreter einer patriarchalen Gesellschaft, der mit den Frauen – mit dem Weiblichen ganz allgemein – auf Kriegsfuß steht. Beziehung ereignet sich hier über blinden Gehorsam, besonders Beziehung mit Frauen. Die Frauen, mit denen er eine Beziehung haben sollte, stellt er auf die Probe und tötet sie dann; andererseits scheint er sich an der Materie ganz schön schadlos zu halten. Materie, materielle Güter, stehen ja auch für einen Aspekt des Weiblichen (die Mater materia); und wenn Blaubart schon keine echten personellen Beziehungen haben kann, dann doch wenigstens Reichtum. Es ist also eine Situation gezeichnet, wo – recht dämonisch – ein Verfallensein an die Materie akut ist. Daneben können die Frauen nicht mehr leben. Sie aber mischen mit, indem sie ihr ungutes Gefühl, das sie berechtigterweise Blaubart gegenüber haben, besänftigen, sich durch den Reichtum und die Ehre, Frau eines so reichen Mannes zu sein – so neiden denn auch die Freundinnen kräftig – blenden und blenden lassen.

Es ist wichtig, diesen Blaubart in der Beziehung zur Frau zu sehen, denn allein für sich wäre er ja nicht weiter problematisch. Wesentlich ist, daß die Frauen, nachdem sie in seinen Lebensbereich gelockt wurden, getötet werden.

Die Frauen aber würden nicht getötet, wenn sie sich nicht mit ihm einließen. Stehlen wird Blaubart die Frauen nie, er verführt sie nur. Das ist der Unterschied zum sogenannten »Lustmörder«.

Bezogen auf eine individuelle psychische Situation könnte man den Blaubart als eine »Animusfigur« sehen. Da bekäme der blaue Bart die Funktion, auszudrücken, daß der Animus ja nicht einfach von dieser Welt ist, sondern daß ihm auch immer eine Qualität des Unwirklichen anhaftet. Erschreckend oder bezaubernd – immer aber faszinierend.

Die Farbe »Blau« drückt etwas Geistiges aus, wobei mir scheint, daß in diesem Zusammenhang »gespenstisch« vielleicht das richtigere Wort wäre. Damit wäre auch seine Kühle als eine weitere Qualität der blauen Farbe ausgedrückt.

Über Reichtum, Macht, eine Rolle spielen, hat Blaubart sich wieder eine Frau geangelt. Nehmen wir an, daß Blaubart eine Animusfigur ist, dann würde das heißen, daß über das Verfallen an diese Dinge und durch das Übertönen des schlechten Gefühls, der eigenen Gefühlsreaktion, die ja durchaus auch da ist, ein Verfallen an diesen Animus sich konstelliert, der das Weibliche in einem umbringt. Von der Frau her wäre also zu sagen, daß sie ihre Werte aufgibt zugunsten der Werte des Blaubarts.

Wie sehr dies geschieht, erweist sich auch darin, daß sie ihre Neugier nicht zähmen kann, dringend das innerste Geheimnis ihres Gatten wissen muß. Stellen wir uns das einmal in einer realen Beziehung vor: Es spricht ja auch nicht für Bezogenheit, wenn man so sehr in den innersten Bereich des andern eindringen will, wenn man dem andern kein Geheimnis mehr gönnt; es spricht doch eigentlich eher für *Bemächtigenwollen.* Dazu paßt die ganze Ungeduld: Blaubarts Frau geht mit so großer Hast die Geheimtreppe hinunter, daß sie sich zwei- oder dreimal fast das Genick gebrochen hätte.

Mir scheint das ein Bild für ihre ganze psychische Situation zu sein: Sie hat sich eigentlich schon das Genick gebrochen; oder wenigstens fast. Jedenfalls tut eine gründliche Wandlung not.

In diesem ungeduldigen Suchen zeigt sich die eine Form von Besessenheit. Als Bild für »Frau des Blaubarts« steht: »Haben-Wollen« – wie weit »Haben-Wollen« auch immer gehen mag.

Jedoch bekommt sie nicht das zu sehen, was sie sich zu sehen wünschte, sondern vielmehr die gemordeten Frauen – es ist, als wenn das Zimmer den Preis zeigte, um den die Reichtümer aufgestapelt worden sind: Die eigenen Lebensmöglichkeiten, die verpaßt, die umgebracht sind. Man kommt nicht umhin, da doch an viele Frauenschicksale zu denken: Frauen, die sich total dem Mann angeglichen haben, aus ihm sozusagen leben – eigentlich ein wenig wie die Kinder – und ihre eigenen Möglichkeiten nicht leben können, die sie still und heimlich in irgend einem Erdgeschoß verscharren. Blaubart ist zu faszinierend gewesen.

Und nun glaubt die junge Frau, vor Furcht zu sterben – und der Schlüssel fällt ihr aus der Hand. Der Schlüssel, der lebendiger Zeuge dafür ist, daß sie ungehorsam war. Sie kann nicht mehr leugnen, daß sie gesehen hat. Da gibt es nichts mehr zu leugnen, kein Zurück mehr. Sie muß dazu stehen. Die Frau erschrickt. Erschrecken über etwas ist ein nicht sehr schonungsvoller Bewußtwerdungsprozeß – es ist hier ein Erfaßtwerden von Panik. Alle Gefühle, die zuvor verdrängt waren, scheinen sich nun in geballter Kraft durchzudrängen.

Dieser Schreck ist nachhaltig, der Schlüssel ist nicht mehr vom Blut zu befreien – das Verhältnis zu Blaubart gestört. Sie weiß nun um seine schreckliche Seite – aber nicht nur das, sie weiß auch, daß er sie verbergen wollte. So ist es in diesem Zusammenhang nur logisch, daß er sie auch töten will. Auch dies wiederum kann man gut auf zwei Ebenen, der kollektiven und der persönlichen, nachvollziehen: Wird, um mit der kollektiven zu beginnen, in einem Regime, in dem es um Macht und Dominanz geht, von einigen gesehen, was dabei an Leichen weggeschlossen wird, dann werden um des Systems willen diejenigen bekämpft, die diese Leichen sehen. Dabei muß es nicht einmal um Frauen gehen. Das ist ein Mechanismus, der ganz allgemein funktioniert. Es ist einfacher, jemanden einen Idioten zu nennen, als wirklich die letzte Kammer aufzuschließen, die Unstimmigkeiten im System zuzugeben und Veränderung auf sich zu nehmen.

Dieser Mechanismus funktioniert auch in der Emanzipationsbewegung: Frauen, die sehen, daß sie sich selbst zu wenig verwirklichen können – daß sie daran auch ihren Anteil haben, sehen sie oft etwas weniger – halten den Finger dorthin, wo es die Männer schmerzt. Und diese, wie man es so zu tun pflegt, wenn etwas zu sehr schmerzt, reagieren empfindlich und schlagen zurück.

Auf der mehr persönlichen Ebene hätten wir eine Frau, die plötzlich einsieht, daß sie an Macht und Dominanz zwar durchaus teil hat, daß aber einiges von ihr dabei nicht mitlebt – und daß ihr eigenes Leben offenbar nur an einem Faden hängt.

Dabei scheint dieses plötzliche Erschrecken darüber, daß sie ihr Eigentliches nicht gelebt hat, nicht leben kann, sehr richtig zu sein. Der Schock darüber, daß so vieles von ihr in dieser Konstellation nicht leben kann, wo sie doch meinte, alles sei zum Besten – und natürlich, daß sie selber irgendwo auch Blaubart ist, also irgendwo selbst sehr brutal. Was der Frau in diesem verbotenen Zimmer begegnet, ist auch der Tod. Das gilt sowohl für unsere Fassung als auch für jene Fassungen, in denen sie ihren Mann sieht, wie er Leichen frißt. Man muß wohl diese Phänomene zusammen sehen. Und zwar Mord, gewaltsamer Tod also, von dem wir denken, daß er nicht sein müßte und der uns deshalb noch brutaler anmutet. Sie wird sich des Todes bewußt – und »erschrickt dabei fast zu Tode«.

Sich des Todes bewußt zu werden – was könnte das heißen? Vom Bewußt-Werden, nicht schon vom Bewältigen, ist die Rede.

Dies bedeutet doch, den Tod zu sehen als eine Möglichkeit, die zuvor ausgesperrt war – gerade innerhalb dieser ganz großspurigen Lebenshaltung, die der Blaubart verkörpert – ihn zu sehen als eine *eigene* Möglichkeit. Es ist ein eigentümliches Gefühl, wenn einem – nicht intellektuell, sondern existentiell – aufleuchtet, daß man einmal sterben wird. Erst dann gelingt es, in das ewige Werden und Vergehen des gesamten Lebens einzuschwingen – nicht nur den Schmerz zu erleben, der in jedem »Vergehen« liegt, sondern das Sinnhafte daran auch zu spüren, den Raum für Neues zu erleben. Gleichzeitig wird das Hier-Sein, das So-Sein im Jetzt und Hier unendlich aufgewertet. Jedes Leben angesichts von Veränderung bewertet das Jetzt und Hier viel stärker. Es gibt dem Leben jene Einmaligkeit, die wir so oft glauben, erst schaffen zu müssen.

Wilke schreibt in seinem Aufsatz über Autorität[3], daß Autoritätsprobleme erst endgültig lösbar würden, wenn man mit dem Problem des Todes konfrontiert sei. Ich möchte das ergänzen: Nicht nur Autoritätsprobleme als eine spezifische Form eines Machtproblems – sondern Machtprobleme überhaupt.

Man kann ja die Machtausübung auch als verzweifelten Versuch sehen, das »Sterbenmüssen« – im weitesten Sinn – zu vermeiden: Machthaben-Wollen als Vermeidehaltung. Machtausübung kann häufig als Versuch gesehen werden, Macht über den Tod zu gewinnen. Tod kann verstanden werden als sehr tiefgreifende Veränderung, von der niemand weiß, wie er wieder daraus herauskommt; die Machthaltung versucht, die bewußte Position hartnäckig zu behalten und damit den Stillstand sozusagen zu kontrollieren.

Dann gilt aber wohl auch auf der realen Ebene: Macht aufzubauen, um dem Tod etwas entgegenzusetzen zu haben.

Dies ist in den Märchen ausgedrückt, in denen es darum geht, den Tod zu überlisten.

Als Beispiel sei das französische Märchen »Wie der Tod genarrt wurde« – und es gibt sehr viele ähnliche Märchen – genannt. Dort heißt es: Eine gute alte Frau habe sich von einem Heiligen die Fähigkeit erbeten, jedermann auf den Baum vor ihrem Haus hinauf bannen zu können. Das tut sie auch mit dem Tod. Nach ein paar Jahren, als niemand auf der Welt mehr stirbt, und die Not dadurch sehr groß wird, da dauert sie das Schicksal all derer, die so sehr leiden müssen, ohne sterben zu können, und sie läßt den Tod heruntersteigen. Er muß ihr aber versprechen, sie noch einige Jahre zu verschonen. In dem Märchen »Der Königssohn und der Tod« hat der Königssohn – während drei Jahren im Wald – beim Tod geheimes Wissen gelernt. Ihm wird gesagt, was der Tod in den Märchen jeweils so sagt: Wenn er ihn beim Kopfende eines Krankenbettes sitzen sehe, gehöre der Kranke ihm, dem Tod; säße er aber zu dessen Füßen, dann könne der Königssohn als Arzt ihn heilen.

Nach hundert Jahren wird der – unterdessen natürlich König gewordene – Königssohn selber ohnmächtig und sieht den Meister am Kopfende sitzen. Er bittet um die Frist eines Vaterunser, die der Tod ihm gerne gewährt, spricht aber nur die eine Hälfte des Gebetes, die zweite Hälfte dann nach hundert Jahren, und da hat er nichts mehr dagegen, zu sterben.

Wenn wir existentiell erfahren, daß wir sterben werden – und das sind nach meiner Erfahrung Gefühle, die aufleuchten, die für einen Moment klar sind, transparent sind, und dem Lebensgefühl eine andere Perspektive geben – nämlich eine sehr viel weitere, dann wird Macht zu etwas ganz und gar Untauglichem. Auch angesichts des Todes eines andern Menschen überkommen einen solche Verschiebungen im Lebensbezug. Die Erfahrung des Todes scheidet immer Göttliches und vermeintlich Göttliches und macht uns so wieder offen für jenes Göttliche, das uns weiter macht. Die Macht dagegen macht uns eng und destruktiv.

Ist einmal eingesehen, welche Gefahr dieser Blaubart für die Frau bedeutet, wenn sie sich an ihn verkauft, geht seine Faszination verloren, nicht zuletzt dadurch, daß er relativiert wird durch den Tod; dann kommt die Phase des Wehrens gegen ihn: In ihr geschieht ein totales Distanzieren von all dem, was Blaubart immer bedeuten mag: Sei dies nun Dominanz, Macht und Aggression, nennen wir es, ebenso schlagwortartig. ein allgemeines Halbwollen, alle Phänomene, die an sich keineswegs schlecht zu sein brauchen. Aber wenn sie *ausschließlich* auftreten, andere Seiten nicht mehr leben lassen, seien dies nun andere Seiten der eigenen Persönlichkeit, seien es andere Menschen, seien es andere Gefühle, andere Ansichten, dann werden sie lebensgefährlich. Blaubart ist vielleicht öfter am Werk, als man gemeinhin so denkt.

Es folgt nun die »Auseinandersetzung« mit Blaubart, die wesentlich darin besteht, daß die Frau sich nicht mehr mit Blaubart verwikkelt, sondern sich bewußt an alles andere hält: In ihrer Todesangst gibt sie vor, beten zu wollen. Tut es dann allerdings – in dieser Version des Märchens – nicht. Aber schon als Vorsatz oder als Einfall ist es interessant und sinnvoll als eine Möglichkeit, sich auf eine umfassendere Gottheit zu konzentrieren, sich an diese Seite zu klammern. In einer französischen Parallelversion wohnt oben im Schloß ein graues Männlein, père Jacques genannt, zu dem sie hineilt und Schutz sucht. Wieder in andern Versionen – wie der spanischen »Das Mädchen ohne Arme«, das in der Mitte eine eindeutige Blaubart-parallele hat, wobei der Blaubart der Teufel ist – ruft das Mädchen nach Maria, der Reinen.

In all den Versionen, in der die Frau sich an eine Kraft wendet, die dem Blaubart entgegengerichtet und die vor allem umfassender ist als er, wird Blaubart besiegt und entfernt: in den andern Versionen, in denen Blaubart aus eigener Kraft überlistet wird, wird er teils verbrannt, teils aber geht er einfach in sein Haus zurück – und wartet dort vermutlich auf sein nächstes Opfer.

Wenn wir den Blaubart als eine Animusfigur sehen – und unter den Animusfiguren als eine, die weit über das persönliche Erleben hinausgeht, dann kann eigentlich nur die Verbindung mit etwas überlegen Geistigem das Heilmittel dagegen sein. Denn »Animus«, das ist in jeder Form etwas, das uns fasziniert. Und jedes Faszinosum führt ins Geistige hinein.

In unserem Märchen ruft Blaubarts Frau zunächst ihre Schwester, die ihr sagen soll, ob die Brüder kommen.

Sie wendet sich also an eine Seite in ihr, die nicht im Banne dieses Blaubarts steht: »Ich sehe nur die Sonne, die scheint, und das Gras, das grünt.« Dieser Ausspruch wirft ein Licht auf die Schwester. Sie sieht also auch in dieser Lage noch die Sonne, die scheint, das Gras, das grünt. Sie sieht noch Leben. Es ist ein großer Gegensatz zur Todeskammer unten im Erdgeschoß. Diese Schwester aber ist Mittlerin zu ihren beiden streitbaren Brüdern. Im Bild der Sonne, die scheint, und dem Gras, das grünt, liegt ein ungeheurer Gegensatz zum messerwetzenden Blaubart unten, überhaupt zu dieser ganzen gespannten Atmosphäre. Man muß sich diese Bilder selber innerlich vergegenwärtigen, um sie in ihrem tröstlichen Gegengewicht zu erfahren. (Hier legt sich der meditative Modus der Märchenbetrachtung nahe.) Das Gras kann wachsen, auch wenn der Blaubart noch so drängt, ein wunderschönes Bild des Überwachsens, des Geschehenlassens, bis die Brüder kommen. Da ist wieder ganz stark dieses Sich-Distanzieren im Sinne des Sich-Nicht-Verwickelns, auch wenn es schon fast keinen Ausweg mehr gibt. Und als dem Blaubart endgültig die Geduld ausgehen will, da kommt zwar eine Staubwolke, aber es ist eine Schafherde und nicht die Brüder.

Man kann sich natürlich vorstellen, daß sich der Erzähler die Schafherde ausgedacht hat, um die Spannung noch zu halten, allerdings ist die Schafherde als Bild recht gut gewählt. Schafe sind leithammelbezogen, folgen diesem ohne jede Kritik. Und da der Leithammel selber auch nicht unbedingt sehr intelligent ist, gibt es dann diese sonderbaren Phänomene, daß ganze Schafherden kopflos überall herumrasen, und wenn ein Abgrund da ist, auch in den Abgrund. In diesem Symbol wird die autoritätsgebundene Bezogenheit zum Blaubart als lebensgefährliche Hemmung dargestellt und gewertet. Dennoch ist die Schafherde vor allem da, um die ganze auswegslose Situation zu zeigen: Sich-Distanzieren hilft nun auch nicht mehr, auch diese Art von Abwehr ist irgend einmal erschöpft. Es muß etwas Neues kommen: die Brüder.

Die Brüder sind in diesem Fall streitbare Gesellen: ein Dragoner und ein Musketier. Sie durchbohren den Blaubart, noch bevor er die Freitreppe erreichen kann. Brüder sind meistens Animusfiguren, die dem Bewußtsein sehr nahe sind. Sie haben nichts mehr von Männern mit blauem Bart – sondern sind tatkräftige Gesellen, die hier eine sehr entschiedene Art des Zupackens, des Eliminierens der Blaubarthaltung darstellen.

Es war aber wichtig, daß vor dieser Lösung der Gegensatz, Blaubart, Messer wetzend, und die Frau, die seine Scheußlichkeit erkannt hat, wirklich durchlebt wurde.

So ist denn auch die arme Frau fast so tot wie ihr Mann. Das zeigt, was sie durchgemacht hat – andererseits aber zeigt es auch einen Wandel an: Wenn Blaubart nicht mehr ihr Mann ist, dann ist sie wieder ein anderer Mensch – ein mehr mit sich identischer. Folgerichtig fällt ihr der Reichtum zu. Sie verteilt diesen sehr gerecht unter ihre Geschwister. Das klingt so beiläufig und selbstverständlich, ist es aber nicht, wenn wir daran denken, wie sehr zuvor alles nur bei Blaubart gehortet war. Die Brüder werden aufgewertet, sie werden zu *Haupt*leuten.

Wenn wir diesen zweiten Teil des Märchens auf einer mehr kollektiven Ebene deuten wollen, dann ergäbe sich etwa folgende Verhaltensweise in einer von Dominanz und Aggression beherrschten Situation: Zuerst einmal müßte man einsehen, was in dieser Situation alles gemordet wird – und erschrecken. Diese patriarchale Situation kann sowohl von Männern als auch von Frauen aufrecht erhalten werden – das hat primär nichts mit Mann oder Frau zu tun.

Sich-Distanzieren wäre der nächste Schritt – durchaus auch aus der Überlegung heraus, daß es einfach »inflationiert« ist, sich mit Dingen anzulegen, die weit über unsern Wirkungsbereich hinausgehen, und daß es auch keinen Zweifel gibt, wer, auf die Dauer gesehen, da der Stärkere sein würde. Es würde also bedeuten, daß man sich distanziert, sich aber gleichzeitig in der Gefahrenzone weiß. Es gälte dann weiter, alle jene Kräfte zu mobilisieren, die vorhanden sind – und nicht der Sphäre des Blaubartes zugehören. Eine Lösung kann nicht erzwungen, sie muß erdauert werden. Für Frauen in dieser Situation ginge es wohl um Solidarisierung mit den Schwestern, etwas, was meistens, wenn einmal die Blaubartausläufer von Neid und Machtkampf einigermaßen sich verzogen haben, zu einer Stärkung des Selbstwertgefühls führt. Aus dieser Stärkung heraus, ja geradezu mit ihr zusammenhängend, würde sich dann das aktive Sich-zur-Wehr-setzen ergeben.

Ganz allgemein gesprochen geht es in diesem Märchen darum, wie man sich aus einer Übermacht an Dominanz, an Zerstörerischem befreien kann. Beides kann sowohl innen als auch außen gesehen werden – vermutlich bedingt dies einander.

In diesem Märchen ist aber auch ein Beziehungsschema dargestellt. Ein dominierender, aggressiver, destruktiver Mann gegenüber einer Frau, die sich mit seiner Stärke identifiziert, dann aber merkt, daß sie selber überhaupt nicht mehr wirklich lebt. Es ist dies ein Beziehungsschema, das heute sehr stark unter Beschuß geraten ist.

Aber es ist ein *Beziehungsschema,* das bedeutet, daß nicht einfach nur der Mann die Schuld trägt. Gerade in einer solchen Situation wird oft ein solcher Blaubart-Animus auf die Männer projiziert. Dort bekämpft – und dort verkämpft – sich die Frau dann auch. Mir scheint es gerade auch für die Frauenbewegung wichtig zu sein, daß wir Frauen Blaubart nicht nur projiziert erleben, sondern daß wir Blaubart in uns erleben und in uns bekämpfen, wenn es ihn gibt.

Wir haben es hier jedenfalls wieder mit einem sado-masochistischen Zusammenhang zu tun, wobei mir dieses Märchen das Problem sehr viel mehr von der weiblichen Psychologie aus anzugehen scheint.

Ich glaube, daß man das sado-masochistische Problem weitgefaßt sehen muß, wie es etwa Schorsch tut in seinem Buch: Angst, Lust, Zerstörung[4].

Es geht um ein Beherrschen des andern, um totales Verfügen über den andern. Um Beherrschtwerden und totale Unterwerfung von der andern Seite aus, wobei diese Positionen austauschbar sind oder aber auch in Einbahnfunktion vorherrschen können. Sobald eine Gesellschaft in Untermenschen und Übermenschen aufgespalten wird, ist Bahn frei für sadistische Praktiken. Wir kennen das von Inquisition, Krieg, Folterungen etc. her.

Bei uns ist das verdeckt, aber der ganze Macht-Ohnmacht-Sektor funktioniert durchaus im Sinne des »Blaubart-Musters«. Wir müssen nur an Schulen, Kinderheime, Gefängnisse, z. T. auch an Familien denken.

Interessant ist in diesem Zusammenhang immer wieder, welches Interesse die »wirklichen Sadisten«, eben die sogenannten Lustmörder in der ganzen Bevölkerung auslösen. Da kann herrlich projiziert werden, und da kann in der Fantasie der eigene Anteil an Sadistischem ausgelebt werden.

Übrigens zeigt Schorsch in seinem Buch auf, daß es dem Lustmörder kaum um Lust geht bei seinem Delikt, sondern daß die delinquente Tat den Zusammenbruch der Abwehr ausdrückt. Erster Teil der Abwehr war, den Sadismus auf die Sexualität abzuschieben, damit man neben und außerhalb dieser Bereiche noch normal funktionieren könne.

Es zeigt sich in diesem Märchen wie im vorausgegangenen »Die verwünschte Prinzessin«, aber auch in der Realität klar, daß durch diesen sado-masochistischen Zirkel die *Beziehung* weitgehend verunmöglicht wird. Es geht innerhalb seiner Mechanismen nicht um Beziehung, sondern um Unterdrückung. Einerseits will man mit dem Partner verschmelzen, gleichzeitig aber auch sich ablösen.

Schorsch betrachtet Sado-Masochismus als ein ausgesprochenes Partnerproblem.

Es leuchtet ein, daß Sado-Masochismus auch in der Beziehung, die ein jeder zu sich selber unterhält, wahrgenommen werden kann, also subjektstufig, in allen Formen des *Unterdrückens* und sich *Unterdrücken-Lassens*.

Als Partnerschaftsproblem stellt es sich etwa so, wie ich schon angedeutet habe, dar: Der eine fühlt und verhält sich als der Starke, der andere als der Schwache, der sich identifiziert mit der Stärke des Partners – etwa zu vergleichen dem Kind, das sich mit der Stärke des Vaters identifiziert – dabei aber selbst immer schwächer wird. Er kann sich nur aufgeben, oder aber anfangen, sich zu wehren, indirekt, durch den Zwang des Machtlosen (Krankheit etc.) oder endlich auch direkt. Es ist ein Beziehungsschema, das oft dort anzutreffen ist, wo man jemanden retten will. Die Problematik solcher Beziehungen ist, daß die Schwäche des Überlegenen und die Stärke des Unterlegenen projiziert werden. Beiden Menschen fehlt dann etwas, das zu ihrer Persönlichkeit auch gehören würde. So kann denn die Auflösung eines solchen Beziehungsmusters nur dadurch erfolgen, daß der eine auch seine Stärke, der andere auch seine Schwäche sehen und akzeptieren kann. Krasse Beispiele sieht man schnell. Es gibt aber in jeder Beziehung ganz feine sado-masochistische Muster; auch in der analytischen Beziehung, wo es einer versteht, sich zum Opfer zu machen. Wenn einer sich zum Opfer macht, wird sofort eine Beherrscherrolle, oder die Rolle eines Sadisten, delegiert; der andere wird zum Bösen gemacht und daraus leitet das Opfer Recht und Pflicht ab, sich zu wehren.

Wozu dieser Umweg? Es ist ganz einfach: Man handelt sich das Recht zu Aggression ein, ohne die Verantwortung dafür übernehmen zu müssen, man wehrt sich ja nur. Damit aber baut man sich eine Autorität als Zielscheibe auf, auch dort, wo es gar nicht nötig ist. Wir wollen eine Autorität und wollen sie auch nicht; diese Ambivalenz ist ein Überbleibsel aus jener Übergangszeit, wo wir noch eine Mutter und einen Vater brauchten, und gleichzeitig auch schon selbständig sein wollten. Das Problem liegt dann aber darin, daß beim Steckenbleiben in Ambivalenz jener Phase die eigenen Möglichkeiten zerstückelt werden.

ANMERKUNGEN

1 In der Urfassung von Perrault, aus Perrault, in: Märchen aus alter Zeit, Melzer-Verlag, 1976.

2 J. Bolte, G. Polivka: Anmerkungen zu den Kinder- und Hausmärchen der Brüder Grimm, I, S. 409, Hildesheim, 1963.

3 H.-J. Wilke: »Autoritätskomplex und autoritäre Persönlichkeitsstruktur«, in: Zeitschr. für Analyt. Psychologie, Nr. 8, S. 33–40, 1977.

4. E. Schorsch, N. Becker: Angst, Lust, Zerstörung, Hamburg, 1977.

Verena Kast

DIE GRÜNE JUNGFER

Der Archetyp des Weiblichen im Umbruch

Vorbemerkung: Dieses Märchen führt noch weiter in die Hintergründe, die einer gewissen Verwunschenheit der Beziehung zwischen Mann und Frau zugrundeliegen und sie unfruchtbar machen. Grundlegende Wandlung unserer Einstellung zu der in unserer Kultur ins Negativ-Dämonische abgedrängten »Mutter Natur« tut not, die dann auch neue Entwicklungen im Bereich des Weiblichen und des Männlichen mit sich bringt, wie sie das Märchen modellhaft zeigt. Wenn in einem Märchen im Bereich der großen archetypischen Figuren, zu denen die grüne Jungfer gehört, etwas geschieht, dann geht es immer Mann und Frau gemeinsam an. Doch ist dieses Märchen primär aus weiblicher Perspektive erzählt.

Die grüne Jungfer[1]

Die alte Großmutter hat die Geschichte erzählt und was die erzählte, das war wahr, sie fing an und sagte: Na, nun hört mir mal zu. Mir fällt eben die Geschichte von der grünen Jungfer ein, die habt ihr noch nicht gehört. Ja, ja, früher ist manches passiert; das alles vergessen wird, wenn unser Eins es nicht behielt und neu auftischte. Da unten in Windhausen unter der Laubhütte hinunter hat vor vielen Jahren einmal ein armer Besenbinder gewohnt und viele recht hübsche Kinder gehabt. Man hat das wohl, daß arme Leute hübsche Kinder haben. Dieser Besenbinder nimmt seine älteste Tochter, es ist ein Mädchen so von dreizehn, vierzehn Jahren gewesen, das rothe Backen und rechte gluhe Augen hat und dabei kann es sprechen, wie ein Buch; das nimmt also sein Vater mit in den Wald und holt Besenreiser zu Besen, versteht ihr? Da vorn bei Windhausen standen damals auch schon viele Birken, und ihr wißt, von den feinen Ruthen werden Besen gemacht. Es ist schrecklich kalt gewesen, wenn auch die Sonne über Berg und Thal schien; an den Zweigen hat das Eis gesessen und ausgesehen, als hingen lauter Silberstangen daran herunter. Sie gehen weiter in den Wald; vorn herum haben erst Tannen gestanden, und dann ist das Laubholz gekommen. Auf einmal bleibt der Vater stutzig stehen und spricht, indem er nach einer großen Tanne zeigt: Sieh doch, Anna, was ist denn das? Das Mädchen sieht auch da eine Jungfrau stehen, die ein grünes Kleid, grüne Hände, grünes Gesicht und auch gar grüne Haare hat. Die beiden wundern sich noch darüber, da kommt die grüne Dame auf sie zu und spricht zu dem Vater: Deine Tochter da, die muß ich haben, und kaum hat sie das gesagt, so ist sie mit dem Mädchen verschwunden. Vor Schreck kann erst der Mann keinen Schritt von der Stelle thun, nachher kommt er wieder zu sich und hört dann weit von sich rufen: August, August, August! und ein paar Schritt von ihm steht ein goldener Hirsch. Weil er meint, seine Tochter wäre darin verwandelt, so geht er darauf zu; als er aber den Hirsch ans Geweih fassen und festhalten will, da ist er verschwunden. So geht's dreimal, aber immer auf einer andern Stelle. Bei der Gelegenheit ist der Besenbinder vor ein kleines Hüttchen gekommen. Er geht hinein, um ein wenig zu ruhen von der Anstrengung und wegen des Kummers über seine

Tochter, die er so schändlich verloren hat. Sieh da, da sitzt die grüne Jungfer und ist halb Fisch und halb Mensch und darum her sitzen lauter kleine Männlein mit steinernen Beinen auf kleinen Treppen, und das geraubte Mädchen, die Besenbindertochter, nicht weit von der Thür auf goldenem Throne. Voll Freude nimmt der glückliche Vater sein Kind auf den Arm und macht, daß er zum Haus hinaus kommt. Keiner verfolgt ihn, er läuft, als wenn ihm der Kopf brennt, daß er erst den Wald hinter sich hat, und kommt glücklich zu den Seinen. Ist aber das Mädchen vorher schon schön gewesen, nachdem ist sie ein wahrer Engel von Schönheit.

Die Geschichte wird ruchbar und bei der Gelegenheit erfährt man auch, daß der Besenbinder eine so hübsche Tochter hat, selbst der junge König erfährt's. Da er sich nun vorgenommen hat, nur das hübscheste und beste Mädchen zu heirathen, so lernt der sie auch kennen und nimmt sie zur Frau, wenn's auch nur eine Besenbindertochter gewesen ist, thut nichts, er hat sie lieb, und sie hat ihn erst recht lieb. Das ist eine Herrlichkeit gewesen, Einer hat ohne den Andern nicht leben können und wo sie sich getroffen haben, da hat's erst Umarmungen und Küsse gegeben, ach so herzlich, so innig, so zärtlich, so lieb, daß man am Ende gesagt hat: Keines ist so glücklich wie unser Königspaar.

So geht ein Jahr in Freude und Lust hin, dann bekommt die junge Königin einen Prinz, der bringt drei goldene Locken mit. Dadurch gibt's neuen Jubel, große Freude, innigere Liebe. Es ist aber nichts vollkommen. In der ersten Nacht danach kommt die grüne Jungfrau und spricht zur Wöchnerin: Kind, wie hast du mich in meinem Drangsal gesehen? Da antwortet die Königin: Herzliebste Mutter, ich habe dich nicht gesehen. Da nimmt die Grüne den niedlichen Prinzen, herzt und küßt ihn und verschwindet damit. Darüber trauert das ganze Land, der Vater und die Mutter; na, die wird fast wahnsinnig vor Herzeleid. Nach einem Jahre bekommt sie aber wieder einen allerliebsten Prinzen, der hat einen goldenen Stern auf der Brust. Nun ist alles wieder froh und vergnügt. Es dauert aber nicht lang. Wieder in der ersten Nacht kommt die grüne Jungfer und spricht: Kind, wie hast du mich in meinem Drangsal gesehen? Die Königin antwortet: Herzliebste Mutter, ich habe dich nicht gesehen. Darauf ist die Grüne wieder mit dem Kinde verschwunden. Das gibt neues Herzeleid, und die Königin will sich fast von Sinnen thun. Darnach vergeht abermals ein Jahr, und sie bekommt einen dritten Sohn, der hat einen goldenen Hirsch auf der Brust. Mehrere Tage vorher sind schon Wachen aufgestellt, das ganze Schloß ist umzingelt von Soldaten und vor der Stubenthür haben vornehme Herren wachen müssen, weiß nicht, ob's Kammerherren gewesen sind. Kurz und gut, es ist dafür gesorgt, daß das Kind nicht wieder gestohlen werden kann. Trotzdem aber, um elf Uhr in der ersten Nacht, da liegen alle Wachen und schlafen wie die Ratten. Da kommt die grüne Jungfer abermals zur Königin hinein und spricht: Kind, wie hast du mich in meinem Drangsal gesehen? und die Wöchnerin antwortet: Herzliebste Mutter, ich habe dich nicht gesehen. Darauf verschwindet die Grüne mit dem Kinde.

Da nun alles nicht geholfen hat, so dringt das ganze Volk darauf, die Königin soll verbrannt werden, weil sie ihre Kinder aufgefressen hätte. Denn gestohlen könnten sie nicht sein, und dann hätte sie ja auch jedesmal am folgenden Morgen, wenn der Prinz gestohlen wäre, Blut auf dem Bette und an Händen und am Munde gehabt. Der König will das durchaus nicht zugeben; denn er hat sie zu lieb, er muß es aber am Ende zugeben, was er nicht ändern kann, das Volk hätte sonst auch ihn umgebracht. Nun wird ein großer Scheiterhaufen aufgerichtet, und die unglückliche Mutter hinaufgeführt und an einen Pfahl gebunden. Der Geistliche betet noch für ihre arme Seele, und bittet den lieben Gott, sie auf- und anzunehmen, und dann segnet er sie ein und steigt herunter. Um den Holzstoß steht das Volk gedrängt und will die Hexe verbrennen sehen; die Musikanten spielen schaurige Stücke, und alles lauert, daß das Holz angesteckt wird, und dann die Qual der Königin angeht. In dem Augenblick steht nochmal die grüne Jungfer vor ihr auf dem Scheiterhaufen und spricht: Kind, wie hast du mich in meinem Drangsal gesehen? Die Königin spricht: Herzliebste Mutter, ich habe dich nicht gesehen. Während der Zeit haben sich die Henker gequält, den Scheiterhaufen anzustekken, er hat aber nicht anbrennen wollen. Da spricht die grüne Jungfer: Weil du nun so verschwiegen gewesen bist, und dich selbst durch den schrecklichen Tod auf dem Scheiterhaufen nicht zum Ausplau-

dern hast bringen lassen, so bist du und bin ich und dein Mann, der goldene Hirsch, dadurch gerettet. Hier hast du deine Kinder wieder: Da stehen in dem Augenblick drei wunderliebliche Knaben bei der angebundenen Königin, die umfassen ihre Knie und rufen: Mutter! liebste Mutter, wo ist unser guter Vater? Da umschlingt sie ihre Kinder, das Volk ist erst stumm und starr vor Verwunderung, reißt dann alle herunter vom Scheiterhaufen, und führt sie in Jubel dem staunenden Vater zu, und die Musikanten spielen lustige Stücke auf. Nun ist es aus.

Die Ausgangssituation des Märchens zeigt zunächst einen armen Besenbinder, der aber recht hübsche Kinder hat. Im Vergleich etwa zu anderen Märchen, wie dem Donau-Märchen »Die schwarze Frau«[2] besteht hier keine ausgeprägte Notlage, sondern eher die Situation, daß zwar Armut herrscht, aber in der Armut doch ein Reichtum vorhanden ist.

Wir haben am Anfang des Märchens den Besenbinder und seine Tochter, am Schluß eine erlöste grüne Jungfer, ein erlöstes Mädchen, einen erlösten Hirsch als König und drei Knaben. Es geht also, wie daraus ersichtlich wird, nicht nur darum, daß einfach eine Ergänzung stattfindet, sondern um eine *umfassende* Entwicklung.

Bei dieser Entwicklung handelt es sich darum, daß einerseits das Mädchen als Trägerin der Handlung reift und eine neue Identität findet, andrerseits aber auch das Männliche aus einer verzauberten Situation heraus wieder menschliche Formen annimmt: Es kommen drei Knaben hinzu, was das Männliche in eine neue Generation hineinweist.

Im wesentlichen geht es aber um eine Wandlung im Bereich der »Mutter Natur«, oder wie immer man diese grüne Frau nennen will. Dies wiederum führt zu einer Veränderung des Weiblichen *und* des Männlichen. Das ist immer so: Wenn in einem Märchen im Bereich der ganz großen Figuren etwas geschieht, dann geht es Mann *und* Frau an.

Das würde bedeuten, daß eine ganz andere Einstellung zur Natur gewonnen wird, und daß dadurch auch die Beziehungen sich ändern, daß sowohl Männer wie Frauen sich aus einer gewissen Erstarrung und Lähmung, einer »Verzauberung«, lösen können, die, wenn auch »golden« – wie in diesem Märchen der Hirsch –, doch Verzauberung bleibt.

Nachdem wir diesen großen Bogen um die Gesamtbedeutung des Märchens geschlagen haben, versuchen wir es in seinen einzelnen Sequenzen zu verstehen.

Zunächst ist da ein *Besenbinder*. Ein solcher hat seiner Natur nach Beziehung zum Wald, er muß seine *Reiser* im Wald holen. Er hat auch Kinder – das Leben geht also über ihn hinaus weiter, eine Frau ist aber nicht erwähnt. Wenn es eine gibt, dann ist sie hier offenbar nicht wichtig.

Reiser[3] im Wald zusammenzusuchen, heißt, Reiser als das Belebende zu gebrauchen, damit sauber gemacht werden kann, sehr sauber nicht, aber immerhin. Auf jeden Fall steht dahinter eine Einstellung, die mit dem Wald, der symbolisch als Bereich des Unbewußten gilt, etwas anfangen kann – und wäre es nur, die Reiser zu nutzen, die er holen kann. Es wird etwas mit dem Unbewußten getan, das Unbewußte wird nutzbar gemacht, wenn auch in ganz kleinem Maße.

Im Wald ist es klirrend kalt. Alles deutet auf Erstarrung hin. Diese Erstarrung scheint nicht unbedingt vom Bewußtsein herzukommen, sondern eben einfach da zu sein, im Winterwald. Das Unbewußte bringt aber gleichzeitig den Gegensatz zur klirrenden Kälte hervor: die *grüne* Jungfer. Klirrende Kälte einerseits, grüne Jungfer, – mehr als grün – andererseits. Das ganze Grün hat sich offenbar in dieser Jungfer verdichtet. Grün ist die Farbe der Natur, des Werdens, des Frühlings, eines Werdens, das warten kann – bis es eben an der Zeit ist. Die grüne Jungfer ist aber auch ganz und gar eine Figur aus einem jenseitigen Bereich, eine »Göttin«. Ein weiteres Merkmal wird uns durch die Tatsache signalisiert, daß das Mädchen sie als »Mutter« anredet. Sie ist also eine »Muttergöttin«. Wie es sich gehört, wenn man einer solchen Figur begegnet, erschrecken Vater und Tochter.

Der Vater vermarktet hier seine Tochter nicht – wie in manchen Parallelen –, er läßt sie sich nur stehlen.

Der *Vater* dieses Märchens hat eine Beziehung zu seiner Tochter, denn er nimmt sie mit in den Wald. Es besteht wohl eine enge Vater-Tochter-Bindung. Der Vater hat dazuhin auch eine Beziehung zum Wald und damit zum Unbewußten – nicht gerade eine profunde, aber immerhin – in einer Situation, in der das Unbewußte allgemein erstarrt ist. Für die Tochter mit der Vaterbindung wird so das Unbewußte auch faszinierend – der Vater führt sie ja in dessen Bereich.

Dies geschieht in einem Alter, in dem sie erwachsen wird, in dem sich die Reifung zur Frau vollzieht. Aus dieser Sicht kann man das Märchen als Reifungsmärchen einer Frau ansehen, doch unter den besonderen Voraussetzungen, unter denen Reifung geschieht, wenn es eben kalt ist, Winter ist bei ihrem Beginn. Dies ist keineswegs die übliche Gegebenheit, denn Kind sein, noch nicht zur Frau erwacht sein, würde ich nicht als »kalt« auffassen. Wir werden auch an anderer Stelle sehen, daß sich zwar das Märchen als Reifungsmärchen interpretieren läßt, daß aber damit gewisse Phänomene nicht genügend erklärt werden. Wenn überhaupt, müssen wir es also unbedingt als spezielles Reifungsmärchen sehen. »Pubertät« bedeutet an sich nichts Besonderes, sie vollzieht sich ja immer; doch je nachdem, wie der Zeitgeist ist, in einer ganz speziellen Art und Weise, je nachdem auch, wie die persönliche Problematik gelagert ist.

Reifungsmärchen kann man aber noch in einem weiteren Zusammenhang verstehen: Nicht als *persönliches* Reifen, sondern als Reifen jeweils einer *ganzen Generation*, eigentlich also als Evolution – mit dem Ziel einer neuen Identität, die mit den neu konstellierten Archetypen in Übereinstimmung ist. Die Heldin ist so gesehen Trägerin dieses kollektiven Geschehens, sie wird zu einer kollektiven Notwendigkeit: »Deine Tochter da – die muß ich haben . . .«

Wie schon erwähnt, ist das Unbewußte hier als »erstarrt« charakterisiert – es braucht Belebung. Das schafft für die Menschen die Voraussetzung, daß sie auf einmal von einem neuen Archetypus angezogen werden können – nicht nur, weil man ihn braucht, sondern auch, weil *er* uns braucht . . .

Das Mädchen wird weggenommen, statt dessen ist ein goldener *Hirsch* da. Der Vater meint zunächst, in diesem Hirsch wäre jetzt seine Tochter verborgen. Auch da erweist er sich als einer, der um die Gesetze des Unbewußten weiß. Wir kennen z. B. aus der Mythologie eine Hindin mit Gold-Geweih: Es war die dritte Aufgabe des Herakles, diese Hindin lebendig nach Mykenai zu bringen.

Hindinnen trugen auch zu jener Zeit kein Geweih, und wenn sie doch eines trugen, gar noch ein goldenes, dann waren sie göttliche Wesen. Die Gefährtin der Artemis hatte Zeus geliebt und war deshalb in eine Hindin verwandelt worden. In jenem Mythos *floh* sie, und weil der Jäger das besondere Wild erbeuten wollte, floh sie jenseits der bekannten Jagdreviere in ein anderes Land, von dem es keine Wiederkehr gab. Herakles verfolgt sie ein Jahr lang – trifft dann auch Artemis, die erbost darüber ist, daß er die Hindin gefangen hat.

Hirsche in Märchen haben vor allem die Aufgabe, die Menschen in einen jenseitigen Bereich zu locken. So geschieht es in dem Märchen »Die zwei Brüder« – und in vielen anderen Märchen. Der Hirsch *fasziniert,* und er ist nicht einzuholen. Er ist zu vergleichen mit faszinierenden Ideen, Gefühlen, Ahnungen, die man nicht wirklich einholen kann, und die dann letztlich doch zu einem Komplex hinführen.

Dieser Hirsch vermittelt bereits die Ahnung von etwas sehr Wesentlichem, nicht zuletzt dadurch, daß er golden ist; aber er ist flüchtig, ist gleichzeitig verführerisch und Führer. So führt er den Vater zum Haus der grünen Jungfer. Es ist übrigens das einzige Märchen dieses Typs, in dem sich der Vater weiter um die Tochter kümmert.

In dem Häuschen, in dem der Vater eigentlich nur ausruhen wollte von seinen Anstrengungen und seinem Kummer, sitzt die grüne Jungfer. Er muß also nicht etwa eine verbotene Tür öffnen, im Gegenteil, die grüne Jungfer und besonders der Hirsch haben es offenbar darauf angelegt, daß man sie findet. Der Hirsch gehört mit Sicherheit zur Sphäre der grünen Jungfer. Der Impuls zur Veränderung geht in diesem Märchen sehr deutlich vom Unbewußten aus.

Drinnen in dem Haus ist *die grüne Jungfer »halb Fisch – halb Mensch«,* wie sie beschrieben wird. Es kommt einem beim Vergleich mit ähnlichen Märchen eigenartig vor, daß diese grüne Jungfer nicht einen Mann sucht, wie wir das eigentlich von den Nixen her gewohnt sind. Diese tut das nicht. Sie will die junge Tochter haben.

Dies deutet auf eine andere Form der Verwandlung, der Erlösung einer solchen Nixe hin, oder die Nixe erweist sich als eine besondere Nixe. Wenn eine Nixe durch den Mann erlöst wird, dann bleibt sie immer ein Stück weit an die alte Wassersphäre gebunden. So muß sie in vielen Märchen immer am Freitag oder Samstag frei haben – dann zieht sie sich ins Wasser zurück. Ihre Bedingung zum Heiraten ist meistens die, daß der Mann ihr nicht nachspionieren darf, sie nie schlagen und auch keine bösen Worte über sie verlieren soll. Meistens bricht der Mann dieses Versprechen – und sie verfällt oft wieder endgültig dem Wasser. Allerdings läßt sie oft Kinder zurück.

Es scheint mir daher wesentlich zu sein, daß diese grüne Jungfer sagt, sie brauche das *Mädchen*.

Bei näherem Hinsehen wird es klarer, weshalb sie das Mädchen braucht: Sie ist ohne Beine, ihr fehlt die Möglichkeit, sich auf der Erde fortzubewegen, sie kann sich nur im Wasser bewegen. Das würde bedeuten, daß sie immer wieder zu sehr ins Unbewußte hinein versinken muß, oder m. a. W., daß sie sich zu wenig ins Bewußtsein hinein inkarnieren kann. Dazu paßt, daß sie eine *»Jungfer«* ist, also keine Kinder hat, was bei dem Fischschwanz auch nicht weiter verwundern kann. Symbolisch aber wäre es die Unmöglichkeit, eigene Kinder haben zu können, schöpferisch zu sein, also Unbewußtes zu Bewußtem werden zu lassen. Darauf weisen auch die kleinen *Männlein* mit den steinernen Beinen auf kleinen Treppen hin. Zwerge im Bereich der großen Mutter sind gewöhnlich schöpferisch, wie es im folgenden Mythos beschrieben wird:

Rhea will Zeus gebären. Sie ist allein dabei. Sie stürzt auf den Boden. Doch der Berg bringt soviele Geister hervor, die ihr Geburtshilfe leisten, wie sie Finger hat. Diese Helfer nannte man später Daktylen.

»In allen Geschichten waren die Daktylen Diener und Werkzeuge der großen Mutter, Geburtshelfer, Schmiede und Zauberer, die man an der Größe der Mutter gemessen, auch Zwerge (kunstreiche) nennen darf.«[4]

Da die kleinen Männlein unseres Märchens steinerne Beine haben, können sie sich nicht bewegen; auch da ist der schöpferische Aspekt versteinert, unbeweglich, eine Parallele zum erstarrten Wald. Wir sehen also, daß der schöpferische Aspekt dieser Mutterimago wirklich im argen liegt, daß dieser Archetyp sich im Leben noch zu wenig manifestieren kann. Das bedeutet, kollektiv gesehen, daß das Leben zu wenig schöpferisch geworden ist, insbesondere das Leben der Frau. Wenn wir von der persönlichen Psychologie des Mädchens ausgehen, so geht daraus hervor, daß zwar die Möglichkeiten des Mutterseins da sind – sie ist vierzehn Jahre alt geworden – aber in einer noch nicht ganz aktualisierbaren Form.

Die Besenbinderstochter nun sitzt nicht weit von der Tür, auf einem goldenen Thron. Auf einem goldenen Thron sitzen normalerweise Königinnen. Das Mädchen ist hier in einer ganz bevorzugten Position – durch den *goldenen* Thron in Zusammenhang auch mit dem *goldenen* Hirsch gebracht. – Das könnte bedeuten, daß sie in dieser ganzen Geschichte die Hauptposition einnimmt, in der es um etwas weit über das persönliche Bewußtsein Hinausreichendes geht.

Der Vater aber nimmt sie auf den Arm und geht gleich mit ihr weg. Er nimmt sie zu sich. Dadurch, daß er das große Mädchen noch einmal auf den Arm nimmt wie ein Kind, haben wir den Hinweis darauf, daß der Vater die Tochter nicht in ihr Schicksal hinaus entlassen will – oder kollektiv verstanden: der Hinweis, daß die Frauen ihren Weg noch nicht gehen sollen.

Was bedeutet das Ganze aber aus der Perspektive der Besenbindertochter?

Sie ist im wahrsten Sinn des Wortes von einem Archetyp ergriffen – und zwar vom Archetyp der grünen Jungfer. Wir haben schon gesehen, daß dies Ergriffenwerden ein Aspekt der Naturmutter ist. Da das Mädchen 13 oder 14 Jahre alt ist, kann man ausdenken, daß sie plötzlich eine Idee von dem bekommt, was Frausein, was Muttersein heißen könnte. Wahrscheinlicher ist, daß sie einfach inflationiert ist vom Reich der Fantasie – sie sieht sich als Königin im Lande der grünen Frau, im Lande des Weiblichen, das sich vor allem mit dem Werden beschäftigt. Vielleicht hat sie gespürt, daß es mit diesem Werden irgendwie noch nicht richtig vorangeht.

Trotzdem erscheint sie da als Königin, wenn auch nur für einen Moment – das Ganze dürfte für sie wie ein Traum gewesen sein –, denn der Vater holt sie sofort wieder weg, macht sie wieder zum kleinen Kind, bringt sie in die alte Realität zurück. In diesem Handlungsablauf drückt sich sehr schön die zugleich beschützende wie auch hemmende Funktion der Vater-Tochter-Bindung aus. Während sie sich der Faszination des Unbewußten hingibt, weiß der Vater um deren Gefährlichkeit, auch für sich in seiner Vaterrolle, weshalb er sie wieder zum *kleinen Kind* macht. Sie aber dürfte durch ihre Phantasie eine Ahnung davon bekommen haben, wie großartig Frausein sein kann – aber auch, daß dieses Frausein ernsthaft verhindert ist. Sie hat einen Einblick in den Hintergrund ihres Lebens bekommen, in dessen Großartigkeit und dessen Beschränktheit. Auch wenn der Vater sie da nochmals herausholt, sie gehört bereits zu diesem Bereich, sie wird ihm angehören, er wird konstelliert bleiben, bis die steinernen Beine und der Fischschwanz verschwunden sind.

Das Mädchen ist jetzt schöner als je zuvor. Nachdem es zur grünen Jungfer entrückt war, ist es reifer – und deshalb wohl auch schöner geworden. Die Besenbinderstochter ist mit der großen Mutter »Natur« in sich konfrontiert worden und erlebt, vielleicht nur einmal ahnungsweise aufblitzend, daß sie etwas zu tun hat in diesem Bereich, daß es Raum geben muß in ihrem Leben für diese Göttin. Vielleicht kann schon einfach das Spüren, daß etwas Ewiges durch sie hindurch ans Licht will, und wesentlich angewiesen ist auf sie, sie innerlich verändern – und ihr eine gewisse »goldene Ausstrahlung« geben.

Es schließt sich keine Wanderung im Wald an, wie das in ähnlichen Märchen der Fall ist. Die Entwicklung scheint abgebrochen. Der junge König erfährt irgendwie von ihr, und heiratet sie. Und die beiden lieben sich sehr. Nun ist aber die junge Frau nicht einfach nur schön, sondern sie ist ja ergriffen worden von der grünen Jungfer, sie ist wohl identifiziert mit ihr und ihrer Welt.

Was bedeutet das? Im Hüttchen der grünen Jungfer sind Männliches und Weibliches beisammen. Wir wissen vom Schluß her, daß der Hirsch ein verzauberter Mann ist – wir wissen von den kleinen Männchen. Wir können also annehmen, daß die Besenbinderstochter diese ganze Welt – in ihrer Ungeschiedenheit von männlich und weiblich – projizieren wird. Wohin anders als auf ihren Mann? Das würde praktisch bedeuten, so überraschend das klingen mag, daß ihr Mann ihr auch grüne Jungfer sein soll. Ihr Mann kann diese Projektion gut auf sich ziehen, da auch er ja in den Bereich der grünen

Jungfer gehört, auch er ist, wie wir am Schluß sehen, als goldener Hirsch eben noch nicht aus diesem archetypischen Bereich gelöst. Auch da sehen wir wieder, daß es immer beide Geschlechter mitbetrifft, wenn wesentliche Dinge, die zum Leben gehören, ausgeklammert worden sind.

Eine solche Übertragung auf den Mann ist etwas, was in solchen Partnerschaften recht häufig anzutreffen ist, in denen ein Partner, oder beide Partner vom Archetypus der Mutter zu wenig abgelöst sind: in diesem Falle wünschen sie sich – ich spreche jetzt aus der Optik der Frau –, daß der Partner ihnen Mann und Mutter zugleich ist. Das führt in realen Situationen zu gewaltigen Überforderungen des Mannes, besonders dann, wenn auch die Ablösung von der Mutter und die Bewußtwerdung des Weiblichen ihren Umweg über den Mann nimmt, wenn also die Mutter dann in ihm bekämpft wird.

Man kann das alles natürlich auch von der männlichen Seite aus formulieren. Es sieht dann so aus, daß der Mann erstens nicht nur seine Mutter – das wäre nichts Unerwartetes –, sondern auch seinen Vater in die Frau projiziert und in ihr bekämpft: Von da aus ließe sich die Animus-Allergie der Männer erklären.

Das Märchen spricht von der Frau aus, die mit dieser Situation fertig werden soll – also wollen auch wir diese Optik beibehalten. Nachdem die erzählende Großmutter eben noch so sehr die große Liebe zwischen Besenbinderstochter und Prinz betont hatte, sagt sie dann: »Nichts ist vollkommen.« Das weist darauf hin, daß diese Liebe, die wohl wesentlich darauf beruhte, daß beide offenbar die Ganzheit dieser »Grüne-Jungfer-Welt« auf den andern projizieren konnten, zwar sehr schön ist, aber offenbar auf die Dauer nicht lebbar.

Die Besenbindertochter bringt nun Kinder zur Welt, die ganz deutlich ihren Bezug zur Welt der grünen Jungfer erweisen: Es ist, als wenn durch diese Kinder zumindest der männliche Teil der grünen Jungfer, der goldene Hirsch, inkarniert würde, sich in die reale Welt hineingebären könnte. Die Versteinerung und Verhaftung im Unbewußten (Tierform) *scheint* aufgehoben zu sein.

Wir haben bis jetzt so interpretiert, als wäre der König ein realer Mann. So mag er auch gemeint sein, aber mir scheint, wir müssen auch einmal diese ganze Sache auf der Subjekt-Stufe sehen.

Es ist typisch für die Pubertät, daß der Archetyp des Weiblichen und der des Männlichen noch weitgehend voneinander ungeschieden sind. Von daher können Pubertierende sehr androgyn wirken und sich auch durchaus doppelgeschlechtig benehmen. Beim Mädchen beginnt sich dann aber der »Animus« – im weitesten Sinn und bitte nicht so negativ wie üblich zu verstehen – herauszukristallisieren, herauszuentwickeln. Ganz praktisch sieht man es am Bedürfnis des Mädchens, die Männer wirklich kennen zu lernen, aber nicht weniger am Interesse für geistige Zusammenhänge, für Zusammenhänge des Zusammenlebens, an der erstmals in dieser Entwicklungsphase stark aufbrechenden Sehnsucht nach einem Sinn, an einer Faszination durch diese Sinnsuche, an einer ungeheuren Verzweiflung, wenn kein Sinn sichtbar wird. Die noch bestehende Verbundenheit des Animus mit der großen Mutter bewirkt, daß alles noch ein wenig maßlos ist. In unserem Märchen mit der großen Mutter in Gestalt der grünen Jungfer mit Fischschwanz dürfte ein großes Gewicht auf das Werden, auf natürliches Wachstum, gelegt sein, gleichzeitig aber verbunden mit einer Hemmung. Es geht darum, daß die grüne Jungfer, die mit dem Fischschwanz ja noch der »blauen Sphäre«, der Sphäre des Wassers, angehört, sich wirklich an die »grüne Sphäre« – und grün weist vor allem in den Vegetationsbereich – hineinbewegen kann. Es dürfte hier auf das Einbeziehen des Unbewußten ins Leben, auf die Betonung des Weiblichen und der Natur Gewicht gelegt sein mit der ganzen Schwierigkeit, damit auch richtig umzugehen, denken wir nochmals an die Ausgangssituation mit dem erstarrten Wald. Ein etwas anderer Akzent wäre gesetzt, wenn eine »Herrin der Tiere« aufträte.

Bei Grün denkt man natürlich auch an den Zustand des Unreifen, an grüne Früchte. Es gibt interessante Parallelen zur Figur der grünen Jungfer, etwa in der Gestalt des grünen Marsgottes der Azteken (Xipe), der zum Sonnengott (Huitzilopochtli), der auch Kriegsgott ist, wird. Der Sonnengott ist ein zentraler Gott. Auch der grüne Osiris (Ägypten) wandelt sich zum Gold-Sonnen-Ra. Überträgt man diese Wandlung vom Grün zum Gold auf unser Märchen, dann wird sichtbar, daß da ein wesentlicher Aspekt der großen Mutter konstelliert ist, der wohl eine zentrale Stellung im bewußten Leben einnehmen möchte.

Eine solche Wandlung scheint sich im Verlaufe des Märchens durch die Geburt der Kinder zu vollziehen. Diese Kinder lassen an sich schon erkennen, daß sie ein Versuch sind, den Bereich der grünen Jungfer, insbesondere den des Hirsches, des *goldenen* Hirsches, ins Leben hineinzuentwickeln. Das erste Kind hat drei *goldene Locken.* Wir wissen, daß der Goldbereich zur grünen Jungfer gehört, ihre Wichtigkeit ausdrückt.

Locken wachsen zunächst einmal einfach aus dem Kopf heraus, unbeeinflußt von unserem bewußten Denken und Wollen – es ist ein autonomer Prozeß. So werden denn *Haare* oft gleichgesetzt mit aufsteigenden Ahnungen, mit autonomen Gedanken, die sich ergeben. Dieses erste *Kind* könnte eine erste Ahnung davon ausdrücken, daß der Bereich der grünen Jungfer auch in einem selber ist, samt dem Hirsch, der ja eigentlich ihre bewegliche Seite ist, die Seite, über die sie ins Leben hineingezogen werden kann. Diese Ahnung könnte neue Lebensmöglichkeiten aufblitzen lassen.

Es könnte ganz praktisch bedeuten, daß eine Frau plötzlich eine leise Ahnung davon bekommt, daß sie das Mütterliche eigentlich in sich hat, daß sie es gar nicht mehr zu suchen braucht und daß sie ganz sinnvoll in einem Lebenszusammenhang von Gebären-Können und Weggeben-Müssen steht, auch wenn z. B. die äußere Situation gar nicht schön, also in keiner Weise mütterlich ist.

Dieses Kind wird der jungen Frau aber sofort wieder weggenommen. Dieses ahnungsvolle Wissen, das eigentlich einen ungeheuren Neuanfang einleitet, das der Beginn davon ist, daß die Versteinerung aufhört, und das daher so wesentlich sein kann wie ein neues Kind – dies alles wird von der grünen Jungfer wieder zurückgeholt. Die neue Erfahrung wurde zwar gemacht, aber sie kann nicht behalten werden.

Die grüne Jungfer stiehlt das Kind, aber es ist hier, im Gegensatz zu vergleichbaren Märchen, eine ganz andere Haltung dahinter: Die schwarze Frau z. B. zerreißt das Kind, oder in einer besonders brutalen italienischen Fassung werden die Kinder an die Wand geschmettert. Hier aber herzt und küßt sie das Kind. So, wie sie im Wald das

Mädchen gebraucht hat, scheint sie jetzt das Kind zu brauchen. Verbunden ist dieser Kindsraub aber mit der Frage: »Hast du mich in meiner *Drangsal* gesehen?« Mit Drangsal meint sie wohl diesen unerlösten Zustand. Und die Königin antwortet: »Herzliebste Mutter, ich habe dich nicht gesehen.«

Sehen wir uns einmal diese Verschwiegenheit näher an: Das Aussprechen der Wahrheit hätte doch eigentlich nur bedeutet, daß das Mädchen dieser Göttin, dieser grünen Jungfer, nichts anderes gesagt hätte, als das, was diese schon längst weiß. Anderenfalls hätte sie die Frage gar nicht stellen können. Also kann es bei der Verschwiegenheit keinesfalls um den Sachverhalt gehen, sondern lediglich um eine gewisse Haltung dieser grünen Jungfer gegenüber: Das angebliche Nicht-Gesehen-Haben drückt die notwendige Achtung aus, und die »herzliebste Mutter« erinnert an deren gute Seite. Obwohl die junge Frau sieht, daß die grüne Jungfer ihr das Kind stiehlt, kann sie offenbar nichts darüber sagen. Das ist in anderen Märchen jeweils dadurch noch drastischer ausgedrückt, daß das Mädchen, in diesem Moment zumindest, auch noch stumm wird, wenn nicht taub und blind dazu. Hier leistet es den Akt des Stillschweigens freiwillig.

Es geht also darum, daß man um die Drangsal der Götter weiß, daß man um ihre Erlösungsbedürftigkeit weiß, daß man aber verschweigt, daß man es weiß. Das dürfte die richtige Haltung sein, die dann eben doch ausdrückt, daß man Respekt davor hat.

Diese Haltung den Göttern gegenüber umschließt beides: Das Wissen, daß sie immer wieder eine Seite haben, die erlösungsbedürftig ist, die vom Menschen aufgenommen und gelebt werden muß; aber auch, daß sie letztlich doch viel weiter reichen als wir.

Es gibt vielleicht auch noch eine andere Komponente: Wenn man so richtig die Härte der Götter erlebt, wenn sie ganz brutal ins Leben eingreifen – und man dann nicht wegschauen würde, man würde das Leben gar nicht mehr aushalten. Ich glaube, in gewissen Situationen kann einen nur der Abwehrmechanismus des Nicht-Hinsehens am Leben erhalten. Man hat gleichwohl gesehen.

Hier in diesem Märchen geht es sehr stark darum, zu fühlen, daß man gezwungen ist, schöpferisch zu werden – Mutter zu werden im weitesten Sinne –, daß das aber nicht einfach gelingen wird, weil die archetypische Mutter einen Fischschwanz hat, weil die sie begleitenden Männchen, die Geburtshelfer, versteinerte Beine haben.

Kollektiv gesehen bleibt einer Frau nichts anderes übrig, als das Schicksal ihres Geschlechts auf sich zu nehmen – und zwar so, wie es sich von Innen her konstelliert: drängend nach Selbstverwirklichung – und gleichzeitig zu spüren, daß vorerst nichts Sichtbares in dieser Richtung geschehen kann. Die grüne Jungfer nimmt die Kinder, kaum geboren, zurück.

»Kinder-Wegnehmen« bedingt auf der anderen Seite »Hergeben-Müssen«. Das gehört zum Bereich des Mütterlichen. Man empfängt die Kinder, man bringt sie zur Welt. Man zieht sie auf – *hat* sie in einem gewissen Sinn – und dann entwachsen sie einem: das Hergeben-Können ist genau so wichtig wie das Hegen vorher.

Hinter den kinderraubenden Gestalten in den Märchen erkennt man den Mythos der Lamia: Lamia hatte Zeus verführt; die eifersüchtige Hera bewirkte, daß die Lamia nur tote Kinder zur Welt brachte.[4] Seither bedroht sie die Schwangeren, stiehlt die Kinder und tötet sie. Wir begegnen also der großen Mutter als Todesgöttin. Gleichzeitig sehen wir auch, daß hinter diesem Problem ein »Mutterfluch« liegt.

Das zweite Kind hat einen goldenen *Stern* auf der Brust. Hier ist das Gold schon zentraler – es ist auch klar, unter welchem Stern dieses Kind steht. Sterne sind Lichter, die recht weit weg sind, aber Lichter im Dunkeln, also eigentlich Lichter aus der Unbewußtheit heraus. Als Himmelsbewohner haben sie sozusagen eine geistige Qualität. Wüßten wir nicht schon durch das Gold-Symbol an sich, daß sich auch hier wieder eine Inkarnation des goldenen Hirsches darstellt, wir könnten es aus den weiteren Symbolen, aus den Zeichen, unter denen diese Kinder stehen, erschließen.

Das dritte Kind schließlich hat den goldenen Hirsch auf der Brust. Wir wissen vom Anfang her, daß dieser goldene Hirsch immer wieder zur grünen Jungfer findet – vom Schluß her wissen wir, daß der goldene Hirsch der verzauberte König ist. Das Kind also wird zurückfinden, zurückkommen.

Seit diesem Kind wäre also auch der Hirsch-Aspekt lebbar, wenn auch noch nicht ganz – das Kind wird ja auch wieder weggenommen.

Es würde aber doch bedeuten, daß dieser Hirsch-Animus, dessen wesentlichste Qualität doch die zu sein scheint, daß er immer wieder in größere Tiefen des Unbewußten führen und verführen kann, angenommen werden kann. Damit ist aber der Weg zur großen Mutter frei, wann immer er gebraucht wird.

Doch jetzt kommt die *Scheiterhaufen*szene. Bisher hatte man das Gefühl, daß eine unendliche Trauer über die Königin hereingebrochen war, daß sie aber immer noch akzeptiert, was geschieht. Was soll sie denn anderes tun? Es ist etwa vergleichbar jenen psychischen Situationen, in denen man immer wieder etwas Wesentliches ahnt, es aber überhaupt nicht formulieren, es nicht ausdrücken kann – das bedeutet, »stumm sein zu müssen«, d. h. wesentliche Erlebnisse zu haben, aber alles immer wieder zu verlieren. Wenn man sie wenigstens nie gehabt hätte, wäre es leichter zu ertragen.

Das Volk betrachtet die Königin als Menschenfresserin, durchschaut also nicht, welcher Prozeß sich da abwickelt. Das *Volk* ist immer auch ein Aspekt der Persönlichkeit: der Aspekt, der nicht hineinsieht, der nur heransieht, von außen, der kollektive Aspekt, der keinen Sinn für das Außergewöhnliche hat, weil es nicht dem entspricht, was man schon immer getan hat. Mühsame Annäherungsversuche an eine innere Gesetzmäßigkeit kosten Zeit und sehr viel Kraft – für die bewußte Welt bleibt wenig. Ist es da verwunderlich, wenn man plötzlich eines Tages wütend wird über sich selbst, und versucht, diese ganze Situation einmal über den Haufen zu werfen? Die Absicht ist die: Da die ganze Sache so unfruchtbar ist, höre ich endgültig damit auf. So denkt das »Volk« in einem. Im Grunde genommen aber kommt man einer sehr viel tieferen Intention des Unbewußten entgegen. Die Situation, in der man beides will, den alten Zustand und den neuen, muß beendet werden. Bleibt nun der alte Mensch – oder wird ein neues Ich? Findet wirklich eine Wandlung statt? Ich sehe in der Hinnahme dieses Scheiterhaufen-Urteils durchaus auch eine Bereitschaft, sich verbrennen zu lassen, aus Solidarität zu dieser Seite in einem – auch wenn sie einem nichts eingebracht hat.

Gerade dieses Beharren in der Solidarität aber bewirkt die Erlösung. Es bewirkt, daß, in der richten Einstellung zu dieser wesentlichen naturhaften Seite in ihr selber, eine Frau sich mit dem Werden und Vergehen des Mütterlichen, mit der Liebe, mit der Fruchtbarkeit, mit dem Nähren und mit dem Tode auseinandersetzen kann und sie zu akzeptieren lernt. Im Moment der größten Konflikte, im Moment der größten Bedrohung, setzt die große Verwandlung und die große Wiedergeburt ein: die Kinder kommen zu ihr zurück. Im Moment, wo sie um den Preis ihrer Existenz bewiesen hat – auch wenn es sie umbringen sollte –, daß sie es ernst meint mit dieser weiblich-göttlichen Seite in ihr, da werden ihr auch die Früchte daraus; da ist die grüne Jungfer erlöst – offenbar auch von einem unreifen in einen reifen Zustand übergeführt. Es ist aber auch der Hirsch erlöst.

Der Hirsch aber war ihr Mann: Es würde also bedeuten, daß diese Beziehung nun »erlöst« ist – nämlich einerseits von diesem bisher unbewußt Weiblichen, durch die grüne Jungfer symbolisiert, das sie in sich trägt und bisher in die Beziehung hineinträgt, andererseits aber auch, daß das Männliche selbst mit erlöst ist. Offenbar ist die Erlösung des Weiblichen und die Erlösung des Männlichen nicht voneinander zu trennen.

Dabei kann dieser Hirsch ihre *eigene* männliche Seite sein, es kann aber auch, wenn wir das Märchen als Kollektivvorgang deuten, ein Aspekt des allgemeinen Problems des Männlichen bedeuten: Die Fixierung an diese grüne Jungfer kann ja für den Mann auch eine psychische Kastration bedeuten; daß aber hinter dieser Fixierung etwas sehr Wesentliches verborgen ist, darauf weist das Gold hin.

Versuchen wir, das Märchen noch einmal im Überblick zu sehen: Man kann es sehr wohl als Pubertätsmärchen sehen, und zwar in dieser bestimmten Situation, in der die bewußte Welt ziemlich erstarrt ist. Pubertätsmärchen aber ist es in einem *sehr* weiten und *kollektiv* relevanten Sinn: In dem Sinn nämlich, daß der Reifungsprozeß einer ganzen Generation von Frauen, oder vielleicht sogar mehrerer Generationen von Frauen in der Richtung gehen müßte, die dieses Märchen ankündigt, also einer neuen Identitätsfindung. Es ist hier nicht nur jahreszeitlich »kalt« – es ist auch so, daß das junge Männliche noch im Bereich der großen Mutter ist, und zwar in nichtmenschlicher Form, als »Goldener Hirsch«. Das Bewußtsein weiß zwar um eine gewisse Notwendigkeit der Erneuerung seiner Einstellung zur Natur, aktiv wird aber die grüne Jungfer als ein Aspekt des Unbewußten: Ein Archetyp konstelliert sich, zieht die Frauen in ihren Bann. Ich glaube, daß das heute sehr stark der Fall ist. Am auffälligsten sieht man es vielleicht in extremen Frauenbewegungen, in denen sich die Frauen mit den Hexen identifizieren. Es stellt sich natürlich die Frage, ob es geschickt ist – und für die Wandlung des Hexenarchetypus dienlich –, wenn man sich gleich im Haus der Hexe einrichtet. Mir scheint gerade in diesem Märchen so stark ausgedrückt zu sein, daß man wissen muß, daß man in dem Haus eines Archetypus ist, daß man auch die Würde sieht, die darin liegt, aber daß man wieder heraus muß, ohne je die Beziehung dazu, die Solidarität zu diesem Archetypus, der sich da konstelliert hat, und der zum Schicksal für neue Generationen wird, zu verlieren. Das Problem, das sich etwa dadurch ankündigt, daß die grüne Jungfer einen Fischschwanz hat, besteht darin, daß das Weibliche vorerst unbewußt bleiben *muß*, daß das Schöpferische, das damit verbunden ist, auch miterstarrt ist. Die grüne Jungfer – Werden und Vergehen im Gegensatz zu Beharren – will mitleben. Der Animus ist in dieser Situation in einen Hirsch verwandelt – golden zwar, aber eben doch ein Hirsch, also noch keine Person, der als solcher sich auch nicht in die Realität hinein auswirken kann, sondern vielmehr in die Irrationalität faszinierend verführen könnte. Dies alles ist eine Folge davon, daß die grüne Jungfer vom Leben ausgespart wurde.

Wir können das Märchen auch aus einer mehr *individuellen* Perspektive betrachten. Durch eine Vaterbindung ist die Entwicklung zur Frau gehemmt: Da geht es dann darum, daß der goldene Hirsch, dieser verführerische Animus, sich Schritt für Schritt in die Realität hineinentwickelt, ohne daß das Mädchen vorerst irgendeinen positiven Nutzen daraus ziehen könnte. Das bedeutet, daß der persönliche Animus sich aus der großen Mutter herausentwickeln muß. Damit aber werden alle Beteiligten verändert. Das Mädchen wird dann auch fähig zu einer Beziehung.

Solange dieser persönliche Animus nicht entwickelt ist, wird immer alles von der grünen Jungfer zurückgenommen. Der persönliche, nicht der kollektive Animus ist also absolut notwendig zur Entwicklung einer Persönlichkeit, die sich vom Mutterarchetyp so weit emanzipieren kann, wie es jeweils nötig ist.

Diese individuelle Interpretation ist relativ leicht auf eine *kollektive* zu übertragen: Es ist uns allen bekannt, daß heute sehr viele Männer Mutterkomplexe haben. Die »verzauberten Hirsche« gibt es durchaus in unserer gegenwärtigen Realität. Ob sie golden sind, ist eine andere Frage. Nehmen wir an, daß die Beziehung, die das Märchen zeigt, ein Beziehungsschema zwischen Mann und Frau darstellen könnte, die sich beide unter diesem sich konstellierenden Aspekt der großen Mutter befinden, die beide diese ganze Welt aufeinander projiziert und erfüllt haben wollen. In diesem Sinne spricht das Märchen dann nicht primär vom Mann, sondern von der Frau aus. Für sie ist es in dieser Situation wichtig, daß sie den Animus entwickelt, dadurch aber selbständiger wird, gleichzeitig sich aber auch aus der Mutter herausentwickelt, so daß die Beziehung zum Mann wenigstens vom Anspruch nach Mütterlichkeit befreit wird. Der persönliche Animus bietet auch Schutz, so daß die Partnerschaft zwischen Mann und Frau nicht *mehr* an Schutz zu bieten braucht, als ohnehin jeder Mensch für den andern Schutz bieten kann und muß. Die Ehe soll aber keine Schutzanstalt sein, sondern echte Partnerschaft.

Dadurch, daß die Frau sich zwar dem Archetypus verpflichtet weiß, auch in der Distanz zu ihm, und sich sogar um den Preis ihres Lebens nicht verleiten läßt, die Solidarität mit diesem Archetypus zu verlieren, weil sie darin ihren Anteil am Entwicklungsprozeß dieses Archetypus sieht, grenzt sie sich gleichzeitig von ihm ab. Dadurch wird aber auch der Mann freier.

Es scheint mir klar zu sein, daß da die Frau die Hauptarbeit übernehmen muß: An der Auseinandersetzung mit der großen Mutter ist sie einfach näher daran, das ist ihr Archetyp – der Archetyp, der hinter ihrer Identität steht.

Ich sehe dieses Märchen in einem gewissen Gegensatz zum Märchen von der verwünschten Prinzessin. Dort nämlich ist klar aufgezeigt, wo der *Mann* mit seiner Entwicklung, Weiterentwicklung ansetzen muß.

Es ist eigenartig und bemerkenswert, daß diese Märchen, die eindeutig aus der Romantik stammen – wie die Erzählweise zeigt –, sich recht stimmig auf unser heutiges kollektives Problem übertragen lassen. Einmal scheint mir der Grund darin zu liegen, daß immer wieder ähnliche Konstellationen auftreten, die wir natürlich im Sinne der Archetypen, die heute – auch bei mir – konstelliert sind, interpretieren, andrerseits wäre natürlich auch einmal nachzuprüfen, was sich denn eigentlich aus den emanzipatorischen Impulsen, die sich in der Romantik angebahnt haben, bis heute entwickelt hat.

ANMERKUNGEN

1 Harzmärchenbuch, Hrsg. August Ey, Stade, 1962. Die erste Anregung zur Interpretation des Märchen gab der Aufsatz von Marie-Louise v. Franz, Bei der Schwarzen Frau, in: Laiblin (Hrsg.), Märchenforschung und Tiefenpsychologie, S. 324 f.

2 »Die schwarze Frau«, in MdW: Märchen aus dem Donaulande.

3 Birkengrün gilt nach dem Handwörterbuch des deutschen Aberglaubens als Lebensrute und hat eine ausgesprochen belebende Funktion.

4 K. Kerényi: Die Mythologie der Griechen, Bd. 1, S. 69, dtV, 1968.

5 Vgl. Jung, Symbole der Wandlung, S. 318.

Ingrid Riedel

DAS MÄDCHEN DES SCHMIEDS, DAS ZU SCHWEIGEN VERSTAND

Zum Problem des Leidens

Vorbemerkung: Was sich auf der individuellen Ebene als Komplex eines vom suizidalen Vater her geschädigten Mädchens darstellt, der nur durch Begegnung mit der Großen Mutter aufgearbeitet werden kann, das erweist sich auf der kollektiven Ebene als Gesamtkomplex unserer christlich geprägten Kultur: Abgespalten ist die naturhaft-dunkle Seite des Weiblichen und damit zugleich die Gefühlsseite der Männer, die künstlerisches und religiöses Erleben einschließt. Das Märchen zeigt eine bedeutsame Wandlung im Bereich des Großen Weiblichen an, die auch verschüttete Werte des Männlichen freizusetzen verspricht, eine Wandlung, die sich um so eindrucksvoller darstellt, als sie sich beim Vergleich von Märchenparallelen des ganzen europäischen Kulturkreises widerspiegelt. Trägerin dieses Wandlungsprozesses ist, da er vom Archetyp des Weiblichen ausgeht, auch in diesem Märchen die weibliche Heldin.

Das jetzt folgende Märchen weist mit den vorangegangenen ähnliche Handlungsabläufe auf. Dadurch aber, daß die Ausgangssituation sehr verschieden ist, d. h. daß das psychische Problem ganz anders konstelliert ist, werden hinter den ähnlichen Abläufen sehr verschiedene Entwicklungsvorgänge sichtbar. Wie wir auch hinter einem Symbol nicht nur eine Deutung wahrnehmen dürfen, sondern diese u. a. abhängig machen müssen von dem, der das Symbol hervorgebracht hat, so lassen auch Märchen, mögen sie noch so ähnlich erscheinen, nicht nur einen Deutungsweg zu, sondern sind, wie schon erwähnt, vom Erzähler wie vom Deutenden abhängig.

Das Mädchen des Schmieds, das zu schweigen verstand[1]

Es war einmal ein armer Schmied, dessen einziges Vermögen bestand aus einer alten verlotterten Hütte, einer Frau und einer großen Schar hungriger Kinder. Mit den letzten sieben Sous kaufte er sich einen Strick, denn er wollte sich hängen. Er ging in den Wald, wählte einen starken Ast und knüpfte daran den Strick.

Kaum war er angebunden, tauchte eine schwarze Frau vor ihm auf, als wäre sie dem Boden entstiegen und sagt ihm: »Schmied, mach das doch nicht!«

Der Schmied bekams mit der Angst zu tun, er knüpfte den Strick los und die schwarze Frau verschwand. Kaum war sie weg, begann er, den Strick wieder an den Ast zu knüpfen.

Aber sofort erschien wieder die schwarze Frau und drohte ihm mit dem Finger: »Ich habe Dir doch gesagt, Schmied, Du sollst das sein lassen!«

Der Schmied löste wieder den Strick und ging nach Hause. Aber unterwegs sagte er sich: »Zu Hause gibt es nichts mehr zu essen, da ziehe ich es vor, mich zu hängen.«

Er suchte wieder einen kräftigen Ast und begann von neuem, daran den Strick zu knüpfen.

Aber von neuem tauchte die schwarze Frau vor ihm auf, als wäre sie dem Boden entstiegen. Sie fragte ihn streng: »Warum willst Du nicht auf mich hören, Schmied?«

»Wozu ist es denn gut, auf Euch zu hören? Auf jeden Fall werden wir alle vor Hunger sterben müssen.«

»Ihr werdet nicht vor Hunger sterben«, antwortete da die schwarze Frau, »denn ich werde Dir soviel Geld geben, wie Du Dir wünschst, unter der Bedingung, daß Du mir etwas gibst, das sich in Deinem Haus befindet, und das Du durchaus noch nicht kennst.«

Der Schmied war erstaunt über diese seltsamen Worte, aber als ihm die schwarze Frau einen riesigen Sack, gefüllt mit Goldstücken hinstreckte, dankte er ihr sehr bewegt und ging, so schnell ihn seine Füße trugen, nach Hause.

»Aber vergiß nicht Dein Versprechen«, wiederholte die schwarze Frau, »was bei Dir ist und Du nicht kennst, das gehört mir. In sieben Jahren werde ich wiederkommen, um es zu holen.«

»Ich weiß sehr wohl, was sich in meinem Haus befindet«, sagte lachend der Schmied, »wenn sich zufällig etwas drin finden sollte, das ich noch nicht kenne, darfst Du es gerne nehmen.« Als der Schmied daheim ankam, schichtete er sorgfältig die Goldstücke auf, die einen riesengroßen Haufen bildeten: Da wurde seine Freude riesengroß.

»Unser kleiner Goldschopf hat uns Glück gebracht«, sagte da die Frau des Schmieds und sie zeigte ihrem Gatten ein wunderschönes kleines Mädchen, das goldene Haare hatte und einen goldenen Stern auf der Stirne. Das war das jüngste Mädchen des Schmieds, das eben geboren war.

Der Schmied wurde plötzlich sehr traurig, denn jetzt verstand er, was die schwarze Frau hatte sagen wollen.

Die Jahre vergingen, und Goldschopf wurde ein sehr hübsches kleines Mädchen, zum Glück und zum Unglück für seine Eltern.

Als es sieben Jahre alt war, hielt eine schwarze Karosse vor dem Haus und heraus stieg die schwarze Frau.

»Ich hole Dein kleines Mädchen«, sagt sie zum Schmied. Sie nahm das kleine Mädchen bei der Hand und brachte es im Wagen unter.

Die Eltern, die Brüder, die Schwestern, sie weinten und baten umsonst: die schwarze Frau ließ sich nicht umstimmen.

Der schwarze Kutscher ließ seine Peitsche knallen, und sogleich rollte der schwarze Wagen fort.

Sie rollten lange, lang; sie durchquerten einsame, verlassene Gegenden, sehr dunkle Wälder und hielten endlich vor einem schwarzen Schloß.

»Dieses Schloß gehört Dir«, sagte die schwarze Frau zu Goldschopf. »Es gibt hundert Zimmer in diesem Schloß, Du kannst sie alle Dir ansehen, außer dem letzten. Wenn Du da hinein dringst, wird es Dir schlecht ergehen. Ich werde Dich in sieben Jahren wieder besuchen.« Und die Frau reiste im schwarzen Wagen wieder ab.

Goldschopf war nicht unglücklich, sie war Herrin über neunundneunzig Zimmer. Sie schaut kein einziges Mal ins hundertste.

Und unversehens waren die sieben Jahre um.

Eines Tages erschien die schwarze Frau in ihrem Wagen und fragte das Mädchen: »Warst Du im letzten Zimmer?«

»Nein«, antwortet, ohne zu lügen, unser Goldschopf.

»Du hast gut daran getan, auf mich zu hören, in sieben Jahren werde ich wieder kommen. Wenn Du mir auch diesmal wieder gehorchst, werde ich aus Dir ein sehr glückliches Mädchen machen. Aber wenn Du ins hundertste Zimmer hineingehst, mach Dich auf etwas Schlimmeres gefaßt als auf den Tod.« – Nachdem die schwarze Frau diese Drohung ausgestoßen hatte, stieg sie wieder in ihre schwarze Kutsche und verschwand für sieben Jahre.

Diese sieben Jahre vergingen schnell; der Tag, an dem die schwarze Frau kommen sollte, kam. Und Goldschopf war sehr glücklich, denn die schwarze Dame würde sie sicher beglückwünschen und sie belohnen. Aber plötzlich hörte sie eine wunderbare Musik. »Wer spielt so schön in diesem Schloß?«, fragte sich Goldschopf. Sie begab sich in die Richtung, aus der die Musik kam und gelangte vors hundertste Zimmer. Sie öffnete die Tür, ohne sich überhaupt dessen bewußt zu sein und blieb verdutzt auf der Türschwelle: Zwölf schwarze Männer saßen um einen Tisch und ein dreizehnter war aufrecht.

»Goldschopf, kleiner Goldschopf, was hast Du getan!« schrie der dreizehnte.

Ihre Furcht war so groß, daß beinahe ihr Herzschlag aussetzte. »Was muß ich jetzt tun?«, murmelte sie.

»Sag niemanden auch nur ein Wort von dem, was Du hier gesehen hast, was auch immer geschehen mag. Nur so kannst Du erreichen, daß Dir Dein Fehler verziehen wird.«

Goldschopf schloß das Zimmer – und im selben Moment hörte sie den schwarzen Wagen, der vors Schloß rollte.

»Was hast Du im hundertsten Zimmer gesehen?«, fragte die schwarze Frau, die sofort wußte, was geschehen war.

Goldschopf schüttelte still den Kopf.

»Gut, wenn Du nicht sprechen willst, dann wirst du stumm sein von jetzt an. Du wirst nur mit mir sprechen können«, schalt die schwarze Frau und verjagte das Mädchen aus dem Schloß.

Goldschopf ging zu Fuß, bis sie niederfiel vor lauter Müdigkeit. Sie hatte eine schöne, ganz grüne Wiese erreicht. Sie streckte sich aus auf dem Gras, weinte viel, dann schlief sie ein.

Da kam der junge König des Landes, der in der Gegend jagte, an der Wiese vorbei und sah das junge schlafende Mädchen. Sie war so schön, daß er gleich von einer großen Liebe zu ihr ergriffen wurde, und obwohl sie stumm war, setzte er sie auf sein Pferd und führte sie zu seinem Schloß. Wenig später heiratete er sie, und sie wurde Königin.

Goldschopf lebte glücklich im Schloß, und ein Jahr später brachte sie einen Sohn zur Welt, der goldene Haare hatte und einen goldenen Stern auf der Stirn. Das ganze Schloß feierte glücklich die Geburt des Prinzen.

Aber während der ersten Nacht besuchte die schwarze Frau die junge Königin und bedrohte sie mit diesen Worten: »Wenn Du mir nicht sofort sagst, was Du in dem hundertsten Zimmer gesehen hast, werde ich Deinen Sohn töten.«

Goldschopf, auf dem Gipfel der Verzweiflung, erinnerte sich trotzdem, was ihr der dreizehnte Mann versprochen hatte: wenn sie schwiege, würde ihr verziehen werden. Goldschopf schüttelte den Kopf und blieb still.

Die schwarze Frau riß das Neugeborene aus der Wiege, tötete es und beschmierte den Mund von Goldschopf mit dem Blut ihres Kindes.

Dann verschwand sie mit dem toten Kind.

Am andern Morgen war jedermann erschreckt, als sie das Blut auf dem Mund der Königin sahen.

»Ist es möglich, daß sie ihr Kind gegessen hat?« – fragte sich jeder voll Erschrecken. Aber niemand wagte, eine solche Anschuldigung vorzubringen. Nicht einmal der König selbst. Und Goldschopf war noch immer stumm.

Ein Jahr später brachte Goldschopf ein kleines Mädchen zur Welt, das goldene Haare hatte und einen Stern auf der Stirn. Die Leute auf dem Schloß freuten sich sehr, aber alle fürchteten, daß das kleine Mädchen verschwinden könnte, wie sein kleiner Bruder im Jahr zuvor. Der König ließ daher eine Wache aufstellen vor dem Zimmer von Goldschopf, aber das war vergeblich. Während der Nacht kam wieder die schwarze Frau.

»Wenn Du mir nicht sagst, was Du in dem hundertsten Zimmer des Schlosses gesehen hast, werde ich Dein Kind töten«, sagte sie mit drohender Stimme.

Goldschopf weinte heftig, schüttelte den Kopf und schwieg.

Die schwarze Frau nahm das kleine Mädchen, tötete es und beschmierte den Mund von Goldschopf mit Blut ihres Kindes, dann verschwand sie mit dem kleinen Leichnam.

Am anderen Morgen wurde jedermann im Schloß von Schreck ergriffen, als man die Neuigkeit vernahm und der König befahl, daß man die Königin verbrennen solle vor dem Schloß.

Goldschopf weinte heftig, aber weil sie stumm war, konnte sie sich nicht wehren und niemand hatte Erbarmen mit ihr.

Als Goldschopf neben dem Holzstoß erschien, den die Henker aufgerichtet hatten vor der Stadt, kam die schwarze Frau wieder. »Wirst Du mir jetzt sagen, was Du in dem hundertsten Zimmer gesehen hast?«, fragte sie. »Wenn Du es mir nicht sagst, wirst Du lebendigen Leibes verbrannt werden.«

Aber auch diesmal noch schüttelte Goldschopf den Kopf und schwieg.

Die Henker banden also Goldschopf auf den Scheiterhaufen und legten das Feuer an. Aber als sich die Flammen ihren Füßen näherten, wurde die schwarze Frau plötzlich ganz weiß und schrie bittend: »Löscht das Feuer, löscht das Feuer!«

Alle bekamen Angst und die Henker löschten das Feuer. Die weiße Frau ließ einen kleinen Knaben und ein kleines Mädchen aus dem Wagen steigen, beide hatten goldene Haare und einen Stern auf der Stirn. Sie schob sie zu Goldschopf hin und sagte ihr: »Indem Du geschwiegen hast, hast Du mir Glück gebracht und Dir. Du hast uns alle errettet«, und sie verschwand sogleich.

Der König traute kaum seinen Augen noch seinen Ohren, als er das alles sah und als Goldschopf ihm erzählte, was ihr zugestoßen war. Außer sich vor Freude führte er seine Frau aufs Schloß und ließ den Schmied, seine Frau und alle Kinder holen.

So lebten sie alle glücklich bis an ihr Ende.

1. *Die Vorgeschichte:* Aus der Perspektive des Schmieds

In der Figur des Schmieds spiegelt sich eine männliche Komponente der Psyche, die sich bei der Lebensbewältigung vor allem auf körperlich äußere Kraft und Gewandtheit, Schwerarbeit (jedoch an der »Wandlungs-Materie« Feuer und Metall), und eine naiv ungebrochene Vitalität stützt (große Familie). Wir haben bei diesem »armen« *Schmied* vermutlich eher an einen Grobschmied, der z. B. Pferde beschlägt, zu denken als an einen Feinschmied wie Hephaistos oder Wieland, den Schmied. »Gelähmt« wie diese ist er jedoch auch. Und das ist einschneidend: gehört der Beruf des Schmieds doch eigentlich zu den schöpferischen Berufen, also zu den schöpferischen Kräften.

Die dem Schmied entsprechende, relativ primitive Einstellung des Bewußtseins wird hier als »abgewirtschaftet« dargestellt: Das einzige noch vorhandene »Vermögen« besteht in einer »alten verlotterten Hütte«. Dies besagt psychologisch, daß das bisherige Gehäuse dieser Lebenseinstellung nun veraltet ist. Irgendwie hat es der Schmied auch herunterkommen lassen.

Zum Schmied gehört eine Frau, die ihn nicht verläßt, sondern die an ihn gebunden bleibt, nicht am wenigsten durch eine »große Schar hungriger Kinder«. Kinder sind also da, junge Kräfte, die der Schmied in seiner bisherigen Lage und Verfassung aber nicht mehr ernähren kann. Er glaubt in seiner tiefen Resignation und Depression, sie seien alle dazu verdammt, Hungers zu sterben.

Doch es bleibt festzuhalten, daß die Armut dieses Schmieds nicht durch eigenes Verschulden zustandegekommen sein dürfte – das Märchen erwähnt nichts davon –, sondern eher durch allgemeine Verhältnisse. Wofür er nicht mehr aufkommen kann, ist die Nahrung für sich und die Seinen: Er bleibt also den männlich-väterlichen Schutz den Seinen, die Versorgung, die zugleich eine mütterliche Pflicht wäre, schuldig. Diese Lage ist es, die den Schmied in äußerste Resignation, ja Depression treibt: Er nimmt seine letzten sieben Münzen (gleichsam seine letzte Potenz), um sich einen Strick zu kaufen und den Entschluß zu fassen, sich zu erhängen. Es kann hier nicht darum gehen, die Zahl Sieben symbolisch zu deuten, sondern nur darum, sie innerhalb dieses Märchens zu den sieben Jahresphasen, die die Entwicklung des Mädchens anzeigen, in Beziehung zu setzen: So können diese sieben Münzen einfach ein Ausdruck für die letzte Phase der alten Einstellung sein, die nur von der Figur des Schmieds bestimmt war, während die nächste vom heranreifenden Mädchen und der dunklen Frau mitbestimmt werden.

Der Entschluß des Schmieds, seinem bisherigen Leben ein Ende zu setzen, treibt ihn in den Wald, um nach einem »tragenden« Ast zu suchen, an den er seinen Schicksalsfaden, den *Strick*, knüpfen kann. Innerlich liegt er »am Boden«, ist am Tiefpunkt seiner Existenz. Da ereignet sich eine eigentümliche »Synchronizität«: Indem er den Strick anbindet, taucht »als wäre sie dem Boden entstiegen« eine *schwarze Frau* vor ihm auf. Eine neue psychische Energie erhebt sich kompensierend aus dem »Boden« seiner Stagnation, eine Gegensatzenergie, denn sie ist weiblich gegenüber seiner bisher einseitig männlichen Schmieds-Einstellung, die alltagsbezogen ist. Und eben diese Energie gebietet ihm Einhalt in seinem Entschluß, sich zu vernichten: Die Ahnung wundersamer, nicht alltäglicher Handlungs- und Rettungsmöglichkeiten, die mit dem Auftauchen dieser Figur verbunden sind und psychologisch realisierbar werden, gebieten ihm Halt. Allerdings überzeugen sie ihn erst beim dritten Mal, nachdem ihn die Frau streng gefragt hat: »Warum willst Du nicht auf mich hören, Schmied?« (Hier macht der Erzähler zugleich den Hörer aufmerksam, daß der Schmied bisher auf die Stimme des dunklen Weiblichen nicht hat hören wollen, daß sie ihm fremd geblieben ist. Er läßt sich auch keineswegs nur von ihrem Anruf an sein Gewissen umstimmen.) »Wozu ist es denn gut auf Euch zu hören? Auf jeden Fall werden wir alle vor Hunger sterben müssen.«

Erst als die Frau etwas gegen den Hunger verspricht, als sie real und sofort etwas gibt – *Gold!* – und sich dadurch auch als mütterlich erweist, geht er auf sie ein, und seine Depression weicht einer »riesengroßen Freude«. Hier findet ein interessanter Umschwung statt: Erweist sich aber in dieser raschen Umstimmbarkeit von tiefster Depression zu stürmischer Freude nicht eine eher kindliche Charakterstruktur?

Die schwarze Frau ist durch ihre Farbe als erdnah, als chthonisch gekennzeichnet. Als Chthonische verfügt sie zugleich über die Schätze der Erde, das Gold. Direkt als »schwarze Frau« wird sie außer in unserem Märchen nur in der Variante eines Märchens aus dem Donaulande, »Bei der schwarzen Frau«,[2] gekennzeichnet. In manchen Varianten – in »Die grüne Jungfer« z. B. – ist sie grün, was sie mehr in einen vegetativen Bereich rückt.[3]

Schwarz und *Gold* sind die beiden Kontrastfarben, die das ganze Märchen durchziehen. Es sind ganze Wortfelder um diese beiden Farben entstanden: Gold findet sich in dem »Sack, gefüllt mit Goldstücken«; im Goldschopf; in den goldenen Haaren; in dem goldenen Stern auf der Stirn Goldschopfs und der Kinder; zugleich findet sich mit der Farbe Gold verbunden immer wieder die übertragene Bedeutung »Glück«, so daß auch dieser Begriff zum Wortfeld »Gold« gerechnet werden muß.

Die Farbe Schwarz wiederum erscheint innerhalb ihres Wortfeldes bei der »schwarzen Frau«, bei der schwarzen Karosse, beim schwarzen Kutscher, beim schwarzen Wagen, beim schwarzen Schloß, bei den zwölf schwarzen Männern, ferner gehören hinzu: die dunklen Wälder, durch die der Wagen fährt; die Nacht, in der die schwarze Frau bei der Wöchnerin erscheint. Die beiden Wortfelder »Schwarz« und »Gold« sind geheimnisvoll miteinander verbunden: Die schwarze Frau ist es ja, die dem Schmied schon in der ersten Szene das zunächst lebensrettende Gold reicht. Als »schwarze« – der Symbolfarbe für Hemmung und Schwermut – verkörpert sie zugleich auch die Depression, die in psychotherapeutischen Prozessen immer wieder als »goldbringender« Introversionszustand erfahren werden kann. Vom Wortfeld »Schwarz« zum Wortfeld »Gold« führt die Erlösungsbedürftigkeit und der Erlösungsprozeß der schwarzen Frau selbst: Daß sie schwarz ist, bedeutet nicht nur, daß sie dem Erdbereich zugehört, sondern auch, daß sie verwunschen, verschattet, böse ist. Die »böse Frau« heißt die entsprechende Figur in einer italienischen Parallelvariante.[4] In »Bekennst Du?« heißt sie »die Hexe«. In unserem Märchen, wie auch in der entsprechenden Variante, »Bei der schwarzen Frau«, muß die schwarze Frau erlöst werden. Sie muß weiß werden durch eine quasi alchimistische Verwandlung von der Nigredo zur Albedo. Katalysator der Verwandlung aber ist das Mädchen.

Die schwarze Frau in all ihrer Ambivalenz begegnet jedoch dem Schmied zunächst als Gewährende und Rettende. Die psychische Potenz »schwarze Frau« vermag schon kurz nach ihrem ersten Auftauchen den Schmied vor der tödlichen Depression zu bewahren. Zugleich wird deutlich, daß künftig der Faktor »schwarze Frau« in sein

Leben einkalkuliert werden muß: Sie zieht ihn zur Rechenschaft für den lebensrettenden »Vorschuß« an Gold, an Glück, an neuen Lebensmöglichkeiten, die sie ihm beim ersten Auftauchen vorgestreckt hat. Daß er den Strick nahm, »ver-strickte« ihn gleichsam mit ihr.

Der Schmied wird uns auch in der zweiten Szene – von der Heimkehr des Schmieds bis zur Abholung der Tochter – als reichlich unbewußt geschildert. Dafür spricht schon, daß ihn die schwarze Frau sofort nach seiner Rückkehr in sein Haus an sein Versprechen erinnern muß. Zugleich drückt die Formulierung der Bedingung, »Was bei Dir ist und was Du durchaus nicht kennst, das gehört mir« aus, daß der Schmied selbst nicht darüber Bescheid weiß, was bei ihm, was in ihm ist. Zu diesem Bild von Unbewußtheit gehört gerade auch die naive Sicherheit, in der er über das Innere seines Hauses Bescheid zu wissen glaubt: »Ich weiß sehr wohl, was sich in meinem Haus befindet«, sagt lachend der Schmied, »wenn sich zufällig etwas drin finden sollte, was ich noch nicht kenne, darfst Du es gerne nehmen«. Auch sein Lachen zeigt an, daß er nicht ermißt, in welche schicksalhafte Verstrickung mit der schwarzen Frau er sich eingelassen hat. Wie er erst seiner Depression naiv anheim fiel, so jetzt seiner Freude über den Goldberg, dessen psychische »Kosten« er sich verbirgt, die er vorerst verdrängt.

Sehr geschickt rückt nun der Erzähler die naive Freude des Schmiedes über das Gold in einen überraschenden Zusammenhang. Der Hörer weiß ja noch gar nicht – so wenig wie der Schmied –, was sich wohl an Geheimnisvollem in diesem Hause befinden mag. Unvermutet wird da »unser kleiner Goldschopf« genannt. Und zwar gleich in einem neuen Deutungszusammenhang, nämlich dem der Schmieds-Frau, der Mutter: »Unser kleiner Goldschopf hat uns Glück gebracht.« So erfahren wir, daß eben das jüngste Mädchen des Schmieds geboren ist, »das goldene Haare hatte und einen goldenen Stern auf der Stirn«. Der Hörer hat durch diese Darstellung an der Überraschung und auch an dem Erschrecken des Schmiedes teil. Es liegt eine »Synchronizität« vor, ein zeitliches Zusammenfallen von vordergründig-realen und hintergründigen Zusammenhängen, in die wir erst jetzt eingeweiht werden: Todesabsicht des Schmiedes, Auftauchen der schwarzen Frau und die Geburt des »kleinen Goldschopf«

fallen »zeitlich« (im Sinne der Märchenzeit: und damit wohl auch des psychischen Verlaufs) zusammen. Aus ihrer Perspektive hat die Schmieds-Frau Recht: Die Geburt des Goldschopfs war die unerkannte neue Möglichkeit des Schmieds, die ihm Glück bringt.

Psychologisch könnte das bedeuten: Indem der Schmied seiner alten, mit »Wundern« nicht rechnenden Lebenseinstellung ein Ende zu setzen versucht, befreit er die rettende schwarze Frau aus ihrer Versenkung im Unbewußten, mit deren Auftauchen zugleich die Geburt einer neuen Möglichkeit, die Geburt von Goldschopf, eingeleitet wird.

Psychische Energie taucht nie wie ein Deus ex machina aus dem Nichts auf, sondern wirkt jeweils innerhalb eines bestimmten Spannungsfeldes psychischer Energetik, das hier so strukturiert ist, daß das helle, junge weibliche Potential, Goldschopf, vorerst an das dunkle Weibliche, das seinerseits Unerlöste, das durch die dunkle Handlung des Schmieds konstelliert wurde, gebunden bleibt. Es wird erst frei zu seinem eigenen Leben, wenn es das dunkle Weibliche (samt dem dunklen Männlichen) erlöst hat. Die Schmieds-Komponente der Psyche ist nur vorläufig von der Selbstzerstörung errettet. Sie ist noch nicht erlöst. Vorerst muß sie ihre neue schöpferische Möglichkeit, Goldschopf nämlich, »opfern«, in den Dienst der dunklen Frau geben. Was für ihn (bzw. die Schmieds-Komponente der Psyche), da es noch nicht wirklich verstanden und bewußt ist, eine erneute depressive Phase bedeutet: »Die Eltern, die Brüder, die Schwestern; sie weinten und baten umsonst: Die schwarze Frau ließ sich nicht umstimmen.«

Im Vergleich zu dem Mädchen in »Bekennst Du?«, das sich durch frühe übernatürliche Kräfte und den selbständigen Aufbruch zur Hexe mit 15 Jahren als rechte Hexentochter mit der Hexe identifiziert erweist, ist Goldschopf als ein ganz natürliches Menschenkind geschildert, dem die Abholung im Kindesalter passiv widerfährt. Seine Besonderheit aber ist der Goldschopf und der goldene Stern auf der Stirn. Dieses Kind, das »gleichzeitig« geboren wird mit dem dunklen Todesentschluß des Vaters und seiner Begegnung mit der schwarzen Frau, ist besonders dem Hellen zugeordnet: Blond sind in der Mythologie die Lichtgötter wie Baldur, die Helden wie Siegfried.

Mit goldenen Locken wird in der abendländischen Malerei das Christuskind gemalt, über dem der schicksalhafte Weihnachtsstern steht. Hier ist der goldene Stern auf der Stirn: Über dem Sitz des Bewußtseins also, an der Stelle, an der man im Hinduismus und Buddhismus das höhere Bewußtsein lokalisiert: Hier tragen die Brahmanen ihr Adelszeichen, hier wird das dritte, das spirituelle Auge lokalisiert. Zu höherem Bewußtsein also ist dieses Kind durch seines Schicksals »Stern« berufen: Gerade als Kind dieses groben, unbewußten Vaters, des Schmieds. Wie wir im Verlauf des Märchens sehen werden, ist dieses Kind so stark vom Hellen bestimmt, daß es längerer (es wird $3 \times 7 = 21$ Jahre) und stärkerer (es wird durch wundervolle Musik angezogen) Versuchungen bedarf als andere vergleichbare Märchenheldinnen, um die Schwelle zum Dunklen hin zu überschreiten. Eben deshalb aber bedarf es der Einweihung ins Dunkle, um die dunkle Frau samt dem dunklen Vater erlösen zu können.

2. *Der Hauptteil:* Aus der Perspektive Goldschopfs

Nach der relativ langen, vom Vater, dem Schmied her erlebten Strecke, wechselt die Perspektive für die folgende Erzählung, auf die Tochter, auf Goldschopf, über. Bleiben wir dem anfänglichen Standort bei der männlichen Psychologie treu, so erleben wir von jetzt ab den Handlungsverlauf aus der Perspektive der ins Spiel kommenden Anima.

Es steht uns aber auch frei, mit dem Erzähler gemeinsam die Perspektive zu wechseln, und den Märchenverlauf von nun an von der weiblichen Komponente »Goldschopf« her zu erleben. Damit würden wir dann rückblickend die Anfangsszenen um den Vater herum als Exposition der psychischen Konstellation verstehen, unter der das bewußtere Handeln und Erleiden des weiblichen Ichs einsetzt. Einem jungen Mädchen, das unter solcher Konstellation aufwächst, fehlt die Erfahrung, am Vater Halt und Schutz zu haben. Eher fühlt es, daß es »Vaters große Hoffnung« ist, die einlösen soll, was der Vater vergeblich zu realisieren suchte. Das Männliche muß einem solchen Mädchen eher »labil-unzuverlässig« erscheinen, ein »negativer Vater-Komplex« liegt nahe.

Der Erzähler jedenfalls läßt uns durch die Wahl seiner Perspektive keine andere Möglichkeit, als von jetzt an unsere Einfühlung dem Mädchen zuzuwenden, das mit seinen sieben Jahren, von der schwarzen Frau in ihre schwarze Kutsche gebracht worden ist. Von Pferden, wie in »Bekennst Du?«, ist hier nicht die Rede, auch nicht ausdrücklich davon, daß die Kutsche geisterhaft ohne Pferde fahre, wie in »Bei der schwarzen Frau«, sondern hier ist ein schwarzer Kutscher genannt, der die Peitsche knallen läßt, woraufhin der schwarze Wagen sofort »ins Rollen« kommt. Der Kutscher erinnert an die mythischen Fähr- und Fuhrleute, die, wie z. B. Charon, das Gefährt durch die Grenzzone in die dunkle Unterwelt steuern. Das Schicksalhafte hat er auch gemeinsam mit dem »Schwager vorn« (hinter dem sich der Schwager Chronos verbirgt) aus dem Lied von dem Gelben Wagen: »Ich möchte ja so gerne noch bleiben, aber der Wagen, der rollt.« Das Schicksal des Mädchens ist also unaufhaltsam »ins Rollen gekommen«, wie die zweimalige Nennung des Wortes »rollen« in zwei aufeinander folgenden Sätzen noch betont. Und wenn es hier heißt: »Sie rollten lange, lange, sie durchquerten einsame verlassene Gegenden, sehr dunkle Wälder, und hielten endlich vor einem schwarzen Schloß«, so ist der Übergang von der bisherigen Bewußtseinsregion in eine andere, bisher gänzlich unbewußte geschildert. Die raumzeitlichen Kategorien, die hier verwendet werden, die zeitliche wie »lange, lange«, die räumlichen wie »Durchquerung einsamer verlassener Gegenden«, »sehr dunkler Wälder«, – sind hier nur Hilfsbegriffe, um die andere Dimension, die Entfernung vom Bewußtsein, anzudeuten.

Daß es sich um »verlassene« Gegenden handelt, könnte, ähnlich wie das Motiv des im Walde verwachsenen Schlosses überhaupt, darauf hindeuten, daß hier früher, in einer älteren Kulturphase, einer früheren Stufe des kollektiven Bewußtseins, schon einmal Leben herrschte, das nun aber unter die Bewußtseinsschwelle zurückgesunken ist. Mit dem Ausdruck »verlassene Gegenden« könnte aber auch gemeint sein, daß hier noch nie kultiviert worden war.

Von der persönlichen Psychologie des kleinen Mädchens her müßte es schließlich heißen, daß es in ferne archetypische Bereiche des kollektiven Weiblichen eingebracht wird, mit denen es in seiner siebenjährigen Bewußtseinsentwicklung noch gar nicht in Berührung gekommen sein kann (es sei denn über die Mutterimago). Die persönliche Mutter, die Schmieds-Frau, die das Ausnahmeschicksal »unseres kleinen Goldschopfs« wohl ahnt – sie hat es als erste ausgesprochen –, sucht es unter Bitten und Weinen zu verhindern. Sie scheint aber keinen ursprünglichen Kontakt zum dunklen Bereich des Weiblichen zu haben. Trotz ihrer Anwesenheit verzweifelt ja der Schmied, und kann erst durch ein ganz fremdartig anmutendes Auftauchen des dunklen Aspekts gerettet werden. Diese Frau scheint allzu passiv und farblos zu sein.

Für Goldschopf bedeutet also die Begegnung mit der schwarzen Frau und die Entführung aufs Schloß zugleich die erste Begegnung mit der mächtigen, dunklen Mutterimago.

Als Symbol ist das Schloß eine Analogie zur schwarzen Frau selbst: Erweist es sich doch durch seine schwarze Farbe als ihr zugehörig, aber auch mit ihr gemeinsam verwunschen. Sehr auffällig ist im Vergleich zu Varianten, daß die schwarze Frau das Schloß sofort und voll-gültig dem Mädchen übergibt: »Dieses Schloß gehört Dir.« Was sonst zwar durch die Übergabe der Schlüsselgewalt, aber doch »nur auf Probe«, eingeleitet wird, was sonst erst nach Bestehen der härtesten Proben zugesprochen werden kann, wird ihr hier sofort zuteil. Auch dem Mädchen erscheint die schwarze Frau, wie dem Vater, zuerst als die großzügig Schenkende, als Große Mutter in ihrem gebenden Aspekt. Nur ihre schwarze Farbe deutet auf die darauf folgenden Verstrickungen hin. Mit dem Geschenk des ganzen Schlosses an das siebenjährige Mädchen drückt sich aus, daß diesem potentiell die Ganzheit seines weiblichen Selbst schon zugesprochen wird, schon zugehört (im Sinne des Wortes: »Erwirb es, um es zu besitzen«.). Aber noch ist sie unerforscht, in Dunkel gehüllt, sie liegt wie unter einem Bann. Dem entspricht der Vorschlag der schwarzen Frau gegenüber dem Mädchen, sich die Zimmer nun der Reihe nach anzusehen, alle unter den 100, außer dem letzten. Alle seine eigenen inneren Bereiche kann und soll das Mädchen kennenlernen, und es wird ihm – so schließt man aus dem gleich folgenden Kontrast – gut dabei ergehen, außer bei einem letzten: »Wenn Du da hineindringst, wird es Dir schlecht ergehen.« Eine Androhung von Unglück, von Leiden, liegt über diesem letzten Zimmer. Für die erste Erforschung des Schlosses sind dem Mädchen sieben Jahre gegeben, also die für die Entwicklung seiner Weiblichkeit entscheidende Zeit zwischen sieben und vierzehn Jahren. Während dieser Zeit wird sie von der schwarzen Frau samt ihrem schwarzen Wagen in Ruhe gelassen. Es soll damit gesagt sein, daß der dunkle Aspekt des Weiblichen sie in dieser Phase verschont, daß zunächst eine ruhige Entwicklung eingeleitet werden soll. Nach der ersten Sieben-Jahres-Phase, der durch die Goldgabe der schwarzen Frau sorgenfreien Kindheit bei den Eltern und Geschwistern, folgt nun eine zweite Sieben-Jahres-Phase im Bannkreis des archetypisch Weiblichen, während der sie relativ einsam – das ist ein entwicklungspsychologisches Charakteristikum dieser Phase – aber »nicht unglücklich« ist. Sie ist auf ihre Weise »reich«, sie ist »Herrin über 99 Zimmer«. Es ist dies die Phase der schweifenden Phantasie, in der fast jedes Mädchen »Luftschlösser« baut, in der es seine eigene Innenwelt ausschreitet, sich aber noch nicht unbedingt mit der dunklen Seite seines weiblichen Wesens verwickeln muß, in der es die ihm von der Mutterimago gesetzten Tabus noch nicht bricht, noch nicht brechen muß.

Wie sehr andererseits die unerlöste progressive Energie, die in der schwarzen Frau steckt, die Entwicklungstendenz, die sie verkörpert, auf eben diesen Tabubruch des Mädchens lauert und drängt, zeigt sich in der Tatsache, daß sie nach weiteren sieben Jahren, im 14. Lebensjahr des Mädchens (zu dem Zeitpunkt der Pubertät, in dem die Heldinnen der meisten Märchen das Tabu brechen) versucherisch nachfragt, ob das Mädchen im 100. Zimmer gewesen sei. Oder tut man ihr Unrecht mit dieser Vermutung? Sollte sie selbst so unbewußt sein, daß sie die Ambivalenz ihres scheinbar so mütterlichen Nachkontrollierens nicht durchschaut? Wäre die psychische Potenz »schwarze Frau« so vorzustellen, daß sie um ihre Erlösungsbedürftigkeit selbst nicht weiß, oder sich diese – wie in der Variante »Bei der schwarzen Frau« – peinlich verbirgt?

Diese Frage ist vom Text her nicht zu beantworten, sondern verweist uns wieder auf das kunstvoll strategische Vorgehen des Erzählers zurück: Über die inneren Absichten der schwarzen Frau verliert er kein Wort. Das entspräche nicht dem Erzählstil von Märchen, der in das Innere der Figuren nie hineinblicken läßt, sondern sie streng funktional zueinander in Beziehung setzt. Uns aber macht der Erzähler durch solche Bemerkungen, wie z. B. : »Nein, antwortete, ohne zu lügen, unser Goldschopf«, auf dessen Möglichkeit, das Gebot zu brechen und daraufhin lügen zu müssen, aufmerksam. Der Hörer vor allem wird durch das Wiederkehren der Frau in Sieben-Jahres-Phasen auf die Versuchungssituation aufmerksam: Ihn selbst packt die Neugier, die Lust, das Verbot zu brechen. An einer Stelle wie dieser wird der psychologische Vorgang, durch den der Märchenerzähler den Hörer zum Mithandelnden, zum Mittäter macht, um ihn schließlich psychisch miterlösen zu können, besonders durchsichtig.

Nun wird das Verbot der schwarzen Frau noch einmal besonders überzeugend gefaßt. Dem Mädchen wird schlechthin das Glück versprochen, wenn es noch einmal sieben Jahre lang das Tabu einhielte. Es wird unterstrichen: »Du hast gut daran getan, auf mich zu hören« – und im Hörer mag nachklingen, wie der Vater anfangs streng gefragt worden war: »Warum willst Du nicht auf mich hören, Schmied?« Es hat sich für den Schmied als lebensrettend erwiesen, auf die schwarze Frau zu hören. So klingt es wie eine logische schlüssige Umkehrung, wenn dem Nicht-Hören, dem Nicht-Gehorchen, angedroht wird: »Aber wenn Du ins 100. Zimmer hineingehst, mach Dich auf etwas noch schlimmeres gefaßt als auf den Tod.«

Das Mädchen Goldschopf sonnt sich auch schon in seinem Brav-Sein, darin noch kindlich, unschuldig mit seinen inzwischen 21 Jahren – deutet sich darin nicht eine Entwicklungsverzögerung an? – als nach der dritten Sieben-Jahres-Phase der Tag kommt, an dem die schwarze Frau zurückkehren soll: »Und Goldschopf war sehr glücklich, denn die schwarze Frau würde sie sicher beglückwünschen und sie belohnen.« Mitten in dieses Wohlgefühl, vor dem nahen Ziel, trifft sie etwas Unerwartetes in diesem doch wohl als still und verlassen vorzustellenden Schloß: Sie hört eine wunderbare Musik. Musik hat hier gewiß, wie auch in den Träumen, mit aufbrechendem Gefühl zu tun. Die Gefühlsfunktion meldet sich, von der wir bisher noch nichts vernahmen: Sie kann, wenn sie noch unvertraut, ungeübt ist, die bisherige Orientierung verwirren. So dringt z. B. in einem irischen Märchen wundersame Musik aus einem Elfenhügel und lockt damit den Helden in den Hügel hinein, wo er Zeit und Raum vergißt und sich »verliegt«. Die Loreley bringt die Schiffer zum Untergang mit ihrem Gesang.

Auch hier verliert das Mädchen über dem Zauber der offenbar nie gehörten Musik (»Wer spielt so schön in diesem Schloß?«) und über ihrem eben aufbrechenden Gefühl die bisherige Orientierung, folgt dafür einer geheimnisvollen neuen: Und anders als alle anderen Märchenheldinnen, die ihrer gezielten Neugierde folgten, öffnet sie unwillkürlich – »ohne sich überhaupt dessen bewußt zu sein« – die Tür des letzten Zimmers und bleibt, mehr verwundert als entsetzt, an der Schwelle stehen (»verdutzt« sagt der Text: Das ist etwas anderes als das Sprache verschlagende Entsetzen in »Graumantel« oder erst recht in »Bekennst Du?«). Hier liegt auch kein Toter. Vielmehr: »Zwölf schwarze Männer saßen um einen Tisch und ein dreizehnter war aufrecht.« Ein unerhört überraschendes Bild in diesem Schloß, in dem sie sich allein und als Herrin im Haus wähnt, wie schon ihr Vater in seiner Hütte. Hier wiederholt sich das psychologische Motiv, daß es im inneren Haus Mitbewohner gibt, von denen das Bewußtsein nichts ahnt. Das Bild ist geheimnisvoll und auf den ersten Blick undurchschaubar. Auffällig ist, daß wieder alle in Schwarz gekleidet sind. Dieses Mädchen, das durch den Pakt des Vaters mit der schwarzen Frau seit seinem siebten Jahr in diesem Schloß ist, hat, so suggeriert der Erzähler ex silentio, seither nichts Männliches mehr gesehen. Die Welt des Männlichen ist ganz von ihr abgespalten. Zunächst ist die Reaktion der enttabuisierten Männer erstaunlich: Der dreizehnte, der aufrechtstehende, ruft Goldschopf beim Namen an, wie man einen Schlafwandler anruft: »Goldschopf, kleiner Goldschopf, was hast Du getan!« Das klingt eher miterschrocken als böse. Durch die Kenntnis ihres Namens wird ein unterschwelliger Kontakt zwischen dem Dreizehnten – diesen Männern überhaupt – und Goldschopf angedeutet und hergestellt. Und erst jetzt wird sich Goldschopf ihrer Tat bewußt –, jetzt erst erkennt sie den Zusammenhang mit dem Verbot der schwarzen Frau, fährt zusammen, und ihr Schreck gleicht dem der anderen Märchenheldinnen beim Öffnen des verbotenen Zimmers: »Ihre Furcht war so groß, daß beinahe ihr Herzschlag aussetzte.« Beinahe zu Tode also hat sie sich erschreckt.

So ist es neben dem Tabubruch als solchem vor allem dieses: Angeredet zu werden, schon gekannt zu sein von den dunklen Gestalten, was sie so betroffen macht. Das äußerst Bemerkenswerte, das sich in keiner Variante zu dem Märchen wiederholt, ist, daß sie sich mitten aus dem Schrecken heraus eben an den wendet, vor dem sie sich so erschreckt hat: »Was muß ich jetzt tun?« Hier kommt die Wesensart dieses Mädchens, von dem wir bisher außer seiner Zuordnung zum Hellen, seiner kindlichen Lauterkeit und Unerfahrenheit, so wenig kennen, zum Vorschein: Ein Zutrauen auch zum Dunklen, nachdem sie sich von diesem gekannt, erkannt sieht. So bekennt sie sich auch zu den aufgefundenen dunklen Männern und fragt nicht die Frau, sondern diese: »Was muß ich tun?« Daß sie auf das Wort dieses dunklen Dreizehnten, des Sprechers gleichsam der zwölf unbedingt vertraut, zeigt der weitere Verlauf dieses Märchens. Der dreizehnte rät ihr: »Sag niemanden auch nur ein Wort von dem, was Du hier gesehen hast. Nur so kannst Du erreichen, daß Dir Dein Fehler verziehen wird.« Daß in dieser von weither kommenden Verstrickung des Mädchens mit dem Dunklen weit mehr auf dem Spiel steht als nur ein Fehler, der verziehen werden müßte, sondern, daß es sich um einen notwendigen Entwicklungsschritt handelt, der alle Beteiligten zu wandeln vermag, wird sich bald zeigen: Das Mädchen weiß auch dies nicht. Es ist sich nur einer Übertretung gegenüber der schwarzen Frau bewußt. Es vertraut dem Wort des dunklen dreizehnten, der es beim Namen kennt, und wahrt das Geheimnis der wiederentdeckten Männer, die gerade als Männer-Gruppe einen abgespaltenen Komplex charakterisieren, vor der schwarzen Frau. Daß es bei seinem Namen angerufen wird, mag allerdings wie ein geheimes Erkennungszeichen wirken: »Ich habe Dich bei Deinem Namen gerufen, Du bist mein«, sagt der Gott Jahwe zu seinem Propheten. Das trotzdem kaum begreifliche Zutrauen des Mädchens zu den dunklen Männern scheint zugleich mit der Musik zusammenzuhängen, die von dem Zimmer der Männer ausging: Ein Musik-Geheimnis, ein Gefühls-Geheimnis, für das es noch keine Worte gibt und braucht, scheint sie mit diesen Männern zusammenzuschließen. Dieses Mädchen folgt hier zum ersten Mal nicht mehr dem äußeren Gebot der schwarzen Frau, sondern seinem eigenen Gefühl, das es von ihr unterscheidet, aber zugleich ihren tiefsten Intentionen, ihrer eigenen Erlösung vom Bann des Dunklen, dienen muß: »Das Herz hat seine Gründe, die die Vernunft nicht kennt« (Pascal). Wesentlich an diesem Schritt des Mädchens erscheint, daß es sich hier erstmals aus der Dienstbarkeit der schwarzen Frau löst, einen eigenen Schritt tut und zu ihm steht. – Daß sie dieser Schritt zugleich in eine geheime Solidarität mit den bisher verwunschenen Männern bringt, ist die andere Seite der gleichen Konstellation.

Wieder liegt eine bemerkenswerte »Synchronizität« vor: Das Mädchen, das so sehr dem Hellen zugehört, kann das Tabu erst am letzten Tag brechen, als die schwarze Frau schon im Kommen, im Anrollen ist. Es sind selbst Kräfte der psychischen Potenz »schwarze Frau«, die ihr diesen Schritt ins scheinbar desorientierende Gefühl erlauben. Zugleich sind es integrierbare Kräfte, die die Tochter-Anima nunmehr zur Verselbständigung aus der Mutter, mit der sie bisher verstrickt war, befähigen.

3. *Das verbotene Zimmer*

Einer gesonderten Betrachtung bedarf der eigentliche »Inhalt« des 100. Zimmers: Die zwölf schwarzen Männer, die um einen Tisch sitzen, und der dreizehnte, der aufrecht ist.

Als naheliegende Analogie aus den europäischen Märchen drängt sich die 12-Zahl der guten Feen im Dornröschen auf, zu denen die überzählige, die ungeladene, die dreizehnte tritt, die wegen ihrer Aussperrung – so sagt das Märchen ausdrücklich – für Dornröschen zur bösen Fee geworden ist. Gerade in dieser Funktion aber bringt sie die gesamte Märchenhandlung in Bewegung.

Als weitere Analogie drängt sich die Funktion des dreizehnten Zimmers überhaupt auf, das in vielen Märchen, anstelle des 100., das Tabu-Zimmer ist. Hier in unserem Märchen ist die Bedeutung des dreizehnten, als Charakteristikum des Tabu-Zimmers, offensichtlich auf den Inhalt des Zimmers übergewechselt. Die 13 als Zimmernummer ist bis heute im allgemeinen Bewußtsein so tabuisiert, daß moderne Hotels gelegentlich nicht wagen, sie als Nummer zu führen, sondern ihren Gästen das entsprechende Zimmer unter der Nummer 12 a anbieten.

Als Inhalt des Tabu-Zimmers stehen die zwölf bzw. dreizehn Männer unter den mir bekannten europäischen Varianten (vgl. Bolte-Polivka)[5] einzig da, so daß die Überlagerung eines Basis-Märchens (etwa des »Graumantel«- oder »Bekennst Du?«-Typus) durch einen späteren kollektiven Inhalt naheliegt: Es ist häufig erhellend, Inhalte der christlichen Tradition, die ihre tiefen Rückwirkungen auf das kollektive Unbewußte der europäischen Völker hatten, in diesem Zusammenhang zu überprüfen. In der Tat bietet sich ein zentrales Motiv der christlichen Tradition an, das sich bis in Einzelzüge hinein hier widerzuspiegeln scheint: Das Motiv des letzten Abendmahls, bei dem Jesus mit den zwölf Jüngern am Tische sitzt: Und zwar zeichnet sich in dem Märchen exakt der Moment der Szene ab, in dem Judas, der künftige Verräter, zum Gehen aufgefordert wird: »Was du tust, das tue bald.«

Judas wäre dann also der Dreizehnte, der aufrecht stehende, der überzählige, ausgeladene, kurz der böse Jünger – eine Analogie zur bösen Fee im Dornröschen-Märchen.

Immerhin könnte diese Amplifikation zu weit hergeholt erscheinen, wenn nicht ein genauerer Zusammenhang sichtbar würde: Judas ist der Jünger, der sich nach dem Verrat erhängt. Damit besteht eine unübersehbare Beziehung zur Ausgangssituation unseres Märchens: dem Schmied, der sich erhängen will. Daß im Tabuzimmer dem Mädchen diese versuchte Tat des Vaters noch einmal vor Augen treten kann, erweist das motiv-verwandte Märchen »Bekennst Du?«, in dem sie im Tabu-Zimmer eben einen Toten findet, einen Kupferdraht am Genick, kupfern wie die letzten Münzen, mit denen er sich anfangs den Strick erstanden hat. Hier ist offensichtlich, daß der Inhalt des Tabu-Zimmers das Mädchen mit der anfänglichen Situation des Vaters konfrontieren möchte.

Eine weitere frappierende Analogie zwischen diesem Toten und dem Dreizehnten unseres Märchens ist, daß dieser Tote, wie hier der Dreizehnte, dem Mädchen den rettenden Rat gibt, nichts von dem Geschehen preiszugeben: »Bekenne es nur nicht.« Auch dort vertraut das Mädchen dem Rat und löst ihn bis zum letzten ein.

Hier wie dort hören wir am Ende des Märchens die gar nicht so häufige Feststellung, daß das Mädchen noch einmal Kontakt zu seinem Vater aufnimmt, als solle sich so der Kreis schließen, als solle festgestellt werden, daß die Beziehung zum Vater am Ende bereinigt ist.

Liegt es also nahe, auch hier in dem Dreizehnten eine Begegnung mit dem dunklen Aspekt ihres Vaters, dem Erhängungsmotiv, zu sehen, so hätten wir damit doch nur einen ersten Schlüssel zum Verständnis dieser sehr komplexen Szene. Der Vater will der unerträglichen Situation am Anfang des Märchens durch Verrat an der Familie und durch Erhängen ein Ende setzen und löst damit das Erlösungsdrama des Märchens aus. Judas bringt durch Verrat und Erhängen das christliche Erlösungsdrama ins Rollen.

Zunächst ist festzustellen, daß der Dreizehnte auch außerhalb dieses Märchens eine ambivalente Figur ist: Nach der Überlieferung des jüdisch-semitischen Kulturkreises, z. B. der Kabbala, verkörpert die Dreizehn den Geist des Bösen;[6] das 13. Kapitel der Apokalypse enthält die Beschreibung des Anti-Christen und des Bösen. Judas wird hier, wie auch bei der christlichen Überlieferung, eindeutig als böse charakterisiert. An seiner Stelle wird später ersatzweise ein neuer Zwölfter in den Jünger-Kreis gewählt, so daß er damit endgültig zum Überzähligen, zum Ausgeschiedenen wird. Seine selbst gewählte Todesart ist von der christlichen Kirche geächtet worden, den Selbstmördern wird jahrhundertelang die christliche Beerdigung versagt.

Nach der Arhythmo-Symbologie von Allendy[7] erscheint die Dreizehn als aktives Prinzip, was sehr gut zum Aufrechtstehen des Dreizehnten gegenüber den zwölf Sitzenden passen würde. Er ist im Aufbruch begriffen, wenn auch zum Verrat: Aber damit bringt er das christliche Erlösungsdrama in seiner entscheidenden Phase in Bewegung. Vereinzelte moderne christliche Exegeten trauen Judas zu, er habe Jesus nicht einfach vernichten, sondern ihn nur herausfordern und zwingen wollen, endlich zu handeln und sich in Vollmacht zu offenbaren. Ihm schien der Ablauf des Erlösungsdramas zu stagnieren. Zu dieser Ansicht und überhaupt zur Tat des Judas als eines Dreizehnten, stimmt auch, was Allendy über die Bedeutsamkeit der Dreizehn als Aktiv-Zahl sagt: Es handele sich jeweils um eine Aktion der Kreatur, die nicht in Übereinstimmung mit den universellen Gesetzen, für die die Zwölf stehe, sei. Nun fragt man sich gerade bei der Tat des Judas, die zweifellos aus der individuellen Psychologie heraus gesehen eine eigenmächtige Aktion der Kreatur war, ob sie nicht – wie alle Taten der bösen Feen, der Hexen, des Mephisto – gerade den universellen Gesetzen dienen muß als »ein Teil von jener Kraft, die stets das Böse will und stets das Gute schafft«, wie Mephisto selbst sein Tun im Faust charakterisiert.

Eben dieses Thema scheint unser Märchen auf seine Weise anzuschneiden. Die Tat des Judas, zu der schlußendlich das Erhängen gehört, ist vom kollektiven Bewußtsein tabuisiert worden. Deshalb ist hier die ganze Szene in Schwarz getaucht.

Auch die Tischgemeinschaft der zwölf Männer, ihre Kommunion, ihre Verbundenheit im Heiligen, ist somit mit unter das Tabu geraten. Von dieser tiefen und zarten Dimension, dieser geistig-emotionalen Gemeinschaft der Männer, ist offenbar – in der Sprache des Märchens gesprochen – die wunderbare Musik ausgegangen, die das Mädchen verlockte, hier einzudringen. Das Weibliche allerdings scheint in dieser Gemeinschaft zunächst ganz zu fehlen, wie es ja auch aus der Priesterschaft der christlichen Kirche lange ausgeschieden war und überhaupt im Christentum einer »metaphysischen Repräsentanz« (Jung) ermangelte. Weibliches ist hier andererseits gegenwärtig in der Realität der Communio (Gemeinschaft, gemeinsames Essen gehört in den weiblichen Symbolbereich): So wie später die Gemeinschaft in Gestalt der »Mutter Kirche«, die wiederum in Maria verkörpert war, als das weibliche Element der Christenheit überhaupt zur Geltung kam. Nicht zuletzt, weil ihm diese ganze Dimension fehlte, mußte sich der Schmied erhängen: Communio hätte diese Verzweiflungstat der Isolierung nicht aufkommen lassen.

Dennoch bleibt der unmittelbare Eindruck dieser Szene sicher gültig: Wir haben eine exklusive Männergruppe vor uns; das konkret Weibliche, die Frau erscheint als Eindringling, auf den zwar wissend, aber erschreckt reagiert wird.

Sehr auffällig ist, wenn man diese Zusammenhänge sieht, erst recht die geheimnisvolle Solidarisierung, die sich nun zwischen der Männergruppe genauer dem Dreizehnten, und dem Mädchen vollzieht. Von der männlichen Psychologie (des Schmieds) her verstanden, zieht sich ein zentraler gefühlsbetonter (Musik!), aber abgespaltener Komplex – der Komplex der verratenen heiligen Männergemeinschaft, der Communio im geistig spirituellen Bereich – durch das Eindringen der Anima plötzlich aufgedeckt. Die verborgene Ganzheit der Psyche (12-Zahl), die durch den einen, der sich erhängt, verraten und verkauft wurde, wird wieder entdeckt. Und gerade der Verräter, der es wissen muß, weil ihn selbst nach seinem Tabubruch die Verzweiflung übermannt, rät nun der Anima: »Sag niemanden nur ein Wort von dem, was Du hier gesehen hast.« Diese Männer sind nicht Herr im Haus, sondern sie sind in ihrer abgespaltenen Situation auf die Arbeit der weiblichen Anima angewiesen: Sie muß offenbar durch ihr standhaftes Schweigen den Verrat aufarbeiten, der diese Männer in den Tabu-Bereich gebracht hat.

Von der weiblichen Psychologie her gesehen, erfährt das Mädchen Goldschopf, daß dieses dunkle Männer-Mysterium in seinem Schloß, also in seinem eigenen inneren Bereich, verborgen ist. Es ist selbst nicht Herr über sein weibliches Reich, weil ein unerlöstes kollektives Problem der Männer in ihrem 100. Zimmer »spukt«.

Auf jeden Fall ist es das in jeder weiblichen Psyche zunächst mehr oder weniger abgespaltene Männliche, das sie aber eines Tages bei wachsender Reife zur Ganzheitsentwicklung braucht. Den Kontakt dazu zu finden, ist unerläßlich für den Aufbau einer Beziehung zum realen Mann, gerade für die Tochter mit dem negativen Vaterkomplex (auch dafür steht natürlich die schwarze Männer-Gruppe); der Kontakt dazu ist aber ebenso unabdingbar für die Entwicklung eines eigenen Bezugs zum Geistigen, zum Animus in seinen vielen Aspekten.

Nun reicht die Tabuisierung hier aber offensichtlich weiter und hat tiefere Wurzeln als nur die, daß ein weibliches Ich zunächst in die weibliche Geschlechtsrolle unserer Kultur hineinzuwachsen sucht und damit ihre männlichen Möglichkeiten zunächst zu verdrängen hat. Der Inhalt dieses Zimmers weist in seinem *kollektiven* Aspekt vielmehr darauf hin, daß im männlichen Bereich selbst etwas bisher Unerlöstes ansteht. Gehen wir wieder davon aus, daß die zwölf am Tisch eine Communio der Männer um eine religiöse Zentralfigur, Christus, darstellen. Eine analoge religiös-priesterliche Männergemeinschaft hat die Kultur Europas jahrhundertelang getragen. Judas aber hat sie potentiell schon beim letzten Abendmahl gesprengt: Indem er dem Dunklen eine Bresche in diese am Lichten orientierte Gemeinschaft geschlagen hat. Im Märchen taucht er nun wieder auf, vielleicht um anzuzeigen, daß jetzt in die helle, geheiligte, geschlossene Männergemeinschaft wieder eine Bresche geschlagen sei, daß es an der Zeit sei, bisher Verpöntes wahrzunehmen, daß es an der Zeit sei, auch Judas mitzuerlösen und aufzunehmen in ein erweitertes komplexeres christliches Bewußtsein.

Als Exponent dieses Inhalts spricht der Dreizehnte das Mädchen an, das in den Tabu-Bereich vorgedrungen ist: Der Tabu-Brecher verbindet sich mit der Tabu-Brecherin, damit der verwunschene Bereich – und damit auch der Vater, der selbst ein Tabu-Brecher ist – erlösbar wird.

Die kollektive Abspaltung des Bösen und des Dunklen im männlich bestimmten christlichen Kulturbereich muß innerhalb der weiblichen Psychologie als eine bereits internalisierte Norm aufgefunden und bewältigt werden, sonst kann die Frau nicht zu sich selbst kommen: In ihr selbst beherrscht diese männliche Auffassung eine innerste letzte Kammer. In ihr selbst ist mit Judas das Böse (und damit auch die dunkle Seite des Weiblichen) verdrängt. Solange aber das Männliche in ihr so verkümmert und abgedrängt ist, bleibt es verhext im Schoß der schwarzen Frau, unter dem Bann der großen Mutter, der es, bei Abspaltung des Dunklen, nicht gewachsen ist. Auch das Mädchen ist ihr nicht gewachsen, sondern bleibt unbewußt mit ihr verwachsen, solange es dieses Tabu des Bösen nicht kennt und angehen kann.

Um Dunkles, von der herrschenden christlich-patriarchalischen Kultur Abgespaltenes, geht es in allen den verbotenen Zimmern der Märchen. In ihnen allen ruft die kompensatorische progressive Kraft des kollektiven Unbewußten befreiende Gegenkräfte, meist weiblicher Art, auf den Plan: Um die Skala dieser, von der herrschenden Kultur abgespaltenen Werte einigermaßen zu überblicken, muß man nur mit den Heldinnen und Helden der Märchen in die verbotenen Zimmer schauen:[8]

Da findet sich der abgespaltene Naturbereich, dargestellt z. B. in dem Käfig mit den drei Schlangen, in der grünen Gans, in der grünen Eidechse. Auch der mit drei Nägeln gleichsam gekreuzigte Rabe, der die Prinzessin in die Oberwelt auf den Weltenbaum entführt hat[9] – eine reziproke Christusanalogie – gehört sicher hierher. Die grüne Jungfer, halb Fisch, halb Mensch, und der mit ihr verbundene goldene Hirsch, verkörpern vermutlich die tabuisierte Faszination durch den erotisch-sexuellen Bereich. Das abgespaltene Weibliche, vor allem in seiner chthonischen Gestalt, tritt hervor in den schwarzen Frauen, den Hexen; der gefährlich verschlingende Aspekt der großen Mutter erscheint beispielsweise bei dem Toten, den das verbotene Zimmer birgt. Auch die allzu helle christliche Mutter-Figur Maria erscheint in ihrem vom christlichen Bewußtsein tabuisierten dunkleren Aspekt, z. B. als »Maria die Verwünschte«, die auf einer feurigen Schaukel schaukelt, als diejenige, die in »Marienkind« oder auch in dessen russischer Variante mit unglaublicher Grausamkeit die Kinder von der Mutter wegreißt oder sie sogar verstümmelt.

Die in unserer Kultur verdrängte Weisheit der Frau, ihre Sehergabe, die Germanen und Kelten in ihren weisen Frauen ehrten, die oft magischen Fähigkeiten der Frau spiegeln sich kompensatorisch in diesen Märchen, in denen z. B. im verbotenen Zimmer vier schwarze Jungfrauen auftauchen, die in Bücher vertieft sind.

Schließlich tritt der in dieser Kultur selbst um seine Ganzheit gebrachte Mann im tabuisierten Zimmer als erlösungsbedürftig in Erscheinung: Die zu erlösende Animus-Figur ist häufig identisch mit dem künftigen Bräutigam der Märchen-Heldin (so in »Graumantel« und auch in dem Märchen von der grünen Jungfer »der goldene Hirsch«). Vom »Graumantel« bis zum Dreizehnten in unserem Märchen reicht dieser innere Zusammenhang, der sich gelegentlich von einer konkreten Animus-Gestalt bis hin zur Darstellung komplexer geistig-religiöser Inhalte (der Abendmahls-Szene) ausweitet.

Tief verflochten mit der abendländisch-christlichen Kultur und ihren Tabus ist von Anfang an die biblische Sündenfall-Geschichte, selbst im Grunde ein Märchen vom verbotenen Baum unter den vielen zugänglichen: Dieser Baum verleiht – als tabuisierter – Erkenntnis, was vor allem Eva unwiderstehlich lockt, Erkenntnis in dreifacher Form, wie sie auch in den Tabu-Zimmern der Märchen wiederkehrt: als Wissen um Gut und Böse, um die Sexualität und um den Tod. Zusammengefaßt ist das alles in dem Versprechen der Schlange: »Ihr werdet sein wie Gott und wissen was Gut und Böse ist.« Um Erkenntnis und Integration des Bösen geht es m. E. in sämtlichen Versuchungsgeschichten unter den Märchen, zu denen auch das unsere exemplarisch gehört.

Die schwarze Frau nimmt jetzt Züge der verschlingenden Mutter an, wie man sie an den dunklen Mutter-Gottheiten Kali und Durga kennt. Sie selbst tötet das Kind – in einer anderen Fassung, von Gretchen Wild in Kassel,[10] ist es die böse Schwiegermutter, von der hier aber nirgends die Rede ist – und, um den Verdacht des Kindsmordes auf den Goldschopf zu lenken, bestreicht sie deren Mund mit Blut. Auch in der eben genannten Variante wird die Königin mit Blut bespritzt. Dort erfolgt schon die Verurteilung zur Stummheit, durch einen Schlag auf den Mund, »daß das Blut hervorquillt«. Vielleicht ist dieser Zug des blutenden Mundes in unserem Märchen an eine andere Stelle übertragen worden. Doch findet sich das Motiv, der Königin belastende Spuren des Mordes anzuhängen, auch in weiteren Fassungen: Im russischen »Marjuschka-Märchen«[11] wird ihr sogar ein Beinchen des Kindes in den Mund gesteckt, als habe sie es gegessen; in »Bekennst Du?« werden Knochen hinterlassen; in »Graumantel« sind sogar Gedärme um den Stuhl gewickelt. Dort überall wird allerdings das Kind nur geraubt, getötet wie hier wird es innerhalb der mir bekannten Fassungen nur in einer italienischen, »Das verschwiegene Mädchen«,[12] wo das Kind an der Wand zerschmettert wird. Alle diese grausamen Varianten sollen wohl ein Licht auf die Verwunschenheit, die Erlösungsbedürftigkeit der schwarzen Frau werfen. Zugleich unterstreichen diese Grausamkeiten den furchtbaren Verlust, den die Königin erleidet, und ihre Standhaftigkeit im Schweigen. Es ist, als fürchte die schwarze Frau in dieser Phase bereits um ihre Alleinherrschaft über die Königin, die nun auch noch diese junge männliche Kraft, den Prinzen, geboren hat. Die Königin wird immer stärker in ihrer Verselbständigung. Deshalb erweist die schwarze Frau ihre Gegenmacht. Übers Jahr spielt sich das gleiche ab, als die Königin, wie zur Stärkung ihrer eigenen weiblichen Kräfte ein Mädchen gebiert, das ebenfalls mit den blonden Haaren und dem Stern auf der Stirn ganz dem Hellen zugehörig ist. Auch dieses Kind tötet und raubt die schwarze Frau, nachdem Goldschopf das Geheimnis der dunklen Männer gewahrt hat. In unserem Märchen wird nicht – wie sonst in den Varianten – noch ein drittes Kind geboren, wohl deshalb nicht, weil es unserem Erzähler vor allem auf das Knaben-Mädchen-Paar, auf die gleicherweise nachwachsenden männlichen und weiblichen Kräfte der Königin ankommt.

Nun aber fällt der Verdacht, eine »fressende Mutter« zu sein, endgültig auf Goldschopf. Jedermann im Schloß ist »von Schrecken ergriffen«. Härter als in anderen Varianten, wo er sie noch vor den Leuten zu schützen sucht (»Bei der schwarzen Frau«, »Bekennst Du?«), reagiert hier der König: Er selbst befiehlt, »daß man die Königin verbrennen solle vor dem Schloß«. Die männliche Königs-Komponente der Psyche selbst also befiehlt hier, die Frau zu verbrennen, weil ihr die Kinder, die Exponenten künftiger Entwicklung, regelmäßig zum Opfer zu fallen scheinen. Nachdem die Erreichung einer gewissen Ganzheit schon mit Händen zu greifen schien, kündigt dieses Bild an, daß noch einmal eine tiefe Spaltung der Gesamtpsyche droht, indem sich jetzt die Königs-Komponente gegen die Königin wendet. Die Königin soll außerhalb des Schlosses hingerichtet werden: Sie wird ein zweites Mal aus dem Symbolbereich der Ganzheit ausgestoßen.

4. *Die Wandlung des Ganzen*

Nun soll die Schmieds-Tochter, denkwürdig genug, dem Element des Schmiede-Handwerks, dem Feuer, ausgeliefert werden. Die läuternde und wandelnde Kraft des Feuers war sogar denen bewußt, die Hexen verbrannten: Im Verbrennen sollte, nach damaliger Auffassung ihre »schwarze« Seele geläutert werden, eine unübersehbare Analogie zu Auffassung des alchimistischen Opus.

Angesichts des Holzstoßes ein letztes Mal befragt, was sie im 100. Zimmer gesehen habe, bleibt Goldschopf bei ihrem Schweigen gegenüber der schwarzen Frau. Daraufhin wird das Feuer angelegt. »Aber als sich die Flammen ihren Füßen näherten« – so heißt es merkwürdig doppeldeutig, daß man es fast auch so verstehen könnte, als näherten sie sich zugleich den Füßen der schwarzen Frau – »wurde die schwarze Frau plötzlich ganz weiß«. Die unmittelbare Nähe des Feuers scheint so etwas wie einen Schock ausgelöst zu haben, eine Art Mutation. Die schwarze Frau übernimmt als weiß-gewordene plötzlich das Amt der großen Fürbittenden Maria: »Löscht das Feuer, löscht das Feuer!«, schreit sie. Plötzlich wird deutlich, was der Sinn aller der durch das Schweigen bedingten Leiden des Mädchens war: Die Wandlung der schwarzen Frau, der großen ambivalenten Mutter, von der Nigredo zur Albedo. Die verschlingende Mutter wird wieder zur Gebenden: Sie bringt die Kinder zurück und wird nun sogar zur Fürbitterin für das Leben von Goldschopf.

Am auffälligsten ist hierzu die Parallele in dem Märchen »Bei der schwarzen Frau«, wo die Frau bereits im verbotenen Zimmer in ihrer Verwandlung begriffen erlebt wird, nur die Fußzehen sind hier noch schwarz. Dort allerdings stand die Erlösung in deutlichem Zusammenhang mit dem Putzen des Schlosses. Hier steht sie mehr im Zusammenhang mit der Durchforschung des Schlosses – psychologisch gesehen der Selbsterforschung – zu der auch die Aufdeckung des dunklen Männer-Zimmers mit dem bis dahin unbewußten Animus-Aspekt gehört. Daß die Arbeit des Mädchens, bzw. sein Schweigen und Leiden in engstem Zusammenhang mit der Erlösung der schwarzen Frau steht, berichtet unter den mir bekannten Varianten nur die italienische, »Das verschwiegene Mädchen«,[16] wo eine zu Lebzeiten böse, herrische Frau als Totengeist von ihren Bußqualen erlöst werden muß. Auch die grüne Jungfer allerdings, die von dem Mädchen »In ihrer Drangsal« gesehen worden ist, wird durch die schweigsame Solidarität des Mädchens schließlich erlöst.

Anders ist es bei dem ansonsten dem unseren sehr ähnlichen Märchen »Bekennst Du?«, wo keine Frau, sondern ein Toter im 100. Zimmer entdeckt wird. Hier wird zwar das Mädchen am Ende von der schwarzen Frau befreit, indem sie es in Ruhe läßt – aber von einer Verwandlung der schwarzen Frau selbst erfahren wir nichts.

»Graumantel« wiederum, der verwünschte Mann, kann am Ende durch das Mädchen selbst erlöst werden.

Unser Märchen nimmt beide Motive gleichzeitig auf: Dunkles Männliches und dunkles Weibliches werden gemeinsam durch das

Mädchen Goldschopf erlöst, das beiden archetypischen Mächten gegenüber die angemessene Solidarität und Distanz, das Schweigen nämlich, das Wandlung ermöglicht, zu wahren weiß.

Die psychische Potenz »schwarze Frau« ist zuletzt von ihrem für Goldschopf gefährlichen, verschlingenden Aspekt erlöst, denn Goldschopf konnte sich verselbständigen, gerade, indem sie das Geheimnis der schwarzen Männer solidarisch bewahrt. Daß der dunkle Aspekt des Männlichen miterlöst wurde, läßt sich aus der übergroßen Freude des Königs am Ende der Geschichte schließen, in der er auch den Schmied samt dessen Frau und allen seinen Kindern bis ans Ende ihrer Tage an den Königshof holen läßt.

ANMERKUNGEN

1 Aus: Slawische Märchen, übersetzt von Werner Dausin, Hanau/Main, 1975.

2 Aus: Märchen aus dem Donaulande, MAW, S. 29 ff., Jena, 1926; vgl. dazu die Interpretation von Marie-Louise von Franz, Bei der Schwarzen Frau, in: Laiblin (Hrsg.) Märchenforschung und Tiefenpsychologie, Wege der Forschung, Band C II

3 »Die grüne Jungfer«, aus: August Ey: Harz-Märchen oder Sagen und Märchen aus dem Oberharz, S. 176 ff., Stade, 1862.

4 »Das verschwiegene Mädchen«, aus: Märchen der europäischen Völker, unveröffentlichte Quellen, herausgegeben von Karl Schulte-Kemminghausen und Georg Hülle, Jahresgabe 1963 der Gesellschaft zur Pflege des Märchenkultus der europäischen Völker e. V., Schloß Bentlage bei Rheine i. Westf., S. 159 ff., Aschendorff, Münster/Westf., 1963.

5 J. Bolte, G. Polivka: Anmerkungen zu den Kinder- und Hausmärchen der Brüder Grimm, 5 Bände, Band I, S. 13 ff., Leipzig 1913 ff.

6 Zur Zahl 13: Dictionnaire des Symboles.

7 Allendy zitiert in: Dictionnaire, vgl. Anm. 10.

8 vgl. Anmerkung 5 (Bolte-Polivka).

9 »Die Prinzessin auf dem Baum«, aus: Deutsche Märchen seit Grimm, S. 1 ff., MdW, 1912; vgl. dazu auch C. G. Jung: »Zur Phänomenologie des Geistes im Märchen«, in: Jung: Bewußtes und Unbewußtes, S. 92 ff., Fischer-Taschenbuch Nr. 6058, Frankfurt/Main, 1957.

10 vgl. Anmerkung 5 (Bolte-Polivka).

11 In: MdW

12 vgl. Anmerkung 4, aus: Märchen der europäischen Völker, S. 159 ff.

DRITTER TEIL

MÄRCHEN-MOTIVE IN DER PSYCHOTHERAPIE

Beispiele aus der Praxis

Mario Jacoby

VERWUNSCHENHEIT UND ERLÖSUNG
Zum therapeutischen Umgang mit Märchen-Motiven

Vorbemerkung: In Träumen, Komplexen und Verhaltensmustern von Analysanden können archetypische Konstellationen, auch des Dunklen und Bösen, sichtbar werden, die wir aus Analogien in den Märchen kennen und deren Bedeutung und Wandlungsmöglichkeiten aus den entsprechenden Märchen hervorgehen. Wenn Märchenmotive, wie die lebensgefährliche Unnahbarkeit der Rätselprinzessin Turandot, der Schlaf-Fluch über Dornröschen oder das geheime Wissen des Vogel Greif spontan in den Träumen oder auch in archetypisch geprägten Übertragungsmustern von Analysanden auftauchen, können wir aus den zugehörigen Märchenverläufen auch therapeutische Möglichkeiten erschließen.

Eine Patientin hatte die Angewohnheit, alles, was ich in der Sitzung an Bemerkungen und Deutungen von mir gab, zu kritisieren. Es lohne sich nicht, mir Träume zu erzählen oder aufzuschreiben, da ich sie doch nicht verstehe und ein miserabler Traumdeuter sei. Überhaupt lohne sich die ganze Analyse bei mir nicht, sie denke daran, nicht mehr zu kommen. Trotzdem kam sie immer wieder.

Solches muß man sich als Analytiker oftmals bieten lassen, die Vorstellung, daß man von seinen Patienten immer nur geliebt und verehrt wird, ist irrig. Ohne sich allzusehr verunsichern zu lassen, ist es in solchen Situationen natürlich für den Analytiker höchst wichtig, sich selbst zu fragen, ob und inwiefern er seine Patienten wirklich nicht verstehe. In unserem Falle wurde aber etwas sehr deutlich: Sie entwertete nicht nur fast alles, was von mir kam, sondern auch ihre eigenen Einfälle, Ideen und Impulse. Sie steckte inmitten einer Dissertation für die Universität, welche sie zur Verzweiflung brachte. Sie fühlte sich vollständig blockiert.

Jeder Gedanke, der ihr kam, wurde in dem Moment entwertet, wo sie ihn aufs Papier bringen wollte. »Das macht doch keinen Sinn, das ist zu oberflächlich, ist nicht genau das, was ich eigentlich sagen will« – solche sofort einsetzende Kritik lähmte und entmutigte sie. Destruktive Kritik gegenüber sich selbst und gegenüber nahen Beziehungspersonen war so quasi ein autonomer Mechanismus, den sie nicht lenken und kontrollieren konnte. Durch die Analyse kam sie zur Einsicht, daß sie sich eigentlich vor diesen Entwertungstendenzen sehr ängstige. Sie konnte nach einiger Zeit darüber sprechen, daß sie immer wieder von Angst geplagt sei, mich entwerten und kritisieren zu müssen, mir vorzuwerfen, ich verstünde sie nicht. Darauf kam mir spontan folgende Deutung in den Sinn, die ich ihr gegenüber so formulierte: »Ihr Problem scheint ähnlich zu sein wie dasjenige der *Prinzessin Turandot* oder der Prinzessin im norwegischen Märchen ›*Der Kamerad*‹.* Sie müssen den Freiern unlösbare *Rätsel* aufgeben, um sie dann vernichten zu können, wenn Ihre Rätsel nicht gelöst werden. Somit verhalten Sie sich unnahbar. Und doch möchten Sie im tiefsten erlöst werden.« Die Geschichte der Turandot war meiner

* Vgl. zu beiden Märchen die von V. Kast ausführlich interpretierte Parallele »Die verwünschte Prinzessin«.

Analysandin bekannt, das norwegische Märchen las sie noch am selben Abend. Wie aus meiner Schilderung ersichtlich, war ein Bestreben in der Analysandin da, sich unnahbar zu machen. Alles, was »gefährliche« Nähe signalisierte, mußte umgebracht werden. Dazu gehörten auch ihre eigenen Einfälle, ihre Bedürfnisse nach Nähe, und u. a. auch ich und meine Deutungen. Das kann ein sehr schwieriges therapeutisches Problem sein, welches mit dem Fachausdruck »Widerstand« nur unzureichend formuliert ist. In den Märchen, in denen Prinzessinnen unlösbare Rätsel aufgeben, steht oft eine dämonische Vatergestalt im Hintergrund, die die Prinzessin für die Freier nicht freigeben will. Im norwegischen Märchen »Der Kamerad«[1] ist die Prinzessin die Geliebte des Trolls, der *Berggeistes*. Als letzte Probe gibt sie ihrem Freier auf, ihr bis am nächsten Morgen das zu verschaffen, an was sie denke. Dem Helden gelingt es mit Hilfe seines über magische Kräfte verfügenden Kameraden, ihr den Kopf des geliebten Troll, an den sie gedacht hatte, zu präsentieren. Sie heiratet zwar nun, aber die Gefahr ist solange nicht überwunden, bis sich die Prinzessin ihrer Trollhaut gänzlich entledigt hat. Dieses schwierige Problem war auch bei meiner Patientin konstelliert. Es galt, dahinter zu kommen, von welchem »Geist« meine Analysandin besessen ist, um ihm »den Kopf abschlagen« zu können, d. h. ihn teilweise unwirksam zu machen. In dem Moment, als sie mit mir über ihre Angst, mich und alle nahen Beziehungspersonen entwerten zu müssen, sprechen konnte, war sie bereits nicht mehr vollständig mit diesem Geist identisch. Wir konnten also zusammen auf die Suche nach dessen Rätselhaftigkeit gehen: Es war ein Geist, der sie von allem fernhalten wollte, was Mensch heißt und menschliches Leben ist. »Ich rieche, rieche Menschenfleisch«, sagt so ein Geist drohend – und es war schlimm, daß es sich dabei ja vor allem um ihre eigene Menschlichkeit handelt, die nicht gelebt werden darf. Im Körper zu leben, heißt, eingegrenzt zu sein in seine Haut, nicht aus seiner Haut zu können. Da schwitzt es und stinkt es, und die lustvollsten Körperbedürfnisse sind zugleich ekelerregend und beschämend. Menschsein bedeutet Erfahrung der Begrenztheit, Unvollkommenheit, Kompromißnotwendigkeit, des Schattens. Meine Analysandin war immer wieder überzeugt, daß nichts an ihr selbst und an ihrem Leben richtig oder in Ordnung sei. Sie konnte nichts an sich bejahen und annehmen. Im Grunde war Mittelmäßigkeit, Begrenztheit, Kompromiß für sie unerträglich. Es war ein Geist in ihr, der Allwissenheit und Allmächtigkeit beanspruchte und auf dem armen Menschenwurm, als den sie sich zugleich fühlte, herumtrampelte, ihn unbarmherzig zertreten wollte. Somit mußte sie sich von Menschlichem im eigentlichen Sinne fernhalten. Menschliche Bindungen einzugehen bedeutet, zertreten zu werden, eine unvollkommene Dissertation zu schreiben wird verunmöglicht, da menschlich.

Auch für diesen psychologischen Befund gibt es Fachausdrücke, je nach Modell der verschiedenen psychotherapeutischen Schulen. In Jung'scher Psychologie würde man von Animusbesessenheit sprechen, in der psychoanalytischen Narzißmustheorie von Heinz Kohut wäre es eine Fixierung im frühkindlichen Größenselbst. Man spricht auch von schizoider Persönlichkeit mit ihrer Angst vor menschlicher Nähe. Am meisten plastisch und einfühlbar beschreibt aber das Märchen ihren Zustand, so daß es bei meiner Patientin eine sogar halb zugegebene »Aha-Reaktion« auslöste.

Nun ist allerdings zu sagen, daß dieses Märchenbeispiel nicht direkt aus Träumen oder Phantasien der Patientin hervorging, sondern mir, dem Therapeuten, spontan einfiel. Ich erlebte die Patientin so, als ob sie von einem Vater-Berggeist gefangen sei. Wichtig dabei ist aber vor allem, daß es anscheinend das beste Bild für die Situation der Patientin darstellte und zu ihr sprach. Es half ihr, wie auch mir, ihre Problematik besser zu begreifen, was einen wichtigen Schritt in der Therapie bedeutete. Das Grundmuster ihres Erlebens, die archetypische Thematik wurde sichtbar, die nun weiterhin in den persönlichen, lebensgeschichtlichen Zusammenhängen der Patientin analysiert und durchgearbeitet werden mußte. Märchenmotive können also für den Therapeuten wichtige Deutungshilfen sein, was ich hiermit darstellen wollte.

Ich möchte nun übergehen zu Beispielen von Märchenmotiven im Material von Patienten: Ein 27jähriger Mann brachte mir nach ca. neun Monaten Analyse folgenden Traum: »Ich möchte hinauf in den Wald. Schneebedeckte Wiesen führen dorthin. Im Wald selbst führt kein Weg weiter. Ich bin im Schlafrock, und plötzlich sehe ich meine

Mutter kommen, auch im Schlafrock. Wir gehen nun zusammen einen Weg hinunter und kommen zu einem Haus. Dort, im hinteren Zimmer schläft meine Freundin. Ich gehe durch alle Räume zu ihr, gebe ihr einen Kuß und sie wacht auf.«

Die schlafende *Prinzessin,* das *Dornröschen* wurde in diesem Traume wachgeküßt – oder scheint diese Deutung zu gesucht?* Der junge Mann war in Analyse gekommen, weil er – wie er sagte – sich nicht entscheiden könne, seine Freundin zu heiraten. Er könne sie nicht aufgeben, und er könne sie auch nicht heiraten – die Freundin verlange aber ein Engagement von ihm. Dieser Konflikt machte ihm schwer zu schaffen und mobilisierte sichtbar Ängste. Daß sich der junge Mann zu nichts wirklich engagieren konnte, wurde mir ziemlich bald klar. Er wirkte wie eingeschlafen. Es gab kaum etwas, das ihn innerlich intensiv bewegen konnte.

Wie der Traum zeigt, hatte er zwar eine Freundin, die schlief aber im hinteren Zimmer – nicht bei ihm, wenn schon. In Wirklichkeit schien die Freundin eher aktiv und fordernd zu sein. Für ihn war sie aber schlafend, allein, im Hinterzimmer. So sieht die Situation *in ihm,* in seiner eigenen Erlebensweise aus. Etwas in ihm muß also erst geweckt werden, damit er überhaupt voll empfänglich wird für Emotionen und Gefühle, die erst ein Engagement ausmachen. Der Ausdruck »empfänglich werden« ist mir hier unterlaufen – aber wie ich sehe, zu recht. Was in ihm schläft, ist ja seine Empfänglichkeit, also etwas, das schon von den biologischen Vorstellungen her unter weiblichen Vorzeichen steht. C. G. Jung sprach bekanntlich von der »Herrin Seele«, der *Anima* des Mannes, die sich in weiblicher Gestalt symbolisiert. Anima kann auch als Archetypus des Lebens bezeichnet werden. Animiert sein heißt, sich emotionell belebt zu fühlen.

Gerade davon war bei meinem Patienten nicht die Rede. Er fühlte sich müde und lahm. Der Fluch seines Lebens sei eben, daß er seinen Vater schon mit acht Jahren verloren habe, wiederholte er oft. – Denken wir an Dornröschen, so beruht dort der *Schlaf* auch auf einem Fluch des Schicksals, einer schicksalsbestimmenden *Fee.* – Nach dem Tode seines Vaters war er das einzige männliche Familienmitglied

* Vgl. Mario Jacobys Interpretation des Dornröschen-Märchens im nächsten Kapitel dieses Bandes.

neben der Mutter und zwei älteren Schwestern. Seine Reaktion auf den Tod des Vaters und die Vorherrschaft der Frauen war eine Art Redestreik gewesen. Er sprach kaum mehr etwas und kapselte sich ab. Die Mutter tat alles, um diese »Spinnerei« ihres Söhnchens zu beseitigen: Gutes Zureden, Drohungen, Schläge und wieder Ermunterungen. – Im Märchen müssen alle Spindeln im ganzen Königreiche verbrannt werden, weil nach dem Fluch der bösen Fee das Spinnen als gefährlich gilt. – Unser Junge nahm seither vor allem eine Gefügigkeitshaltung ein gegenüber der Mutter, der Familie und der Umwelt. Nur im Oberstübchen spann es im geheimen weiter – bei jener nickenden Alten. Die autonomen Phantasien hinter dem Türschloß mit verrostetem Schlüssel beinhalteten Allmachtswünsche oder destruktive Befürchtungen. So berichtete er, er müsse sich z. B. damit beschäftigen, daß er eigentlich überall, auf der ganzen Welt zugleich sein wolle. Er möchte nicht, daß sich irgendwo Erleben abspiele, ohne daß er dabei sei. Deshalb sei er eigentlich immer unruhig. Vor allem, wenn er ein Flugzeug höre, wolle er mitfliegen. Die Sehnsucht, nach Übersee zu fliegen, packe ihn dann. Er sei auch wirklich schon nach Übersee geflogen. Das habe ihn aber auch nicht befriedigt. Denn wenn er dort sei, so sei er ja doch nur wieder an *einem* Ort und sei dann nicht dabei bei Ereignissen, die sich hier abspielten. Am liebsten schlafe er deshalb, dann sei er nicht von solcher Unruhe gepackt.

Auch wenn seine Emotionalität und Vitalität, seine Anima zu schlafen schien, regten sich dauernd solche irreale Hirngespinste in ständiger Wiederholung, wofür die spinnende, nickende Alte oben im Turm ein treffendes Symbol ist. Sein lebendiges Engagement verwundete sich an jener *Spindel*. Denn wenn er bei seiner Freundin war, kamen ihm Zweifel, ob sie wohl die Richtige sei. Wenn er sich nämlich an sie binde, verpasse er ja all die tausend Möglichkeiten, einer noch besseren Frau zu begegnen, wie er meint. Er war aber viel zu passiv, um in irgend einer Form den tausend Möglichkeiten auch nachzugehen. All das blieb sterile Phantasie, was ihn in der Frage, ob die Freundin wirklich die richtige Partnerin für ihn sei, um kein Jota weiterbrachte. Ich muß hinzufügen, daß mein Patient keineswegs im psychotischen Sinne »verrückt« war. Er war sich klar darüber, daß es sich um unrealisierbare Hirngespinste handle und wollte durch Analyse etwas dagegen tun.

Wenn wir den Traum ansehen, so finden wir in den oberen Gefilden nicht mehr das Turmzimmer der Alten, sondern einen schneebedeckten Wald, in dem es keinen Weg gibt. In Wirklichkeit bestand die Abwehr meines Patienten gegen das, was er als innere Leere empfand, vor allem darin, sich in weisen, das Leben aus übersichtlicher Distanz betrachtenden Gedanken zu ergehen, also oben auf dem Berg zu sein, auf höherer Warte. Wenn er auch nicht lebendig sein konnte, so wollte er wenigstens weise sein. Damit suchte er unbewußt, sein Selbstwertgefühl aufrecht zu erhalten. Der Traum zeigt ihm, daß er seinen Schlafrock auch dahin mit sich trägt. Daß er innerlich dabei aber fror, wird auch aus dem Traum deutlich ersichtlich, ebenso der Umstand, daß der Weg dort oben nicht weiter führt. Es ist nun die Mutter im Schlafrock, die ihn von dort oben herunterholt und zum Haus seiner Freundin begleitet. Nun kann allerdings die Mutter im Schlafrock vielerlei bedeuten. Es ist sicherlich nicht abwegig, dabei auch an ödipale, inzestuöse Phantasien zu denken. Auffallend ist aber, daß die Mutter sich mittels ihres Schlafrocks ihm sehr angeglichen hat, was seiner Erfahrung an der wirklichen Mutter widerspricht. In Wirklichkeit war die Mutter eher eine Hysterikerin, die dauernd durch Überaktivität die Umgebung zu beherrschen suchte, launisch war und ihm Vorhaltungen machte. Im Traum hat sich also die Mutter verändert – das deutet auf eine Wandlung seines inneren Mutterbildes hin, gemäß dem Traum eine Wandlung im günstigen Sinne, führt sie ihn doch zum Haus seiner Freundin.

Erfahrungsgemäß vollziehen sich Wandlungen der Elternbilder in der Analyse weitgehend durch die Erfahrungen, welche wir Übertragung nennen. Unter Übertragung verstehen wir die Tatsache, daß viele Patienten ihre frühen Erlebnisse und Konflikte im Zusammenhang mit Eltern und Geschwistern als unbewußten Weltentwurf in sich herumtragen, und in der Beziehung zum Analytiker wieder beleben. Zugleich wird aber das fehlende Stück an elterlicher Zuwendung, das, was meist die psychische Störung mitbedingte, auch im Analytiker gesucht. Normalerweise würde man sich nun bei meinem Patienten vorstellen, daß er in mir den zu früh verstorbenen Vater wiederfinden wollte. Er wählte wirklich deshalb auch einen männlichen Analytiker, weil er im Vaterverlust sein größtes Manko zu spüren glaubte. Sicherlich spielte sich vieles zwischen uns auf dieser Ebene ab. Trotzdem ist es nicht der Vater, der seine Seele zum Aufwachen bringt, sondern die Mutter. Sicherlich war nämlich das Mütterliche noch tiefer und entscheidender zwischen uns konstelliert. Ich suchte mich nach Möglichkeit auf ihn einzustimmen, auf seinen Rhythmus und seine resignierte Melodie. Ich war also möglichst weder fordernd noch stoßend noch übertrieben aufmunternd, wie seine eigene Mutter, obwohl seine Schläfrigkeit zu solchen Reaktionen provozierte.

Dieses verstehende Eingestimmtsein war eine neue Erfahrung für ihn und entspricht archetypisch dem mütterlichen, einfühlenden Pflegeverhalten. Die archetypisch gute Mutter wird im Märchen »Dornröschen« durch die gütigen Feen symbolisiert, denen allen an einem reichen und vollen Leben für ihren Schützling gelegen ist. Sie stellen letztlich die Natur und ihre psycho-physischen Reifungsprozesse dar, die zum Tragen kommen wollen. Die Gaben, d. h. die natürlichen Begabungen, mögen sich in natürlicher Weise entfalten. Somit auch die Liebesfähigkeit. Das ist der Wunsch der menschlichen Natur.

Auf jeden Fall konnte mein Analysand nach einem weiteren Jahr seine Freundin heiraten und später Vater werden. Von Zeit zu Zeit gibt es noch kleinere Rückfälle, wo die Alte im Turm wieder zu spinnen beginnt und seine innere Lebendigkeit einschläfert. Im ganzen sind aber Gefühl und Engagement erwacht.

Damit möchte ich zu einem nächsten Traum übergehen: Die Träumerin ist eine 45jährige, künstlerisch begabte Dame. Sie hatte an der Universität ein Studium aufgenommen und muß dazu noch ihren Lebensunterhalt verdienen. Zur Zeit des Traumes ist sie mit einer Semesterarbeit für einen Professor beschäftigt und hat somit ein übervolles Pensum zu bewältigen. Der Traum lautet: »Ich bin in einem Glasrondell. Ein Professor kommt herein, der mir sagt, er habe zwei Vögeln das Sprechen beigebracht. Er führt einen der Vögel um den Glaspavillon herum. Ich höre etwas undeutlich, daß er spricht. Dann führt er ihn zu mir herein. Dieser Vogel sieht aus wie ein Japaner oder Koreaner und trägt einen Frack mit Schwalbenschwanz. Er hat eine gelbliche Hautfarbe und spricht deutsch, etwas rasch und etwas papageienhaft. Dasselbe geschieht mit dem zweiten Vogel. Ich habe ein etwas merkwürdiges Gefühl, so als wäre ich beim Vogel Greif zu Hause. Aber ich bewundere den Professor. Immerhin hat er etwas erreicht bei den Vögeln. Einer der Vogelmenschen sagt zu mir: ›War ich etwas undeutlich? Das wird sich noch bessern.‹«

Die Analysandin hat also im Traum das Gefühl, sie wäre bei *Vogel Greif* zu Hause. Sie kennt das in schweizerdeutscher Sprache geschriebene Märchen vom Vogel Greif, das zur Sammlung Grimm gehört.[2] In diesem Märchen wird der Vogel Greif dargestellt als Allwissender einerseits und als Christenfresser andererseits. »Kei Christ cha mit dem Vogel rede, er frißt si all uf.« Das ganze Märchen ist bis in viele Einzelheiten eine Variante der anderen Grimm-Geschichte: *»Der Teufel mit den drei goldenen Haaren.«*[3] Der Vogel Greif ist mythologisch eine Mischgestalt. Er hat einen Adlerkopf und einen löwenartigen Körper, vier Füße und zwei mächtige Flügel. Er ist ein Zaubertier, das den Wagen durch die Luft ziehen kann, hat also, wie der Phönix, Sonnensymbolik. Er hütet auch das Gold, und mit einer Feder aus seinem Schwanz kann man zaubern. Ursprünglich ist der Greif ein alt-orientalisches Mischwesen – es existieren von ihm Abbildungen aus Babylon, Ägypten und aus der mykenischen Kultur.[4] Im Grimm'schen Märchen hat nun der Held vom König den Auftrag, eine Feder aus dem Schwanz des Vogel Greif zu holen. Wenn ihm diese Tat gelingt, bekommt er die Königstochter zur Frau. Eine ähnliche Aufgabe wird auch im Märchen »Der Teufel mit den drei goldenen Haaren« gestellt. Dort sollen dem Teufel drei goldene Haare ausgerissen werden, um die Königstochter zu erringen. Nun ist es interessant, daß in beiden Märchen nicht nur die Feder oder des Teufels goldene Haare von Bedeutung sind, sondern das damit verknüpfte Wissen. In »Der Teufel mit den drei goldenen Haaren« weiß der Teufel, warum der Marktbrunnen, aus dem sonst Wein quoll, trocken geworden ist und nicht einmal mehr Wasser gibt, warum der Baum, der sonst goldene Äpfel trug, nicht einmal mehr Blätter hervortreibt usw. Es sitzt nämlich eine Kröte unter einem Stein am Brunnen, die getötet werden muß; an der Wurzel des Baumes nagt eine Maus, darum verdorrt er. In der Greif-Version weiß der Vogel, warum die Tochter unheilbar krank ist. Eine Kröte hat aus ihren Haaren ein Nest gemacht. Ausgerechnet der Christenfresser Greif und der Teufel haben das Wissen, warum Dinge auf der Welt steril und krank werden. Was aber bedeutet das? Über dieses Thema wäre vom psychologischen Gesichtswinkel aus eine ganze Kulturgeschichte zu schreiben. Es ist doch so, daß das Christentum – vor allem seit seiner Verschmelzung mit neuplatonischem Gedankengut in der Geschichte der frühen Kirche – eine starke Entwertung der Natur und damit des Kreatürlichen im Menschen mit sich brachte. Die Erbsünde wurde in den frühen dogmatischen Lehrentscheidungen stark mit dem Sexuellen verknüpft, schon Nicht-Heiraten ist, nach Paulus, Gott wohlgefälliger als Heiraten. »Fleischlich« gesinnt zu sein, ist eine Feindschaft wider Gott, oder ist der Tod (Röm. 8, 5,6). Der Gegensatz Geist – Natur wurde zugunsten des Geistes überspitzt. Die orientalischen Fruchtbarkeitskulte, die rituell in magisch-sexuellen Praktiken mit heiligen Prostituierten der Astarte oder der Ischtar begangen wurden, waren schon dem Judentum und seinem Gott ein Greuel, deshalb der ewige Kampf der alttestamentlichen Propheten gegen den Baalskult. Baal war ein Vegetationsgott, der mit der Natur stirbt und wieder aufersteht. Er wurde auch in Form eines Stieres oder eines Ebers verehrt. Das Schwein als Fruchtbarkeitssymbol gehört auch in seinen Kreis – deshalb ist auch das Schwein den Juden ein unreines Tier.[5] Nicht zuletzt wurde der Teufel oft mit Bocksfüßen und Hörnern dargestellt, eine Mischung antiker Naturgottgestaltungen. Das Natürlich-Instinktive, das dem antiken Menschen von Göttern geschenkt war, wurde dem Christen das Böse, Widergöttliche. Der Mensch ist somit, da er auf natürlichem Wege gezeugt und geboren wird, primär der Erbsünde verfallen, von Natur aus sündig und schlecht. Die mittelalterliche Erziehung in den Mönchsschulen z. B. erstreckte sich darauf, den Kindern möglichst den Teufel auszuprügeln.[6] Noch die von August Hermann Francke im 18. Jahrhundert begründete Erziehungsmethode auf religiös-pietistischer Grundlage, geht von der Idee aus, daß die Kinder dauernd überwacht und bestraft werden müssen – sie tun nur das Böse, wenn man sie sich selbst überläßt. Der »natürliche Eigenwille« des Kindes muß gebrochen werden, an seine Stelle muß echte christliche Demut, d. h. Gehorsam treten. Kindliche Spiele sind nur Müßiggang und stellen eine Verlockung zum »Geist der Welt« für das Kind dar.[7]

Der Teufel oder der *Vogel Greif* sind also vor allem ein Bild der ins Unbewußte verdrängten und entwerteten Naturtriebe und Instinkte. Wenn man mit ihnen nur in Berührung kommt, wird der Christ gefressen. D. h. diese Art übertünchten Christentums steht dauernd in Gefahr, von kompensierenden Naturtrieben überrannt zu werden. Die Geschichte des Christentums ist voll von Beispielen – Ketzerverbrennungen und Inquisition ließen den Aggressionen fast pervers freien Lauf, Hexenprozesse dem Sexualtrieb mit seinen Phantasien. Höchstwahrscheinlich war diese Art des opus contra naturam für das Christentum zunächst einmal notwendig, um zu seiner entsprechenden Geistigkeit zu gelangen. Mit der Zeit wurde dieses einseitige Bestreben aber steril – nicht zuletzt wohl deshalb, weil es seelischem Ganzheitsstreben zu widersprechen scheint, seelische Wandlung nur in eine zum voraus bestimmte Bahn zwingen will. Schon die Renaissance war ein Versuch, die antike Natur- und Lebensfreude zurückzugewinnen. Zahlreich sind solche, das traditionelle Christentum kompensierende Versuche vor allem von philosophischer Seite in der Neuzeit. Ich erinnere nur an Rousseau, der erklärte, der Mensch sei von Natur aus gut und deshalb soll er möglichst seiner Natur und der ihn umgebenden Natur überlassen sein. Nietzsche wollte den Dionysos, der ja in engster Beziehung zu der Gestalt des Teufels steht, aufwecken und für Klages wurde der Geist zum Widersacher der Seele.

Auf dieser Ansicht des Märchens, daß der christenfressende Vogel Greif oder der Teufel ein Reichtum vermittelndes Wissen zur Abhilfe von geistig-seelischer Sterilität haben, beruht großenteils die moderne Psychotherapie. Was versucht die Freudsche Psychoanalyse? Sie will die Triebverdrängungen aufheben und die Triebe dem Bewußtsein zur freien Verfügung unterordnen. »Wo Es war soll Ich werden«,[8] sagt Freud. Aus der Sterilität der neurotischen Abspaltung soll durch die Verfügbarkeit der Triebe Liebes-, Arbeits- und Genußfähigkeit entstehen. Auch die Jungsche Psychologie will die Abspaltung vom Unbewußten aufheben. Das Unbewußte besteht aber nach Jung nicht nur aus lebensgeschichtlichen Verdrängungen und Trieben, sondern aus sinnreichen Anordnungsmöglichkeiten, die er Archetypen nannte. In den Instinkten sind für ihn zugleich die Keime zu geistiger Entfaltung, schöpferische Vorstellungsmöglichkeiten angelegt. In gewisser Beziehung weiß das Unbewußte mehr als das Bewußtsein. Und da kommen wir zum Paradox des »unbewußten Wissens«. Es muß ja außerhalb unseres bewußten Wissens noch ein Wissen geben. So »weiß« die ganze äußerst komplizierte Physiologie des menschlichen Körpers, wie sie lebenserhaltend zu funktionieren hat. Sie wußte das, längst bevor menschliches Wissen als Naturwissenschaft diese Abläufe beobachten und deren Gesetzmäßigkeiten untersuchen konnte. Der Magen scheint zu wissen, wann er gefüllt werden will und teilt uns dies in Form des Hungers mit. Es ist der Geschlechtstrieb, der weiß, wie er uns zu bewirken hat, sonst wäre der Mensch längst ausgestorben. Selbst das menschliche Bewußtsein und Reflexionsvermögen ist als spezifisch zu unserer Gattung gehörend in uns angelegt. Es muß also in der Natur ein Wissen geben, welches den Menschen erst mit der Möglichkeit zu Bewußtheit ausstattet. Die Bewußtwerdungsmöglichkeit des Menschen ist demnach ein Naturphänomen, Manifestation eines Wissens in der Natur. Im biblischen Mythus heißt es dazu: Gott schuf den Menschen nach seinem Ebenbild. Warum in unserem Märchen dieses Wissen des Unbewußten im Teufel oder Christenfresser Vogel Greif symbolisiert ist, habe ich bereits angedeutet. Wenn wir nun mit unserer bewußten Einstellung am Ende angelangt sind, d. h. wenn uns alles, das ganze Leben, unser Denken und Fühlen schal und unlebendig vorkommt oder uns Depressionen oder andere Symptome plagen, wenden wir uns dem Unbewußten zu, mit seinen Manifestationen wie z. B. den Träumen, um zu erfahren, was am Lebendigen nagt, oder wo eine Kröte das Leben verstopft. Wir suchen ein »Zurück zu unserer eigenen Natur«. Anstatt vor den inneren Schwierigkeiten in irgend einer Form zu fliehen, sei es in leere Geschäftigkeit, Vergnügen, körperliche Krankheit usw., versuchen wir, uns dem inneren Teufel zu stellen. Dem, was uns als das Unmoralischste, Mieseste und Verabscheuungswürdigste vorkommt, was meist aus verengter Bewußtseinseinstellung so bewertet wird, müssen wir uns stellen, eben dem jeweiligen Teufel als ungelebtem oder verdrängtem Leben. Es ist aber interessant, daß in beiden Märchenversionen die Auseinandersetzung mit Vogel Greif oder dem Teufel nicht direkt erfolgt. Der Teufel hat eine *Eller- oder Großmutter,* die sich des Helden erbarmt und der Greif hat eine Frau. Beide verstecken den Helden und wenden ihre List beim Teufel und beim Greif an. Diese Frauengestalten entsprechen wiederum der Tatsache, daß das Unbewußte als Mutter Natur primär mit weiblichen Vorzeichen erscheint, die symbolische Gestalt der großen Mutter annimmt. Der Teufel oder der Vogel Greif wäre dann der dem Natürlich-Vegetativen inhärente Geistaspekt, eben der Geist in der Natur, das instinktive Naturwissen.

Nach diesem amplifikatorischen Exkurs wollen wir wieder zu unserem Traum zurückkehren. Obwohl die Träumerin das Gefühl hat, bei Vogel Greif zu sein, sieht doch die Situation grundverschieden aus. Statt der Ellermutter, die den Teufel laust, ist hier der Professor, der die Vögel dressiert. Die Vögel sind vermenschlicht, wenn auch von fremdländischem Einschlag, und sprechen in papageienhafter Art deutsch. Die Träumerin bewundert den Professor deswegen. Das Märchen ist wie auf den Kopf gestellt. Es wurde professorale »Entwicklungshilfe« geleistet und anstelle des tiefen Naturwissens können die vermenschlichten Vögel jetzt papageienhaft deutsch sprechen. Das Kunststück des Professors hat also äußerst fragwürdigen Charakter. Er versucht nämlich, dem Unbewußten sein Eigenleben wegzudressieren. Es ist auch bezeichnend, daß sich das ganze Geschehen in einem Glaspavillon abspielt. Durch das Glas kann man wohl umliegendes Leben sehen und betrachten, man ist aber davon zugleich abgetrennt. Der Traum scheint wie eine ironische Abwandlung des der Analysandin bekannten Märchens zu sein. Er zeigt ihr, in welche papageienhafte Sterilität sie die übergroße Bewunderung für den Professor, d. h. für zu viel intellektuelle Ambitionen auf Kosten des Lebendigen treibt. Es wird deutlich, daß sie zu viel der Dressur von sich verlangt, und dadurch in Konflikt mit ihrer eigenen Natur und ihrer inneren Tiefe gerät. Besser hätte ihr Verhalten nicht ironisiert werden können als durch diesen Traum. Es war deshalb auch notwendig, die psychologische Bedeutung des Märchens vom Vogel Greif mit ihr zu besprechen, in ähnlichem Sinne, wie ich es in dem vorherigen Exkurs versucht habe. Das war nötig, um ihr die Diskrepanz zwischen ihrem Traum und dem Märchen so drastisch wie möglich zu verdeutlichen. Es ist immer wieder erstaunlich, zu sehen, wie treffend das innere Naturwissen mittels Traum sich Gehör verschaffen will. In ihren Instinkten scheint auch unsere Träumerin zu wissen, was dem psychischen Gleichgewicht ihrer Persönlichkeit bekömmlich ist, und von dort her wird ihr einseitiges Fehlverhalten ironisch aufs Korn genommen. C. G. Jung war bekanntlich der Ansicht, daß Träume eine kompensatorische Funktion zur Aufrechterhaltung des psychischen Gleichgewichts ausüben. Dieser Traum war dafür ein gutes Beispiel.

Damit habe ich einige Beispiele geben wollen, auf welche Weise Märchen in der psychotherapeutischen Praxis eine wichtige Rolle spielen können. Ich habe nicht einzelne Märchen sorgfältig psychologisch gedeutet, sondern gewisse Motive, wie sie sich aus der Praxis ergaben, beleuchtet. Die Frage bleibt noch, inwieweit solches Vorgehen legitim ist. Tun wir dem Märchen nicht Gewalt an, wenn wir in ihnen eine Art von Konflikt- und Lösungsmodellen sehen wollen? Ist das nicht eine »déformation professionelle«? Ist es erlaubt, sich das schöne Dornröschen anstatt im wunderbaren Märchenschloß plötzlich als Persönlichkeitsanteil meines schläfrigen Analysanden vorzustellen?

Märchen sind als Produkte menschlicher Phantasie auch Selbstdarstellungen des Seelischen mit dessen Prozessen. Und somit drängt sich psychologische Deutung von Märchen geradezu auf, vor allem, seit C. G. Jung mit seinen Hypothesen über die Archetypen des kollektiven Unbewußten einen entscheidenden Deutungsschlüssel geliefert hat. Meines Erachtens ergibt psychologischer Umgang mit Märchen sowohl einen Gewinn als auch einen Verlust. Der Gewinn ist offensichtlich die Möglichkeit des konkreten Erfahrbarmachens. Solange Dornröschen in seinem Königsschloß gesegnet und verwünscht wird, lebt und einschläft, ist es in seine eigene Welt eingebettet, es hat einen festen Platz in unserer Vorstellung, die uns eventuell an unsere Kindheit erinnert, wo die Mutter uns das Märchen erzählte, oder wo es im Kindertheater oft kitschig als Weihnachtsmärchen aufgeführt wurde. Dornröschen hingegen als ein Symbol eigener schläfriger Unlebendigkeit rückt unter Umständen erfahrbar direkt unter die Haut. Trotzdem scheint mir immer, daß bei diesem Vorgehen auch ein Verlust in Kauf genommen werden muß. Es ist der Verlust an Poesie, an der spezifischen Atmosphäre der Märchenwelt. Und ich glaube, wir können mit Recht von »déformation professionelle« dann sprechen, wenn neben dem psychologischen Umgang mit Märchen die naive Offenheit für deren wundersame Poesie in uns verloren ginge. Ein solch beklagenswerter Verlust kann aber in Wirklichkeit mit oder ohne Psychologie eintreten.

ANMERKUNGEN

1 »Der Kamerad.« Norwegisches Volksmärchen. Die Märchen der Weltliteratur, Nr. 27, Diederichs, 1967.
2 Kinder- und Hausmärchen, ges. durch die Brüder Grimm. Die Märchen der Weltliteratur, Nr. 84, Diederichs 1922.
3 Kinder- und Hausmärchen, ges. durch die Brüder Grimm. Die Märchen der Weltliteratur, Nr. 83, Diederichs, 1922.
4 H. Bächtold-Stäubli: Handwörterbuch des deutschen Aberglaubens, unter »Greif«, de Gruyter, Berlin, 1930/31.
5 V. Maag: »Syrien – Palästina«, in Schmökel: Kulturgeschichte des alten Orients, S. 595 ff., Kröner, Stuttgart, 1961.
6 H. Reble: Geschichte der Pädagogik, S. 44 ff., Klett, Stuttgart 1962.
7 H. Reble: Geschichte der Pädagogik, S. 117, Klett, Stuttgart, 1962.
8 S. Freud: Ges. Werke, Bd. 15, S. 86, Fischer, Frankfurt, 1969.

Mario Jacoby

DORNRÖSCHEN UND DIE BÖSE FEE
Zum Problem des ausgesperrten Bösen

Vorbemerkung: Am Beispiel einer Pubertätsmagersucht läßt sich aufweisen, was die Dornröschenkonstellation für die individuelle Lebensproblematik eines jungen Mädchens bedeuten kann, bis hin zum Scheitern einer – ebenfalls in der Dornenhecke hängenbleibenden – Psychotherapie. Die Widerspiegelung des Dornröschenproblems in Übertragung und Gegenübertragung wird hierbei besonders zu bedenken sein.

Jedes Märchen stellt, wie wir uns schon klarmachten, in offener oder manchmal auch mehr versteckter Form einen Mangel oder eine Krise an den Anfang. Ein unbefriedigender Zustand wird beschrieben, der psychologisch als Leiden zu deuten ist. Bekanntlich kann Leiden zwar eine äußerst lähmende Wirkung haben, doch zugleich ist ohne das Leiden an Konflikten und Krisen Bewußtseinsentwicklung und Reifung nicht denkbar. Das Leiden ist also eine der wichtigsten Energiequellen, um den Prozeß der Bewußtwerdung in Gang zu bringen. Aus leidvollen Konflikten erwächst letztlich die Frage nach dem Sinn des Daseins. Die besten und wertvollsten schöpferischen Leistungen – seien sie geistiger, wissenschaftlicher oder künstlerischer Natur – gründen in der Ausgeliefertheit menschlicher Existenz an die Erfahrung des Leidens[1].

Für das psychologische Verständnis von Märchen ist es deshalb immer wichtig, nach der Bedeutung der Ausgangskrise zu fragen. Märchen beschreiben immer phantasierte Lösungs- und Erlösungsmöglichkeiten aus Krisen und Konflikten, die menschlichem Erleben in typischer Weise inhärent sind. In »Dornröschen« besteht diese Krise darin, daß König und Königin kein Kind bekommen. Die Situation ist also unfruchtbar. Symbolisch gesehen bedeutet Kinderlosigkeit, daß Erneuerung des Lebens nicht stattfinden kann. Der lebendige seelische Prozeß ist blockiert, was meist ein Grundgefühl von Leere, Langweiligkeit und unerträglicher Sinnlosigkeit bewirkt. Es ist gerade dieses Grundgefühl, welches unter anderem viele Menschen zur Aufnahme einer Psychotherapie motiviert und den dazu erforderlichen »Leidensdruck« ausmacht.

Um diesen Märchenbeginn genauer zu verstehen, müssen wir untersuchen, was König und Königin psychologisch bedeuten können. Wie alle Märchengestalten dürfen wir sie nicht als individuelle Personen auffassen, sondern als Symbolträger, die im ganzen Geschehen einen bestimmten Stellenwert besitzen. Zum psychologischen Verständnis der Figur des *Königs* wurde bereits das Wesentliche gesagt (vgl. das Eingangskapitel: »Märcheninterpretation aus der Sicht C. G. Jungs«). Er symbolisiert die jeweils »herrschende« Weltanschauung mit deren Werthierarchie, steht also für eine Norm, ein sakrosankt wirkendes Leitbild, an dem sich menschliches Verhalten orientieren kann. Ursprünglich galt er als die Verkörperung göttlicher Potenz auf Erden. Die durch ihn verkörperten Normen besitzen deshalb primär einen lebendigen, Kultur schaffenden Sinngehalt. Wie bereits erwähnt, ist es aber kaum zu umgehen, daß Neuschöpfungen religiöser, weltanschaulicher oder politischer Natur ihre unmittelbare lebendige Ausstrahlung verlieren, sobald sie sich einmal etabliert, organisiert und institutionalisiert haben. Nehmen wir als Beispiel die Spontaneität religiösen Erlebens im Urchristentum: Sie bedeutete einen religiösen Aufbruch, der neue Sinngebungen des Daseins inspirierte und für viele Menschen lebendigste innere Überzeugungskraft ausstrahlte, die selbst durch Marter und Tod nicht erschüttert werden konnte. Mit der Zeit wurde aus der Urerfahrung einzelner eine Institution, das Christentum wurde zur Staatsreligion ernannt. Das war ein großer Sieg, zugleich aber auch ein entscheidender Verlust. Das Reich Christi, welches »nicht von dieser Welt« ist, wurde in die Machtstrukturen eben »dieser Welt« hineingeholt und um viele Dimensionen verkürzt – nicht zu reden von der Pervertierung und dem Mißbrauch, dem es ausgesetzt war. Allerdings war auch schon in den ersten Jahrhunderten durch Synoden festgelegt worden, was an religiösen Inhalten und Vorstellungen zum Christentum gehört und was nicht. Einerseits war das sicher notwendig, andererseits entstanden dadurch aber verbindliche Lehrnormen, die mit immer größerem Absolutheitsanspruch auftraten. Und damit wurde gerade ein wesentliches altchristliches Prinzip aufgegeben, nämlich die Berufung auf die dem einzelnen geschenkte Erleuchtung durch den Heiligen Geist. Damit entstand ein Dogmatismus, eine Verfestigung unter einem System von philosophischen, rechtlichen und machtpolitischen Sicherungen, die bis heute nicht in Frage gestellt werden dürfen. An der Spitze steht der Papst, der doch weitgehend den diesbezüglichen »König« verkörpert. Für Luther wurde dann das »Wort Gottes« wie es im Evangelium, der Frohen Botschaft, verkündet ist, wieder zur Quelle unmittelbarer Ergriffenheit. Direkte Begegnung des einzelnen mit Gott, innere Erfahrung des »Wort Gottes« wurde das erneuerte Anliegen des beginnenden Protestantismus. Aber auch dieser neue, höchst bedeutsame urreligiöse Aufschwung erstarrte bald in Landeskirchen und einem orthodoxen Heidelberger Katechismus. – Der »König« wurde steril.

Ein solcher Lauf der Dinge entspricht archetypischer Gesetzmäßigkeit: Leben in seinen biologischen wie in seinen psychischen und geistigen Aspekten bedarf ständiger Erneuerung.

Vor allem heute werden »Könige« als herrschende Wertkategorien dauernd entthront. Aber schon sitzt unvermittelt und ungeahnt wieder ein neuer »König« dort. Wir vernehmen z. B. seit dem letzten Jahrzehnt den Ruf nach anti-autoritärer Erziehung, nach Freiheit von der Repression durch das Establishment, nach Revolution der bestehenden, ungerechten Gesellschaftsordnung. Doch welch autoritäre »Könige« nisten sich da im geheimen wieder ein, welch fanatische Intoleranz üben diese an sich wertvollen Ideen der Antiautorität, der sozialen Gerechtigkeit und Freiheit auf die von ihnen Ergriffenen aus.

Es ist wichtig, »Könige« zu entthronen. Den Symbolgehalt des Königs aber können wir nicht beiseite schaffen, weil er Bestandteil menschlichen Wesens ist. Wir dürfen den inneren König nur nicht unumschränkt und autoritär regieren lassen – was er immer dann zu tun vermag, wenn wir uns seiner Herrschaft unbewußt sind, unsere inneren Wertdominanten nicht in Frage stellen können. Damit werden wir zu Untertanen, das heißt zu ausführenden Organen kollektiver Normen degradiert. Wir verlieren unseren individuellen ethischen Standpunkt, erleiden ein »Verfallensein an das Man« – um mit Heidegger zu sprechen. Viele Menschen ertragen dieses Untertanensein auf die Dauer nicht, da es neurotisierende Wirkung haben kann, den Prozeß der Individuation blockiert. Therapeutische Analyse besteht deswegen zum großen Teil darin, die destruktiv gewordenen inneren Wertdominanten, den inneren »König« in seiner Beschaffenheit und Wirkung bewußt zu machen und damit zu modifizieren. Dieses Problem wird häufig im Märchen als Erneuerung des Königs dargestellt.

Was bedeutet die *Königin?* Sie ist der weibliche Gegensatz innerhalb eines durch den König beherrschenden Wertsystems. Im Gegensatz zum König, dem »Sohn der Sonne«,[2] steht sie als weibliches Prinzip mit dem Mond in Beziehung[3]. Auch aus Mozarts Zauberflöte kennen wir zum Beispiel die »Königin der Nacht«. Der Mond als Nachtgestirn vermag die Dinge nicht in klare Helligkeit und volle Farbwirkung zu bringen. Er verklärt mit Silberglanz und erweckt Ahnungen. Schönste lyrische Poesie ist vom Mond und seinem eigenartigen Zauber inspiriert. Sonnenlicht ermöglicht klare Begrenzung der einzelnen Objekte, steht für Tageswachheit und Bewußtseinshelle. Mondlicht erwirkt vor allem gewisse Stimmungen: Sehnsucht, Beglückung, Andacht oder Traurigkeit. Während also der König die jeweils festumrissen herrschende Weltanschauungsnorm und die auf ihr gründenden Wertungen darstellt, bedeutet die Königin ahnungsvolle Sensibilität gegenüber untergründigen Stimmungen und Gefühlen – die Öffnung gegenüber dem Unbewußten und Irrationalen. Sie ist gleichsam die »schwache Stelle« innerhalb des königlichen Systems, die sich im Laufe vieler Märchen aber immer wieder gerade als das Zukunftsträchtige entpuppt. Nur das Weibliche kann Neues gebären durch Empfangsbereitschaft, Verbundenheit mit der Natur und dem Seelischen.

In unserem Märchen ist aber das Königspaar steril. Ihre Beziehung ist nicht befruchtend. Etwas ist im natürlichen Ablauf gestört. Und so ist es bezeichnenderweise die Königin, die etwas zur Überwindung der Krise unternimmt: Sie steigt ins Bad.

Das *Bad* und das Eintauchen im Bad hat eine äußerst reiche Symbolik. Vor jeder Mysterienhandlung mußte in Griechenland ein Bad genommen werden. Im Judentum mußte der Hohepriester am Yom Kippur, dem Versöhnungstag der Juden, sich fünfmal ganz baden und zehnmal Hände und Füße waschen. Die christliche Taufe war ursprünglich ein totales Eintauchen ins Wasser – in der griechisch-orthodoxen Kirche werden die Neugeborenen bei der Taufe immer noch vollständig ins Wasser getaucht. »König und Königin im Bade« spielen in der alchimistischen Symbolik eine große Rolle, worüber Jung viel geschrieben hat.[4] Das Bad hat selbstverständlich mit purificatio, der äußeren und inneren Reinigung zu tun. Zugleich leitet es aber, wie in der Taufe und den Mysterienkulturen ersichtlich, auch ein tieferes Wandlungsgeschehen ein. Im Märchen spielt das Baden als Erlösungsmotiv häufig eine Rolle. Durch das Bad finden oft die in Tiere verwandelten Figuren ihre eigentliche menschliche Gestalt wieder. Wasser als absolut notwendiges Urelement des Lebens ist Symbol für das schöpferische Unbewußte. Mit Wasser in Berührung zu kommen, einzutauchen ins Wasser, heißt auch, sich von diesem Element umspülen lassen, mit dem Lebendigen in sich selbst in Beziehung treten.

Das tut die Königin unseres Märchens. Psychologisch kann man annehmen, daß es sich dabei um das »Ausbaden« einer Situation handelt, das Ernstnehmen aller Gefühle, Phantasien und Assoziationen, die sich um den Komplex »leer und steril zu sein«, gruppieren. Das kann eine reinigende, psychokathartische Wirkung haben. Jedenfalls bringt das Bad einen Prozeß in Bewegung.

Im Märchen erscheint prompt der *Frosch,* der vom Wasser ans Land gestiegen ist, um der Königin die Geburt eines Mädchens anzukündigen. Der ketzerische Gedanke ist nicht zu unterdrücken, daß hier eine merkwürdige Variante des neutestamentlichen Verkündigungsmotivs im Spiel ist. Der Jungfrau Maria erscheint der Engel des Herrn, in unserem Märchen erscheint ein Frosch. Versuchen wir, mit Hilfe der Amplifikation zu verstehen, was der Frosch in diesem Zusammenhang psychologisch bedeuten kann: Frösche zeichnen sich vor allem durch ihre nackte Haut aus, welche Feuchtigkeit aufnimmt und zugleich Schleim absondert. Sie rufen deshalb beim Menschen oft Ekel hervor. Man findet sie immer in der Nähe von Wasser, ihr Leben beginnt am Abend mit der Dämmerung. Im Mittelalter wurden Frösche zum Liebeszauber verwendet. Sie symbolisieren Fruchtbarkeit und Sexualität. Das Froschgequake im Frühling wird im Aberglauben auch mit dem Schreien ungeborener Kinder assoziiert.[5] Psychologisch gesehen hat der Frosch deshalb die Qualität, Inhalte zu symbolisieren, die eine starke Tendenz zum Geborenwerden, das heißt zur Bewußtwerdung, enthalten.[6] Im Gegensatz zum Engel des Herrn, der ins lichte, geistige Himmelreich gehört, ist der Frosch ein primitives Sumpf- und Nachtwesen. Durch ihn spricht höchstens die dunkle Große Naturmutter,[7] die trotz lichtem Christentum ihren Platz im Aberglauben, in der menschlichen Seele und eben auch im Märchen behauptet. Man könnte – allerdings als Spekulation – annehmen, daß die Sterilität der königlichen Bewußtseinshaltung mit den naturfeindlichen, einseitig geistig gerichteten, streng »christlichen« Normen zu tun hatte, so daß im Märchen eine Kompensation durch das dunkle, trieb- und instinkthafte Naturwalten angedeutet wird. Märchen sind ja im allgemeinen bei ihren magischen, dem Aberglauben verwandten Inhalten nicht christlich, sondern kompensieren die offizielle christliche Bewußtseinsausrichtung. Aus dem dunklen Vitalbereich der Großen Mutter Natur entsteht also der neue Inhalt, die Heldin unseres Märchens.

Die königliche Freude über das schöne Mädchen ist groß, und es werden die weisen Frauen, die Feen, eingeladen zum Fest. Hier zeigt sich erneut ein Mangel des Königreiches: Es gibt nur zwölf goldene Teller, so daß eine der dreizehn weisen Frauen zu Hause bleiben muß. Daraus entsteht eine Bedrohung für das soeben geborene Kind. Die Bedrohung des Heldenkindes ist ein sehr verbreitetes mythologisches Motiv. Das Moseskind wird im Fluß ausgesetzt, das Zeuskind muß vor dem verschlingenden Vater Kronos versteckt werden usw. Vom psychologischen Standpunkt fällt in diesem Zusammenhang die Tatsache auf, daß Inhalte, die sich in statu nascendi manifestieren, von der alten Einstellung bedroht sind. Kraß sehen wird das z. B. bei abklingenden Depressionen, wenn sich ein neues Lebensgefühl zu manifestieren beginnt. In dieser Zeit muß der Patient am meisten bewacht werden, da die Suizidgefahr erfahrungsgemäß am größten ist.

Um zu verstehen, was die *Feen* bedeuten, ist es hilfreich, der Etymologie ihrer Bezeichnung nachzugehen. Das Wort kommt aus dem französischen und ist ursprünglich von Fata (lateinisch) abgeleitet, was Schicksalsgöttin bedeutet. Im Mittelhochdeutschen wurde das Wort als »Fei« entlehnt, was noch im Verb »feien, gefeit sein«, nachwirkt. Gefeit sein heißt, sich gesichert oder abgesichert zu fühlen. Die Feen sind also mit dem Schicksal verbunden, ähnlich wie die Moiren oder Parzen, welche den Schicksalsfaden weben und nach Gutdünken abschneiden. Im allgemeinen aber haben die Feen einen freundlicheren, weniger unerbittlichen Akzent. Die guten Feen verleihen Gaben, beschenken den Menschen unter der Bedingung, daß er sich ihnen gegenüber richtig verhält. In Ost- und Südosteuropa herrscht noch heute ein alter Glaube, daß nach der Geburt eines Kindes drei weiße Frauen oder Geburtsgöttinnen erscheinen und dem Kind sein Los zuteilen. Sie müssen aber – genau wie die Kobolde –

durch Speis und Trank freundlich gestimmt werden.[8] So wird das Kind durch Speiseopfer geschützt. Im Brauch des Taufmahles, bei dem Pate und Patin anwesend sind, finden wir heute noch Anklänge an diesen Glauben, mit christlicher Akzentverschiebung.

Es ist eine interessante Frage, warum in Mythen und Märchen das Schicksal meist mit weiblichen Gestalten in Zusammenhang steht. Im griechischen Mythus hat selbst der Göttervater Zeus keine Macht über die schicksalsspinnenden Moiren. Sie sind seinem Einflußbereich übergeordnet. Das Schicksal liegt im Dunkel der Großen Mutter Natur verborgen, die jedem Menschen sein Los und seine natürlichen Potentialitäten mitgibt. Auch wissen wir, wie schicksalsbestimmend die früheste Kindheit ist, wo der Säugling auf Gedeih und Verderb der Mutter und ihrem Verhalten ausgeliefert ist. Hier, in der Urbeziehung, entscheidet es sich weitgehend, ob der jeweilige spätere Weltentwurf ein Grundgefühl von Vertrauen und Selbstvertrauen oder von Mißtrauen und Angst beinhaltet. Für den Säugling ist die Mutter noch keine eigene, von ihm selbst unterschiedene menschliche Person. Er erlebt aber ganz existenziell das Behagen von Genährtwerden und Geborgensein oder das intensive Unbehagen von Verlassensein und Angst. Die Mutter bezieht sich zwar in persönlicher Weise auf ihr persönliches Kind, zugleich wird aber ein natürlicher Mutterinstinkt, mütterliches Erleben und Verhalten schlechthin in ihr wirksam. Die ganze Kind-Mutter-Situation ist also archetypisch, steht – symbolisch gesprochen – unter der Dominanz der Großen Mutter. Es ist nun entscheidend, in welcher Weise die persönliche Mutter zu ihrer eigenen Mütterlichkeit und damit zum Säugling in Bezug steht. Durch bewußte oder unbewußte Ablehnung des Kindes und damit ihrer eigenen Mütterlichkeit, kann sie gleichsam die Muttergöttin verärgern, was sich an der Entwicklung des Kindes rächt. Deshalb schreibt Erich Neumann: »Die große Mutter der Urbeziehung entscheidet als Schicksalsgottheit nicht nur durch ihre Gunst oder Ungunst über Leben und Tod, positive oder negative Entwicklung, sondern gleichzeitig ist ihr Verhalten ein Spruch, ein höchstes Gerichtsurteil.«[9] Er spielt damit auf die tiefen, oft unergründbaren Schuldgefühle an, die man bei Menschen mit schwer gestörten Urbeziehungserlebnissen antrifft.

Somit wird es verständlich, warum sich das Schicksal in weiblichen Händen befindet. Feen aber sind freundliche Muttergestalten, welche dem Einfluß des Menschen, das heißt der bewußten Einstellung, durchaus zugänglich sind. Wenn man sie bewirtet, sie hereinläßt und ihnen Aufmerksamkeit schenkt, üben sie eine wohltätige Wirkung aus. Es kommt also auf die bewußte Beziehung zu diesen Inhalten des Unbewußten an. C. G. Jungs psychotherapeutischer Leitsatz hat hier seine Gültigkeit: »Die einzige Möglichkeit, den Wirkungen und Eigenschaften unbewußter Inhalte praktisch beizukommen, besteht darin, daß man versucht, dem Bewußtsein jene Einstellung zu geben, die es dem Unbewußten erlaubt, zu kooperieren statt zu opponieren.«[10]

In unserem Märchen ist es die dreizehnte Fee, welche den Fluch ausstößt. Dabei ist zu vermerken, daß in verschiedenen Versionen der Dornröschenerzählung die Anzahl der Feen wechselt. Manchmal wird von sieben eingeladenen Feen berichtet, wobei die achte aus irgendeinem Grund nicht geladen ist. Manchmal ist von den drei eingeladenen Feen eine erzürnt.[11] Ich möchte mich hier aber an die Grimm'sche Version halten und die *Zahlensymbolik* von zwölf und dreizehn auf ihren psychologischen Gehalt hin untersuchen.* Die Zahl dreizehn ist im Aberglauben eine berüchtigte Unglückszahl. Woher kommt das wohl? Die Zwölf ist eine durch die archetypischen Zahlen drei und vier geordnete Ganzheitszahl, das Dutzend. Das Jahr braucht zu seiner Vollendung zwölf Monate, vier Jahreszeiten von je drei Monaten. In den meisten antiken Mysterien hat die Zwölfzahl die Bedeutung der zwölf Nacht- oder Tagesstunden und zugleich der zwölf Grade der Verwandlung, die oft durch zwölf Gewänder ausgedrückt werden. Das dreizehnte Gewand ist hier die höchste und definitive Stufe und stellt die solificatio (die Sonnen-Werdung), als das erreichte mystische Ziel dar.[12] Diese dreizehnte Stufe begreift die vorigen zwölf Stufen in sich ein und bedeutet daher eigentlich die Zwölf als ein Ganzes, ähnlich der »quinta essentia«, welche die Vier-Zahl als Ganzes, als »Essenz« beinhaltet. Doch auf der andern Seite fällt die Dreizehn aus der Ordnungszahl zwölf

* Vgl. dazu auch die symbolische Interpretation der Dreizehn in I. Riedel: »Das Mädchen des Schmieds, das zu schweigen verstand«, S. 130 ff.

heraus, sie ist ein Anhängsel, ein Zuviel, ist überflüssig in dem durch zwölf dargestellten Kosmos. Bei dreizehn fällt man aus dem kosmisch Geordneten heraus ins Chaotisch-Irrationale, wo die Dinge unkontrollierbar werden und deshalb oft Angst und Unbehagen erzeugen. Aus dem unkontrollierbaren Bereich kann alles entstehen: Glück und Unglück. Deshalb ist die Dreizehn manchmal auch Glückszahl. Beide Deutungsmöglichkeiten der Zahl dreizehn, als die Essenz der Zwölf einerseits und als das Chaotische andererseits, spielen möglicherweise für eine Erläuterung des Geschehens in unserem Märchen eine Rolle. Für das Chaotisch-Dunkle, Irrationale gibt es in dem Königreich keine Aufnahmemöglichkeit. Bei jeglicher bewußten Einstellung wird nämlich immer etwas außer acht gelassen, die Ganzheit ist nie überschaubar. In unserem Fall ist es die dreizehnte Fee, die einerseits das dunkle, irrationale Moment in der Natur darstellt, andererseits die Gesamtheit alles natürlich-chthonischen Geschehens, die Essenz aller Naturmutter-Varianten. Wenn sie nicht eingeladen oder nicht beachtet wird, fallen die Dinge aus dem Gleichgewicht – wie wir an unzähligen Neurosen oder auch an Zivilisationsdeformationen feststellen können. Das Unbewußte erscheint dann als feindlich, bewirkt einengende Symptome, rächt sich für die Vernachlässigung genau so wie sich der Körper bei Vernachlässigung seiner Bedürfnisse durch Krankheit rächt. Für unser Märchengeschehen ist es bedeutsam, daß die dreizehnte Fee mit der zwölften sozusagen den Platz vertauscht, so daß die ganze Situation doch noch gemildert werden kann. Die dreizehnte bricht in die Ordnung der zwölf ein, und somit wird das Negative im letzten Moment noch zwangsläufig in die strukturierte Bewußtseinsmöglichkeit aufgenommen, wodurch die *ganze* Situation, symbolisiert in der Zahl dreizehn, an Destruktivität verliert. Wenn man sich über die destruktiven Seiten in einem selbst bewußt wird, sind letztere damit nicht weginterpretiert oder weggeblasen. Unter Umständen sind sie aber durch Bewußtwerdung etwas weniger autonom geworden, können einen nicht mehr gänzlich unerwartet und total überfallen. Jedenfalls ist dies eine durch manche Erfahrung erhärtete psychotherapeutische Hoffnung. Der Fluch kann auf keinen Fall rückgängig gemacht werden, sondern durch die Dreizehn, als Ganzheit der Zwölf, nur gemildert werden. Nirgends kann ein Fluch oder ein Segen rückgängig gemacht werden. Einmal ausgesprochen, wirkt er. Zu denken wäre hier auch an die Geschichte von Isaak im Alten Testament, der unwissentlich anstelle des erstgeborenen Sohns Esau seinen jüngeren Sohn Jakob segnet. Dieser Irrtum kann deshalb nicht berichtigt werden, weil Isaak selbst nicht Herr über Segen und Fluch ist.

Man ist also gezwungen, mit dem Destruktiven in sich irgendwie bewußt umzugehen. Der König im Märchen gibt aber ein typisches Beispiel dafür, wie man nicht damit umgehen sollte – nämlich mittels Verdrängung. Seine Anordnung heißt: Alle *Spindeln* im ganzen Königreiche sollen verbrannt werden. Zuoberst im alten Turm, eingeschlossen mit einem verrosteten Schlüssel, sitzt aber eine rätselhafte Alte, zu der der Befehl des Königs anscheinend nicht gedrungen ist. Verdrängung ist also selten eine geglückte Lösung des Problems, irgendwo »im Oberstübchen« spukt es doch weiter, besonders wenn es um etwas so Wichtiges wie das Spinnen geht. *Spinnen* und *Weben* sind typisch weibliche Tätigkeiten, die in unzähligen Mythen und Märchen eine Rolle spielen. Es ist diesbezüglich interessant, daß im Mittelalter die Spindel geradezu das Kennzeichen der deutschen Frau war, während das Schwert als Merkmal des deutschen Mannes galt. Daher nannte man die Verwandten väterlicherseits »Schwertmagen«, die der Mutter »Spindelmagen«.[13] Das Schwert symbolisiert aktive Auseinandersetzung, scheidender, ent-scheidender und unterscheidender »Logos«. Spindel hingegen steht mehr für Zusammenfügen, In-Beziehung-bringen, das heißt für »Eros«. Phantasietätigkeit – auch erotischer Natur – wird im Volksmund oft als »Spinnen« bezeichnet. »Gretchen am Spinnrad« heißt eines der schönsten Liebesgedichte.[14]

Selbstverständlich läßt sich die Gleichsetzung von »Logos« mit männlich und von »Eros« mit weiblich nicht auf Mann und Frau als konkrete Personen übertragen. »Logos« und »Eros« sind vielmehr Grundprinzipien psychischen Lebens, die in beiden Geschlechtern wirksam sind.[15]

Wenn nun alle Spindeln und damit auch die Tätigkeit des Spinnens aus dem Königreich verbannt werden müssen, bedeutet das – in psychologischer Sprache – Verdrängung von Phantasie und Eros.

Das Kind muß also vor seinen eigenen spontanen Phantasien und Impulsen bewahrt werden. Das erleben wir auch beispielsweise im Pietismus, wo die Anschauung herrschte, daß die menschliche Natur schlecht sei, und daß das Kind davor bewahrt werden müsse, natürlich-spontan zu sein und seine Phantasie spielerisch zu gestalten. Es wurde möglichst eingeschlossen, zu Arbeit und Gebeten angehalten und ständig überwacht.[16] Spinnen durfte es höchstens noch im Traum, wo das Kämmerlein der alten Spinnerin oben im Turm unkontrollierbar ist.

Es ist bezeichnend, daß der Drang zu spinnen mit 15 Jahren übermächtig wird, wie unser Märchen erzählt. In dieses Alter fällt die geschlechtliche Reifung. Die erwachende Sexualität mit den dazugehörenden Phantasien wirkt aber wie Gift, wenn ihr Einbruch das Mädchen gänzlich unvorbereitet trifft. Dabei ist die spinnende Alte oben im Turm wohl als eine Erscheinungsweise der bösen Fee zu deuten, welche den Fluch ausgesprochen hatte und für dessen Verwirklichung sorgt. Psychologisch können wir hier vom »negativen Mutterkomplex« sprechen, der in einer solchen Situation oft akut wird. Unter anderem ist es dieser negative Mutterkomplex, der öfters hinter dem Zwang junger Mädchen steht, die eigene erwachende Weiblichkeit innerlich ablehnen zu müssen, sie negieren und umbringen zu wollen. Er bewirkt also gegen die eigene Person gerichtete »Hirngespinste«, autonome, affektgeladene Phantasien der eigenen Minderwertigkeit. Die eigene Existenz in ihrer natürlichen Entfaltung kann nicht bejaht werden. Und so ist es auch unvorstellbar, sich von einem Partner je bejaht und ernstgenommen zu fühlen. Der Stich an der Spindel bedeutet somit, daß die Möglichkeit, eine reife Frau zu sein und auf einen Mann zu »spinnen«, traumatisierend wirkt. Die Spindel verwundet, was psychologisch bedeutet: Einbrechende erotische Phantasien und Impulse mobilisieren lähmende Angst. Der Schlafzustand Dornröschens hat wohl mit der Unerwecktheit und dem Einsamkeitsgefühl bei Frauen zu tun, die in einer solchen Konstellation befangen sind. Jeglicher Versuch aber, ihnen emotionell nahe zu kommen, wird mit aggressiver Verteidigung abgewehrt. Dornen werden jedem Mann ins Fleisch gejagt, wenn er sich zu nähern wagt. Beispielsweise schützen ironisierende, ihn und seine

Männlichkeit lächerlich machende Bemerkungen vor der gefürchteten Intimität. *Die Rose* ist ja *das* Symbol der Liebe und des Gefühls. Bekanntlich gibt es aber keine Rose ohne Dornen. Letztere symbolisieren die Kehrseite liebender Hingabe – die verletzende Abwehr. Frauen mit dieser Problematik leiden selbst an ihren Dornen, wie ich in meiner Praxis oft feststellen konnte. Die Angst ist stärker als sie selbst. Der König-Vater, der alle Spindeln verbrennen läßt, lebt weiterhin in ihnen mit der alles beherrschenden Anschauung: Es ist gefährlich, Gefühle aufkommen zu lassen. Oft wird die eingeschlafene Beziehungsfähigkeit mit großer beruflicher Tüchtigkeit kompensiert – aber eine große Leere und Einsamkeit, die möglichst nicht zugegeben werden darf, breitet sich immer mehr aus, je weiter die Dornenhecke zuwächst.

Eine typische, oft sehr schwere Neuroseform junger Mädchen in diesem Alter ist die Pubertätsmagersucht, die anorexia nervosa. Die Mädchen verweigern das Essen, und falls sie sich dazu zwingen, müssen sie alles wieder erbrechen. Die Menstruation setzt aus und als wichtigstes Symptom ist das Lügen bekannt, das Überhandnehmen negativer »Hirngespinste«. Es soll nun ein Beispiel von Pubertätsmagersucht dargestellt werden, an dem die dahinter liegende Dornröschen-Konstellation gut sichtbar wird. Unser Märchen beschreibt also in symbolischer Form den archetypischen Hintergrund, auf dem eine vielschichtige individuelle Problematik beruhen kann.

Das 15jährige Mädchen, von dem hier die Rede sein soll, mußte in eine psychiatrische Klinik eingewiesen werden. Hanna, wie wir die Patientin nennen wollen, konnte nicht mehr essen. Sie wollte es zwar, hatte aber einen unüberwindlichen Widerstand dagegen, eine ständige Appetitlosigkeit. Jedesmal, wenn sie sich zum Essen zwang, mußte sie alles wieder erbrechen. Sie war bei ihrer Einweisung bereits in einem besorgniserregenden Zustand von Lebensgefahr und wurde in der Klinik erstmals künstlich ernährt. Nach einigen Wochen war sie etwas kräftiger und konnte eine Psychotherapie mit mir beginnen. Hanna war äußerlich freundlich. Sobald ich ihr aber aus therapeutischer Notwendigkeit näher kommen wollte, stieß ich auf eine »Dornenhecke«. Ihre Abwehr bestand in spitzen, aggressiven Anklagen gegen die Klinik, die Mutter, Schwester, Großmutter, und bei der ersten Gelegenheit auch gegen mich. Diese Anklagen brachte sie mit ganz leiser, aber penetrant nörgelnder Stimme hervor. Ihre Stacheln oder Dornen waren immer wieder gut spürbar. Gleichzeitig träumte sie, daß sie in einem Burgverließ vegetieren müsse – eine Intensivierung des Dornröschenmotivs.

Aus ihrer Lebensgeschichte war folgendes wichtig: Ihre Eltern hatten von Anfang an in einer schlechten und höchst ambivalenten Ehe gelebt. Die Mutter war immer noch in hohem Maße an ihre eigene Mutter, die Großmutter der Patientin, gebunden. Diese Großmutter konnte den Vater von Hanna nie akzeptieren und suchte die Ehe ihrer Tochter zu untergraben. Umgekehrt verstand es der Vater nicht, seine Schwiegermutter für sich zu gewinnen. Als Ausweg fand er eine außereheliche Beziehung. Daraufhin wurde die Scheidung erreicht, und die Mutter zog mit der Patientin und deren jüngerer Schwester in den Haushalt der Großmutter. Die übermächtige Mutter-Großmutterwelt konnte also den Vater eliminieren. Die Großmutter war sehr reich und verwöhnte das Kind im Übermaß – allerdings unter der Bedingung, daß es immer dafür dankbar sein, die Großmutter lieben und ihr aufs Wort gehorchen sollte. Die Mutter war auch von der Großmutter beherrscht, ging einer Arbeit nach und sah das Kind nicht so oft. Als nun das Kind heranwuchs, zeigte sich immer mehr, daß es sehr viele Züge ihres von Mutter und Großmutter gehaßten Vaters annahm. Das wurde ihr bei jeder Gelegenheit vorgeworfen. Sie fühlte sich deshalb mehr und mehr ausgestoßen und wurde furchtbar eifersüchtig auf ihre jüngere Schwester, die ganz der Mutter glich. Die böse Schicksalsfee hatte sie also dazu verflucht, Züge des Vaters tragen zu müssen, eines Vaters, der das Böse zu verkörpern schien, und den man nur in aggressivem Ton zu erwähnen pflegte. Gleichzeitig fing Hanna aber an, Phantasien über ihren Vater zu spinnen. Der ferne, unbekannte Vater wurde das Objekt ihrer geheimen Sehnsucht – er würde sie sicher lieben, wenn sie ihm doch so ähnlich sah. Doch solche Hirngespinste verursachten ihr wiederum Schuldgefühle. Sie waren ja verboten. Niemandem hätte sie so etwas zu sagen gewagt. Mutter und Großmutter wären furchtbar böse geworden und hätten sie noch mehr verstoßen. »König« in dieser Familie war das ungeschriebene Gesetz, daß man im Interesse der so wichtigen Familieneintracht keine solchen Hirngespinste haben darf. Die Spindeln mußten also aus dem Königreich verbannt werden. Als die Patientin zwölf Jahre alt war, heiratete die Mutter wieder und zog mit ihren Kindern aus dem großmütterlichen Haushalt aus. Die Großmutter konnte aber ihre Machtposition nicht aufgeben. Sie machte sich dauernd mit vielen Geschenken und verwöhnenden Einladungen bemerkbar. Da der neue Gatte kein sehr hohes Einkommen hatte, nahm die Großmutter die Gelegenheit wahr, im Haushalt dauernd etwas beizusteuern. Damit hoffte sie Dankbarkeit und Liebe zu ernten und nicht ausgeschaltet zu sein. So hatte man immer das Gefühl, von der Großmutter noch abhängig zu sein. Es muß hier auch vermerkt werden, daß die Großmutter Klinikaufenthalt und Psychotherapie meiner Patientin bezahlte! Hanna verstand sich sehr gut mit ihrem neuen Stiefvater. Sie liebte ihn heimlich, was bei ihrer Vatersehnsucht begreiflich ist. Zugleich machte die Großmutter weiterhin oft spitze Bemerkungen gegen den Stiefvater, der ja nicht einmal seine Familie ernähren könne – was im übrigen gar nicht stimmte. Es war also für Hanna ein zweischneidiges Schwert, den Stiefvater, den Mann ihrer Mutter, zu lieben, wie das noch in kindlich-töchterlicher Weise geschah.

Sie kam nun in die Frühpubertät, und es zeigte sich, daß der Stiefvater ihren zunehmend weiblichen Reizen gegenüber alles andere als unempfindlich war. Er versuchte eines Tages, sich ihr in offen sexueller Weise anzunähern, was bei ihr ein Trauma auslöste. Sie verwundete sich an der Spindel ihrer an sich begreiflichen Hirngespinste, die sicherlich den Stiefvater unbewußt herausgefordert hatten. Die »nikkende Alte«, welche vor allem durch ihre persönliche Großmutter wirksam war, hatte also recht mit ihrer Männerablehnung. Von da an verlor Hanna ihren Appetit und schämte sich ihrer weiblichen Brüste. Auch setzte bezeichnenderweise ihre Menstruation aus. Ihre ganze weibliche Instinktwelt verfiel also einem Dornröschenschlaf, was zugleich Depression und gefährliche Lebensverneinung zur Folge hatte.

Nach einigen Monaten stationärer Behandlung und intensiver Psychotherapie in der psychiatrischen Klinik sah es aus, als ob die ersten Dornenhecken weichen würden. Die Menstruation setzte wieder ein, ihr Gewicht nahm zu, und aus ihren Träumen konnte ich einen Beginn neuen Lebens entdecken. Aber die Großmutter kam und suchte in »wohlmeinender« Rede, solch ein Erwachen unbewußt zu verhindern. Bei jedem Besuch rechnete sie ihr vor, was so ein Klinikaufenthalt und eine Psychotherapie koste, wie dankbar Hanna deshalb der sich aufopfernden Großmutter zu sein habe. Das reizte jedesmal den Widerstand des Mädchens. Es waren ihre an sich gesunden Befreiungsimpulse, die nicht mehr auf Großmutters Gnaden angewiesen sein wollten. Das wirkte sich aber insofern kontraproduktiv aus, als Hanna deshalb viel zu früh auf Entlassung aus der Klinik drängte. Von der Familie wurde sie gerne zurückgeholt, bedeutete der ganze Klinikaufenthalt doch einen Schandfleck. Obwohl Hanna weiterhin ambulant in Psychotherapie kam, verstärkten sich im alten Familienmilieu ihre Symptome wieder. Dieser Umstand bot Mutter und Großmutter wiederum Handhabe, ihr immer wieder zu zeigen, daß Psychotherapie ja doch nichts nütze. Von der übermächtigen Mutter-Großmutterwelt wurde alles unternommen, um das minimale Fünklein Vertrauen, das sich dem Therapeuten gegenüber zu entfachen begonnen hatte, wieder zum Erlöschen zu bringen. Als ich dann kurze Zeit später in eine neue Wohnung umzog, hieß es, der Weg sei nun für die Tochter zu weit. Ich wurde also, mitsamt meiner Funktion als Psychotherapeut, von den negativen Müttern genau so eliminiert wie vorher Hannas Vater und Stiefvater. Der psychotherapeutische Befreiungsversuch blieb somit an den Dornen hängen und »starb eines jämmerlichen Todes« – wie das Märchen erzählt. Die Zeit der Erlösung schien noch nicht gekommen zu sein.*

Doch wo von Dornen die Rede ist, besteht auch die Möglichkeit blühender Rosen. Sie blühen für denjenigen Prinzen, der das Glück hat, sich zur richtigen Zeit zu nähern, nach Beendigung des hundertjährigen Fluchs. Man darf die *hundert* Jahre selbstverständlich nicht anhand unseres Kalenders nachzählen, so wenig wie die eschatologischen »Tausendjährigen Reiche«. Das letzte »Tausendjährige Reich«

* Wie sich das Dornröschen-Motiv im Seelenleben eines Mannes auswirken kann, wurde schon im vorausgehenden Kapitel »Verwunschenheit und Erlösung – Märchen in der psychotherapeutischen Praxis« dargestellt, S. 160 ff.

ist ja nach bitteren zwölf Jahren in Schutt und Asche versunken. Zehn, Hundert, Tausend sind Zahlen, die eine Totalität symbolisieren. Im Aberglauben gilt die Zeit von hundert Jahren fast durchweg als Wartezeit für die armen Seelen. Auch ist ein einziger Tag, den der Mensch im Geister- oder Totenreich verbringt gleich hundert Jahren.[17] Das Zeitelement spielt in jeder menschlichen Entwicklung – wie überhaupt in der Natur – eine entscheidende Rolle. Alles braucht seine Zeit. Es gibt eine chinesische Legende, nach der Bauern auf die Idee kamen, der Langsamkeit des natürlichen Wachstums ihrer Reispflanzungen etwas nachzuhelfen. Sie zupften jeden Tag an ihnen, um ihr Wachstum zu beschleunigen – bis die Pflanzen an Entwurzelung abstarben. Auch Langsamkeit und Langwierigkeit vieler Prozesse in der Analyse werden oft bitter beklagt. Aber die hundert Jahre sind für jeden Menschen oft von verschiedener Länge, entsprechend seiner Problematik und seinem persönlichen Rhythmus. Versuche zur Beschleunigung verbluten an der Dornenhecke. Die Zeit muß reif sein – und zur Reifung benötigt die Natur eine bestimmte Zeit.

Jeder Analytiker weiß auch, daß Deutungen das richtige »timing« benötigen, eine instinktive Abschätzung, für welche Deutungen die Zeit im Prozeß reif ist und für welche noch nicht. Es ist deshalb oft wenig fruchtbar, wenn Menschen mit psychischen Schwierigkeiten und Ängsten von wohlmeinenden Freunden oder Verwandten in Analyse geschickt werden und sie nicht aus eigenem Entschluß einen Therapeuten aufsuchen. In diesen Fällen ist für den Analytiker wie für den Analysanden der Zugang zum wesentlichen inneren Geschehen oft versperrt, die Zeit für den schweren Weg der Selbsterkenntnis ist nicht oder noch nicht reif.

Im ganzen gesehen ist Dornröschen kein sehr dramatisches Märchen. Die Heldin erleidet ihr Schicksal vor allem passiv, und auch der erlösende Prinz braucht keine eigentliche Heldentat zu vollbringen. Es ist die Zeit, die für ihn arbeitet. Wie von selbst gewinnt er im *richtigen Moment* Zugang zur schönen Prinzessin. Es heißt, einfach zu warten, bis der »Knopf aufgeht«, was für gewisse psychische Entwicklungsrückstände manchmal die einzige Möglichkeit ist.

Anscheinend wird nach hundert Jahren der Zustand vor der Traumatisierung einfach wiederhergestellt. Das Märchen beschreibt dies in allen Einzelheiten – bis hin zum Koch, der dem Küchenjungen die vor hundert Jahren beabsichtigte Ohrfeige endlich verabreicht, »daß er schrie«. Trotzdem besteht der Märchenschluß nicht nur aus einer Wiederherstellung des status quo ante. Als Neues ist ein *Prinz* dazu gekommen. Im Gegensatz zur rein medizinischen Behandlung, die einen vormaligen Gesundheitszustand wiederherzustellen trachtet, liegt es gerade im Wesen einer psychischen Therapie, daß Heilung meist nur in einer neuen Bewußtseinseinstellung liegen kann, was bis zu einem gewissen Grad auch eine Reifung der Persönlichkeit bedeutet. Der Akzent in der Psychotherapie liegt deswegen nicht auf Wiederherstellung, sondern auf psychischer Wandlung. Somit können medizinische Kategorien von Heilung nie vollständig auf Psychotherapie übertragen werden, ohne daß deren Eigengesetzlichkeit vergewaltigt wird.

Dornröschen wird durch den Kuß des Prinzen aus seinem Schlafzustand erlöst. Der Prinz kann es aber nur erlösen, weil die Zeit der bösen Fee und ihres Fluchs abgelaufen ist, und eine neue Periode beginnt. Es ist der Beginn einer neuen Einstellung – wo Dornen waren, sind nun Rosen erblüht. Liebesbereitschaft hat sich eingestellt. Das Auftauchen des Prinzen bedeutet zugleich die Erneuerung des »Königs«, die Möglichkeit einer neuen Bewußtseinshaltung, welche zum »Herrschen« kommen wird.

Wenn wir dieses Geschehen auf einen psychotherapeutischen Prozeß übertragen, so hat die neue Haltung mit dem liebenden Annehmen der eigenen Weiblichkeit zu tun, auf der letztlich jede Liebesfähigkeit beruht. Ein solches »Erwachen« findet in geglückten Fällen dann statt, wenn echte Zuwendung und Wertschätzung von seiten des Therapeuten bei der Analysandin zur eigenen inneren Einstellung werden kann. Die Phase des Fluchs war ja dadurch gekennzeichnet, daß negative, gegen die eigene Person gerichtete Phantasien eine lähmende und isolierende Wirkung hatten. Jetzt können die von den guten Feen verliehenen Gaben zum Tragen kommen – Entfaltung der gegebenen Lebensmöglichkeiten wird nicht mehr behindert.

Die Blockierung des Lebensflusses, welche schon in der anfänglichen Sterilität des Königspaares symbolisiert war, ist nun überwunden. Die Prinzessin feiert mit dem Prinzen Hochzeit, »und sie lebten vergnügt bis an ihr Ende«. In der menschlichen Wirklichkeit pflegt das Ende solch »vergnügten Lebens« meist ziemlich schnell zu kommen, soll sich auf neuer Ebene die alte Sterilität nicht wieder einstellen. Denn »solange Entwicklung weiterschreitet, ist innerer Friede auch für den, dessen Leben durch die Erfahrung des Unbewußten bereichert ist, immer nur ein Atemholen zwischen den gelösten und zukünftigen Konflikten, zwischen Antworten und Fragen, die den Menschen in Unruhe und Leiden versetzen, bis neue Einsichten oder eigene Wandlung zur Lösung führen und die inneren und äußeren Gegensätze sich wiederum miteinander versöhnen«.[18]

ANMERKUNGEN

1 M. Jacoby: »Sinn und Unsinn des Leidens«, in: Leiden, Publikationen aus dem C. G. Jung-Institut, Bd. 20, S. 36–53, Zürich, 1976.
2 M. Jacoby: »Märcheninterpretation aus der Sicht C. G. Jungs« (in diesem Band, S. 12 ff.).
3 E. Neumann: »Der Mond und das matriarchale Bewußtsein«, in: Zur Psychologie des Weiblichen, S. 67 ff., Rascher, Zürich, 1953.
4 C. G. Jung: »Psychologie der Übertragung«, Ges. Werke, Bd. 16, Seite 256 ff., Rascher, Zürich, 1958.
5 M. Jacoby: »Das Tier im Traum«, in: Instinkte und Archetypen im Verhalten der Tiere und im Erleben der Menschen, S. 312, Wissenschaftl. Buchgesellschaft, Darmstadt, 1976.
6 M.-L. v. Franz: Feminine in Fairytales, S. 24, Spring, Zürich, 1972.
7 E. Neumann: Die Große Mutter
8 H. v. Beit: Symbolik des Märchens, Bd. 1, S. 695 Anmerkung, Francke, Bern, 1960.
9 E. Neumann: Das Kind, S. 96, Rhein-Verlag, Zürich, 1963.
10 C. G. Jung: Ges. Werke, Bd. 16, S. 189, Rascher, Zürich, 1958.
11 J. Bolte, G. Polivka, siehe Anmerkungen zu den Kinder- und Hausmärchen der Gebr. Grimm, Bd. 1, S. 435, Olms, Hildesheim, 1963.
12 H. v. Beit: Symbolik des Märchens, Bd. 1, S. 699, Francke, Bern, 1960.
13 H. Bächtold-Stäubli: Handwörterbuch des deutschen Aberglaubens, Bd. 8, S. 263, de Gruyter, Berlin und Leipzig, 1936.
14 J. W. v. Goethe: Faust erster Teil.
15 Siehe auch Diskussion von Logos und Eros in: M. Jacoby: »Die Hexe in Märchen und Träumen« (in diesem Band S. 195 ff.).
16 A. Reble: Geschichte der Pädagogik, S. 117 ff., Klett, Stuttgart, 1962.

17 H. Bächtold-Stäubli: Handwörterbuch des deutschen Aberglaubens, Bd. 4, S. 598 ff., de Gruyter, Berlin und Leipzig, 1931.
18 A. Jaffé: Der Mythus vom Sinn im Werk von C. G. Jung, S. 66, Rascher, Zürich und Stuttgart, 1967.

Mario Jacoby

DIE HEXE IN TRÄUMEN, KOMPLEXEN UND MÄRCHEN

Das dunkle Weibliche in der Psychotherapie

Vorbemerkung: Am Mutterkomplex eines jungen Mannes sowie an je einem Hexentraum aus männlicher und aus weiblicher Perspektive wird deutlich, wie die Konstellation der Hexe innerpsychisch aussehen kann. Im negativen Mutterkomplex des Mannes zeigt sich die Hexe als das übermächtig Weibliche, das seine Entwicklung zur Selbständigkeit verschlingt und ihn beziehungsunfähig macht. Ein Vergleich mit Vorstellungen aus dem »Hexenhammer« weist auf, wie die negativen Seiten des Mutterarchetypus während der Hexenverfolgung den einzelnen Frauen angehängt werden, die man dadurch zu Projektionsträgern männlicher Ängste machte. Mit dem Christentum ist eine Spaltung des Mutterarchetypus erfolgt. Seine dunkle Seite wurde abgedrängt und erscheint statt dessen kompensatorisch und als kulturelle Unterströmung in den Märchen. In einem der Patiententräume erscheint der Archetyp als »Herrin der Tiere«, von der die Anima-Figur des Mannes zerrissen wird. Wie die Herauslösung der Anima aus dem Mutterbild schließlich gelingt, zeigen weitere Träume, die Märchenmotive enthalten.

Ein junger Mann sucht meine Praxis auf, sehr verstört. Folgende Probleme treiben ihn um: Er sei seit ca. zwei Jahren mit einer um fast zehn Jahre älteren Frau liiert. Seine eigene Wohnung habe er zwar behalten, doch lebe er meistens mit dieser Frau zusammen. Nur mit schlechtem Gewissen könne er sich in seine eigene Wohnung zurückziehen und seine Freundin allein lassen. Sie werfe ihm seine Beziehungsunfähigkeit vor, wenn er sein Bedürfnis, von Zeit zu Zeit allein zu sein, anzumelden versuche. Dabei fühle er sich in der Wohnung der Freundin bezüglich seiner Arbeit in einem künstlerischen Beruf dermaßen blockiert, daß er am Verzweifeln sei. Er könne nicht arbeiten in ihrer Wohnung, wenn sie da sei, und bei sich zu Hause könne er nicht arbeiten aus schlechtem Gewissen, sie allein zu lassen.

Das alles klingt nach wohlbekannten Ausreden sogenannter »verhinderter Genies«: Was könnte ich doch an Genialem leisten, wenn ... wenn z. B. diese Frau mich nicht stören würde. Bei dem jungen Mann ist aber dieser Verdacht unbegründet, da er bereits auf seinem Gebiet gewisse echte Leistungen dokumentiert hat. Er steckt deshalb in einer wirklichen Krise, in der Panik, impotent und steril geworden zu sein im Blick auf die künstlerische Entfaltung in seinem Beruf. Das gelte allerdings nicht nur in beruflicher Hinsicht, sagt er, auch sexuell mache sich eine beängstigende Impotenz breit. Seine Freundin habe ein viel ungebrocheneres Verhältnis zur Körperlichkeit als er, was seine eigenen Hemmungen und Ängste intensiviere. Dadurch fühle er sich ins Unrecht versetzt, bleibe ihr etwas Entscheidendes, auf was sie in der Beziehung Anrecht habe, schuldig, sei also in ihrer Schuld. Er fühlt sich nicht Manns genug, diese Schuld abzutragen. Statt dessen verspricht er, ihr einen lang gehegten beruflichen Wunsch zu erfüllen, wozu er dank familiärer Beziehungen in der Lage wäre. Die Freundin wartet nun auf die Einlösung dieses Versprechens und setzt ihre berufliche Zukunft ganz auf diese Karte. Für ihn bedeutet dies, daß sich diese Frau noch mehr in sein eigenes Leben einnistet, während er im Grunde von ihr befreit sein möchte. Denn mehr und mehr haßt er sie, wobei diese Haßimpulse seine Schuldgefühle verstärken. Was sei er doch für ein beziehungsunfähiger, schwacher und schlechter Mensch – so lauten seine Selbstvorwürfe. Er möchte und muß diese Frau um jeden Preis loswerden, denn sonst ist sein Fortkommen behindert. Er kann und darf das aber nicht. Wenn er mit ihr reden will, vermag sie es, ihn jedesmal von seiner eigenen Schuld und seiner Unfähigkeit zu überzeugen.

Ich dachte bei mir: Er ist ja wie »verhext«, und diese Frau scheint ja wie eine Hexe auf ihn zu wirken. Zu ihm sagte ich: »Das Grundproblem scheint mir zu sein, daß Sie in Gegenwart dieser Frau den Bezug zu sich selbst verlieren. Sie werden sich selber entfremdet und zweifeln, ob Sie sich auf ihre eigenen Gedanken, Impulse und Gefühle auch wirklich verlassen können.«

Ich habe ihm also nichts von meiner Diagnose »Verhext-sein« mitgeteilt. Sie ist ja wissenschaftlich alles andere als stubenrein, gehört ins Mittelalter und nicht in unsere verfeinerte neurosenpsychologische Diagnostik. Ich schäme mich zwar nicht über meine naiv-konkretistische Reaktion auf seine Erzählung, finde sie im Gegenteil bildhaft-anschaulich und sprechend. In diesem Moment konnte sie ihm aber nicht mitgeteilt werden, weil dies zu Mißverständnissen hätte führen können. *»Hexe«* oder »Verhext-sein« kann auch heute noch viele emotionsgeladene Assoziationen konstellieren – denken Sie z. B. an China, wo Mao Tse-tungs Witwe Tschiang-Tsching als Hexe deklariert wurde, die zusammen mit ihren Helfern »in heißem Öl gesotten« werden soll. Auch sollen deren »Hundeköpfe zerschmettert werden«. Auf jeden Fall ist die Wirkung des Ausdrucks »Verhext-sein« anders, als wenn ich einen lateinischen Fachterminus wissenschaftlicher Diagnostik verwende. Und etwas ist mir vor allem wichtig: Ich möchte vermeiden, daß der junge Mann nun zu seiner Freundin hingeht und ihr – mutig gestärkt durch mich – vorwirft, sie sei eine Hexe. Falls es nämlich zutrifft, daß sie ihn zu Impotenz und Selbstentfremdung verzaubert, so kann es ja nur deshalb sein, weil er ihr diese Mächtigkeit unbewußt verleiht. Das Hexenhafte wird, mit andern Worten, auf sie projiziert. Die große Zauberin und magische Hexe ist ein archetypisches Bild, das in ihm selbst wirksam sein muß. Daß seine Freundin mit weiblicher Instinktsicherheit eine solche Schwäche auch ausnützt, gehört meist zu solcher Beziehungsverkettung. In unserem Gespräch kommt auch bald heraus, daß diese Freundin auffallend seiner Mutter gleiche. Seine Mutter hatte ihn stark verwöhnt – »knusper, knusper Knäuschen –«. Dies aus dem Bedürfnis heraus, ihr liebes Söhnchen an sich zu binden. Sie hatte ihn unter ihre Fittiche genommen und dominierte ihn bis ins frühe Mannesalter, indem sie alle selbständigen Schritte unterband, alles besser wußte und sein Leben für ihn arrangierte. Damit konstellierte sich in ihm das übermächtig Weibliche, das seine Selbständigkeitsentwicklung verschlingt, seine Männlichkeit kastriert. So ist er trotz seiner 30 Jahre und trotz guter intellektueller Entwicklung emotionell ein Kind geblieben, der »Sohngeliebte« der Mutter.[1] Auch als Partnerin sucht er sich wieder die Mutter, kann aber weder mit ihr noch ohne sie leben. Es ist wirklich verhext.

Ich wollte das als ein typisches Beispiel dafür hinstellen, wie sich die Hexe im psychischen Bereich auswirken kann. Wie bereits gesagt, ist sie, psychologisch gesehen, als archetypisches Bild aufzufassen. Das heißt, sie versinnbildlicht, symbolisiert typisch menschliche Erfahrungsmöglichkeiten. Es sind vorab die angsterregenden Erfahrungen des Überwältigtwerdens von ungewollten, als ich-feindlich erlebten Emotionen. Das Ich erlebt sich somit meist als wehrloses Opfer übermächtiger Emotionen und Affekte, fühlt sich unfrei, besessen oder entleert, sich selbst entfremdet – mythologisch ausgedrückt: verzaubert. Aus der Antike kennen wir viele große, göttliche Zauberinnen. Da ist die berühmte Circe, Tochter des Sonnengottes Helios, welche die Männer in Schweine verwandelt. Zu denken ist an Gorgo, die Meduse mit den Schlangenhaaren, bei deren Anblick ein Mensch versteinert. Auch Artemis verwandelt den Aktaion in einen Hirsch, weil er sie nackt beim Bade gesehen hat, so daß er von seinen eigenen Jagdhunden zerrissen wird. Es tritt also jedesmal Entmenschlichung, Vertierung oder Versteinerung, d. h. Ich-Entfremdung und Identitätsverlust ein. Unser spezifisch abendländischer Hexenbegriff, den ich im folgenden näher untersuchen will, stammt allerdings erst aus dem Mittelalter. Er wurde in seiner besonderen Bedeutung durch die damalige Theologie entwickelt, die die Grundlage der großen Hexenverfolgungen und Prozesse schuf. Etymologisch glaubt man, daß das Wort auf dem Substantiv »Hag« gleich Zaun, Hecke, Gehege beruht. Im Englischen gibt es das Wort »hag« in der Bedeutung »häßliches altes Weib, Scheusal«. Hexe wäre demnach ein sich auf Zäunen oder Hecken aufhaltendes dämonisches Wesen, eigentlich die

»Zaunreiterin«, das Zaunweib.[2] Diese Ableitung scheint mir sinnreich zu sein. Der Hag oder Zaun markiert eine Grenze. So wäre die Hexe ein Wesen des Grenzbereiches zwischen dem Menschlichen und Dämonischen – psychologisch gesehen zwischen dem Bereich des Bewußtseins und dem Unbewußten. In einem schwedischen Gesetz um ca. 1170 werden zum ersten Mal Frauen mit offenem Haar und in Trollsgestalt auf einem Zaunstecken reitend erwähnt. Später reiten Hexen bekanntlich auf einem Besenstiel zum Blocksberg, dem Ort des Hexensabbats in der Walpurgisnacht, womit auch das magische Reisen von einem Bereich in einen anderen beschrieben wird. Überblickt man die ältesten Belege für Hexe und verwandte Gestalten, so lassen sich drei Beziehungen deutlich erkennen. 1. bezeichnen die Begriffe ein menschenfressendes Wesen, 2. eine liederliche Weibsperson und 3. einen Spaßmacher, Komödianten. Die dritte Bedeutung wird in unserem Zusammenhang dann relevant, wenn man sich bewußt macht, daß der Komödiant ein Verwandlungskünstler ist, der sich selbst und sein Publikum durch Masken verzaubern kann. Für den archaischen Menschen sind Darsteller von Dämonen zugleich die Dämonen selbst.[3] Um 1487, dem ausgehenden Mittelalter, kam der berühmt-berüchtigte »malleus maleficorum«, der »Hexenhammer« heraus, ein von zwei Dominikanermönchen verfaßtes Dokument.[4] Als Einleitung enthält es die päpstliche Bulle von Innozenz VIII., die ihm das nötige Gewicht verlieh, um als Grundlage der Hexenverfolgung durch die Inquisition zu dienen. In diesem üblen Dokument sind viererlei Vorstellungen vom Wesen der Hexen miteinander verbunden:

1. ist die Hexe im Pakt und in *Buhlschaft mit dem Teufel*.
2. betreibt sie Ketzerei, d. h. den *Kult fremder Gottheiten*.
3. übt sie *schwarzen Schadenzauber* aus und
4. *fliegt sie* durch die Luft und *verwandelt sich* in Tiere.

Die ersten zwei Punkte entstammen im wesentlichen der mittelalterlichen Theologie, während Punkt 3 und 4 auf altem Volksglauben verschiedener Völker beruhen. Besonders auffallend an diesem Dokument ist die ausgedehnte Sexualthematik in Verbindung mit einer krassen Ablehnung der Frau. So lesen wir über das Wesen der Frau im Hexenhammer beispielsweise folgendes: »Unter Weib wird verstanden: Begehrlichkeit des Fleisches nach dem Worte ›Ich fand das Weib bitterer als den Tod, und selbst ein gutes Weib ist unterlegen der Begehrlichkeit des Fleisches‹. – Weiber sind in größerer Zahl abergläubisch als der Mann, weil sie leichtgläubig sind, weil sie von Natur wegen der Flüssigkeit ihrer Komplexion leichter zu beeinflussen sind zur Aufnahme von Eingebungen durch den Eindruck gesonderter Geister; weil ihre Zunge schlüpfrig ist, und sie das, was sie durch schlechte Kunst erfahren, ihren Genossinnen kaum verheimlichen können und sich heimlich, da sie keine Kräfte haben, leicht durch Hexenwege zu rächen suchen. Da sie in allen Kräften, der Seele wie des Leibes, mangelhaft sind, ist es kein Wunder, wenn sie gegen die, mit denen sie wetteifern, mehr Schandtaten geschehen lassen . . . Diese Mängel werden auch gekennzeichnet bei der Schaffung des ersten Weibes, indem sie aus einer krummen Rippe geformt wurde . . . Es erhellt auch bezüglich des ersten Weibes, daß sie von Natur geringeren Glauben haben . . . was alles auch die Etymologie des Wortes sagt: das Wort femina nämlich kommt von fe gleich fides, Glaube, und minus gleich weniger. Also femina ist die, die weniger Glauben hat.«[5] Wie wir sehen, »Etymologie« im Dienste emotioneller Vorurteile! Hören wir nun einiges über die Schandtaten der Hexen: »Sie pflegen sexuelle Orgien mit dem Incubus, dem Buhlteufel . . . Es ist zu sagen, daß zwar der Incubus für die Hexen sichtbar ist, für die Umstehenden aber nicht. Sie haben aber oft auf dem Felde oder im Walde Hexen auf dem Rücken liegend gesehen, an der Scham entblößt, nach der Art jener Unflätereien die Glieder angeordnet, mit Armen und Schenkeln arbeitend, während die Incubi unsichtbar für die Umstehenden wirkten, mochte sich auch am Ende des Aktes ein ganz schwarzer Dampf in der Länge eines Mannes von der Hexe in die Luft erheben, aber nur selten.«[6] Wenn an solchen Beschreibungen des Verhaltens von sogenannten Hexen etwas Wahres ist, so passen sie auf den großen hysterischen Anfall, der Ende des letzten Jahrhunderts von dem Pariser Nervenarzt Charcot diagnostiziert und beschrieben wurde. Auch Eugen Bleuler macht in seinem psychiatrischen Lehrbuch auf dieses Phänomen aufmerksam, wobei bei dem berühmten »arc de cercle« orgasmusartige Zuckungen auftraten.[7] Heute scheint die große Hysterie mit dieser Symptomatik so gut wie verschwunden zu sein.

Im übrigen wird in unserem Dokument den Hexen vorgeworfen, daß sie mittels Zaubermitteln die Herzen der Menschen zu außerordentlicher Liebe entflammen; daß sie andererseits die Zeugungskraft hemmen, daß sie die männlichen Zeugungsglieder entfernen, die Menschen durch Gaukelkunst in Tiere verwandeln; Frühgeburten bewirken und die Kinder den Dämonen opfern.[8] »Die Entfernung des männlichen Geschlechtsgliedes geschieht durchaus vermittelst gauklerischer Täuschung durch die Dämonen auf die angegebenen Weisen, durch Störung des Sehorgans, indem die Sinnesgestalten hinsichtlich der Vorstellungskraft gewandelt werden.«[9] Mit anderen Worten besagt dies, daß das Sehorgan sich täuscht, wenn es den weggehexten Penis noch an vorgeschriebener Stelle vorfindet.

Wie wir sehen, wird das ganze Arsenal der Vorstellungswelt, welche mit dem Archetypus der schrecklichen Göttin in Zusammenhang steht, den armen Frauen hier individuell angehängt. Sie sind Projektionsträger männlicher Ängste vor dem Überwältigtwerden durch unkontrollierbare Triebhaftigkeit und vor Ich-Verlust. Auch die von Freud in unserem Jahrhundert entdeckte Kastrationsangst spielte sichtlich eine Rolle und suchte in den Hexenverfolgungen ihre Kompensation. Die Hexe hat unter Umständen auch Macht über Zeugung, Geburt und Kind. Psychologisch, auf symbolischer Ebene könnte das bedeuten, daß Schöpferisches im weitesten Sinne blockiert und sterilisiert ist – etwas, unter dem der am Anfang erwähnte junge Mann litt.

Als Heilmittel gegen Behexung empfiehlt der Hexenhammer die Beichte, Pilgerfahrten, Kreuzschlagen, fromme Gebete, Kommunion, Segen, Sprüche, Weihwasser, neue Taufe usw. Als letzte Zuflucht der Kirche aber gelte die Ausrottung der Hexen, wozu sie nach dem göttlichen Gebote verpflichtet sei.

Wie ist dieser entsetzliche Massenwahn psychologisch zu verstehen. Eine Hypothese wäre vielleicht die folgende: Wie jeder Archetypus hat das Urbild des Großen Weiblichen seinen Doppelaspekt. Da es sich bei dem Großen Weiblichen oder der Großen Mutter um ein Symbol sehr vielfältigen menschlichen Erlebens handelt, ist dessen Bedeutung in diskursiver Sprache nicht scharf umrissen abgrenzbar. Man könnte vielleicht sagen, daß es sich dabei um die Erfahrung der Verbundenheit, Bezogenheit, ja der Abhängigkeit handelt, von dem, was wir im weitesten Sinne Natur nennen. Jung sprach im Zusammenhang mit dem Archetypus der Großen Mutter oft von »Eros« im Gegensatz zum Urbild des Alten Weisen oder dämonischen Vaters, der »Logos«-Qualität habe. »Eros« heißt also Bezogenheit zum natürlichen Sein in uns und um uns. Triebe, Impulse, Gefühle und Ahnungen sind dessen psychische Funktionen. »Logos« ist die Möglichkeit der Abgrenzung von Objekt und Subjekt zum Zwecke des Erkennens und des denkerischen Durchdringens. Wenn wir etwas »objektiv« beurteilen wollen, steht uns bekanntlich unser emotioneller Bezug dazu im Wege. Liebe wie Haß haben die Tendenz, blind zu machen für die eigentliche Beschaffenheit anderer Menschen. »Logos« in seiner Unterscheidungsfähigkeit bedeutet auch eine kritische Einstellung (von krinein: unterscheiden). Sind die Dinge der Natur gut so, wie sie sind, oder könnten, ja müßten sie anders sein? Die menschliche Technik, Natur zu verändern und dienstbar zu machen, beruht letztlich auf »Logos«, genauso wie die sogenannten ethischen Sollensgesetze. Die letzteren sind urteilende und verurteilende Richtlinien, Normen dafür, wie menschliches Verhalten sein soll – was oft im Konflikt mit der Tatsache steht, wie es seiner Natur entsprechend faktisch ist.

Diese beiden umfassenden Grund-Elemente menschlichen Daseins, Mutter- und Vaterarchetypus, »Logos« und »Eros«, stehen oft zueinander im Gegensatz. Zugleich haben beide in sich selbst vielerlei, oft gegensätzliche Aspekte. Jedenfalls sind Doppelaspekte positiv-negativ, oben-unten, hilfreich-destruktiv, gut-böse, hell-dunkel sehr hervorstechend. Je archaischer die symbolischen Erscheinungsweisen sind, desto weniger differenziert und vieldeutiger muten sie an. Die antiken Muttergottheiten sind sowohl beschützend als auch zerstörerisch. Es gibt Göttinnen, welche sinnlich-sexuell-orgiastisches Erleben mit all seinen Gefahren bewirken – denken wir an Aphrodite, Ishtar etc. Es gibt aber auch die Sophia als Weisheit Gottes, oder die eulenäugige Athene, welche im Dunkeln erkennen kann. Mit dem Christentum ist zunehmend eine Spaltung des Archetypus aufgetreten.

Die einzig legitime, dem Archetypus des Großen Weiblichen entsprechende Gestalt ist hier die Maria Muttergottes. Sie repräsentiert aber nur die himmlische, sublimierte Liebe, kommt nie mit irdischer Geschlechtlichkeit in Berührung, gebiert ihren Sohn in immerwährender Jungfräulichkeit. Allerdings gehört zum Mythologem des göttlichen Kindes immer auch dessen wunderbare Geburt. So empfing z. B. auch die ägyptische Isis ihren Sohn Horus durch einen Kultphallus. Es ist aber trotzdem auffallend, daß das Erdhaft-Körperliche und das Rauschhaft-Leidenschaftliche menschlicher Natur aus der Marien-Vorstellung ausgeschlossen ist. Der Archetypus des Großen Weiblichen ist also gespalten, wobei die dunkle Seite die Würde des Göttlichen verlor, welche sie in der Antike noch innegehabt hatte. Trotzdem wirkt sie weiter, und zwar im verachteten, verdammten und deshalb um so faszinierenderen Bereich. Sie degeneriert zur Hexe und Teufelsbuhlerin. Es ist eine einleuchtende Hypothese, daß das Männerbündlerische, aus dem mit der Zeit auch die streng patriarchalische Gesellschaftsordnung hervorging, letztlich eine Abwehr gegen das übermächtig Große Weibliche bedeutet, welches auf die Frauen projiziert wurde. Je größer die eigene Unbewußtheit und Verdrängung, um so stärker meist die Projektion. Alle Regungen aus dem Unbewußten, die nicht mit den Ich-Intentionen konform sind, werden dann der Umwelt angelastet. Die Hexen sind schuld! Auch rein praktisch darf man nicht vergessen, daß jeder Mann sich einmal als abhängig von einem übermächtig Weiblichen erlebte – nämlich von seiner Mutter. Er fühlt sich letztlich auch dem übermächtigen Unbewußten in sich selbst ausgeliefert, obwohl das oft verleugnet wird. Das Emotionelle, sofern es mit seiner Getriebenheit, seinen Ängsten und Impulsen den Intentionen und der Würde des Ichs entgegenwirkt, muß abgewehrt werden. Der Versuch, Herr im eigenen inneren Haus zu sein, tritt zugleich in projizierter Form auf. Die Frau muß dann Objekt seiner Herrschaft und Kontrolle sein, damit er sich als männlich und stark erleben kann. Ich glaube, daß echte Partnerschaft zwischen den Geschlechtern erst dann möglich ist, wenn die Abwehrhaltung gegenüber dem Unbewußten an Starre verliert. Das ist ein weites und vielschichtiges Problem, mit dem sich jede tiefenpsychologische Schule auf ihre Weise herumzuschlagen hat.

Wie dem auch sei, die *Hexe* symbolisiert als *archetypisches Bild* eine Bedrohung des Ich-Bewußtseins und dessen Entwicklung. Modern ausgedrückt ist sie ein Bild für den die Entfaltung hemmenden Mutterkomplex. Im Märchen steht sie deshalb oft mit der *Stiefmutter* in Beziehung, manchmal ist sie mit ihr identisch – ich erinnere an »Schneewittchen« oder an »Brüderchen und Schwesterchen«. Sie verwandelt sich in den Wolf, der die gute Großmutter, gleich »Große Mutter«, aufgefressen hat – wie in »Rotkäppchen«. Sie spinnt ihr Schicksalsgewebe im oberen Turmzimmer – wie im »Dornröschen«. »Hänsel und Gretel« hält sie gefangen, um sie aufzufressen, »Rapunzel« sperrt sie im hohen Turm ein, »Jorinde« verwandelt sie in eine Nachtigall und in »Goldkinder« wird der eine Bruder versteinert. Sie vergiftet und setzt verderbliche Versuchungen. Im russischen Märchen wird die Hexe Baba Jaga in ihrer grausigen Machtfülle genau geschildert. Der Zaun ihres Hauses ist aus Menschenknochen gemacht und auf den Pfählen stecken Menschenschädel. Die Angeln des Tores sind Menschenfüße, der Riegel eine Menschenhand und das Schloß ein Menschenmund mit scharfen Zähnen. Baba Jaga hat einen Besen, mit dem sie ihre Spuren gleich wieder verwischen kann. Ihr stehen drei Reiter, der helle Tag, die rote Sonne und die schwarze Nacht zur Verfügung. Trotzdem ist es auffallend, daß sie nicht eindeutig böse und destruktiv ist – manchmal weist sie als tief Wissende auch den Weg. (Wie z. B. im russischen Märchen »Die Froschprinzessin«.) In »Wassilissa, die Wunderschöne«, ist es letztlich der Schädel vom Zaun der Baba Jaga, der mit seinem Licht die böse Stiefmutter und deren Töchter verbrennt. Die russische Baba Jaga scheint den Archetypus des Dunkeln Weiblichen in umfassenderer Weise zu repräsentieren als die *nur* destruktive Hexe. Dort, wo im Russischen die Hexe in parallelen Motiven zu unseren Grimm-Märchen auftaucht, wird sie oft nur als böses Weib bezeichnet, das jedoch über Zauberkräfte verfügt.

Natürlich spielen Hexe und Verhextsein in mehr oder weniger deutlicher Form auch in Träumen eine große Rolle. Ich habe dazu ein Beispiel aus der Analyse eines dreißigjährigen Mannes. Der

Traum lautet: »Ich bin in einem riesigen, schloßartigen Haus. Da ist die Besitzerin, die viele Domestiken und ein Zimmermädchen hat. Die Frau hat nichts zu tun und verbringt ihren Tag müßig oder mit Kartenspiel. Sie besitzt einen riesigen Hund, den sie scharf dressiert hat, und der alles macht, was sie sagt. Das Zimmermädchen ist zu einem jungen Manne im Haus ziemlich aufdringlich. Dieser Mann scheint aber auch der Hausherrin zu gefallen. Man macht viele Spiele, in denen die Hausherrin das Mädchen schikanieren und ins Hintertreffen bringen will. Das Mädchen zieht sich aber immer geschickt aus der Affäre. Deshalb beschließt die Herrin deren Untergang. Sie ruft ihren Hund, steckt ihm ihren Finger in die Schnauze bis zu hinterst in den Rachen und hetzt ihn auf das Mädchen. Ich habe furchtbare Angst vor dem Hund auch für mich selbst, denke, er könnte irrtümlicherweise auch mich angreifen. So sage ich zur Herrin, sie solle bei mir bleiben, da mir ihre Gegenwart Schutz vor dem Hund zu sein scheint. Sie aber entgegnet, der Hund tue nur genau das, was sie ihm befehle. Ich höre nun Hundegekläff, das Licht geht aus und ich bin in einem riesigen dunklen Raum und glaube mich schon von diesem Hund verfolgt. Habe aber in dieser riesigen Angst zugleich das Gefühl, daß ich mich einfach in mein Schicksal ergeben müsse. Diese Szene ist nun fertig. Die Hausherrin ruft mich und sagt kaltblütig, das Mädchen sei nun tot, vom Hunde zerrissen, und der junge Mann bedeute ihr auch nichts mehr. Während des Essens erzählt sie in allen Einzelheiten, wie der Hund das Mädchen zerrissen habe. Ich kann nicht mehr zuhören und bitte sie, das Thema zu wechseln. Überlege, daß ich aus diesem Haus, wo solche Untaten geschehen, weg wolle. Habe aber zugleich Angst, daß sie in diesem Fall den Hund auf mich hetzen würde. In dem Moment klopft es unten ans Tor und eine Männerstimme ruft, man wolle die Hausherrin sprechen wegen des Todes dieses Mädchens. Erleichtert denke ich: Sie ist doch nicht so allmächtig, muß sich scheinbar doch verantworten.«

In diesem Traum tritt das Destruktiv-Weibliche als Herrin der Tiere auf. Wie Kerberos, der Höllenhund scheint auch ihr *Hund* darüber zu wachen, daß niemand ihrem Machtbereich entrinnen kann. Der Hund war auch das Begleittier der Unterweltgöttin Hekate, ist das heilige Tier der Artemis. Ihretwegen wurde – wie schon erwähnt

– Aktaion von Hunden zerrissen.

Der Träumer hatte in Wirklichkeit seine Mutter als eifersüchtige Haustyrannin erlebt. Er ist heute äußerlich unabhängig von dieser Mutter, besucht sie nur selten und steht ihr kritisch gegenüber. Aber innerseelisch ist sie deshalb immer noch freiheitsberaubend, weil durch sie das archetypische Bild der schrecklichen Mutter konstelliert wurde und im psychischen Haushalt dieses jungen Mannes beherrschend blieb. Somit wird sein derzeitiges seelisches Befinden im Traum in archetypischer Weise erlebt und dargestellt. Ich kann leider in unserem Rahmen nur kurz auf die Hauptlinien des Traumgeschehens eingehen. Wir haben das Motiv der Eifersucht zwischen Herrin und Dienerin, was in vielen Märchen eine große Rolle spielt, oft in Form des Neides der Stiefmutter auf die Schönheit der Stieftochter – Paradebeispiel: Schneewittchen. Man kann auch an den Neid der Venus gegenüber Psyche denken im Märchen Amor und Psyche von Apuleius. Tötung der Stieftochter durch irgendwelche Zaubermittel ist meist die weitere Konsequenz. In unserem Traum wird das Mädchen durch den Hund der Herrin zerrissen. Für männliches Erleben kann das folgende Bedeutung haben: Wenn wir hier Gesichtspunkte der Jung'schen Psychologie beiziehen, so handelt es sich bei dem Mädchen um eine sogenannte *Anima*-Figur. Anima, »Seele«, nannte Jung das Bild des Weiblichen in der männlichen Psyche. Es ist das »Ewig-Weibliche«, das ihn animiert. Projektion der Anima auf eine Frau bewirkt meist faszinierte Verliebtheit. Innerpsychisch bedeutet Anima die Möglichkeit zur Beseeltheit, was gerne im Laufe der männlichen Ich-Entwicklung als weichlich, weibisch, unmännlich verleugnet und verdrängt wird. Von hinten her macht sich Anima dann als Sentimentalität, Launen oder Besessenheitszustände bemerkbar. Da zu Jungs Zeit die Bilder des Weiblichen und des Männlichen relativ fest umrissen und nicht angezweifelt waren, nannte er die Anima auch die weiblichen Züge des Mannes. Damit war er eigentlich mit seiner Anima- und Animuspsychologie ein Pionier moderner Emanzipationsideen. Anima und Animus mit ihren gegengeschlechtlichen Zügen und Tendenzen wirken nämlich im Verborgenen einer vollständigen Identifizierung mit gesellschaftlich vorgegebenen geschlechtlichen Rollen entgegen.

Die Anima entwickelt und differenziert sich selbstverständlich aus dem primären Mutterbild. Allerdings hat Jung diese Entwicklung und Differenzierung nie genau verfolgt und beschrieben. Bei Erich Neumann finden wir einige Ansätze dazu, im ganzen ist darüber aber wenig gearbeitet worden. Wie dem auch sei, sicher ist, daß Fixierung an das Mutterbild die Differenzierung der Anima verhindert. Die Mutter bleibt herrschend und kein Mädchen hat eine wirkliche Chance. Es ist diese Konstellation, die in unserem Traum dargestellt wird. Die Herrin wacht eifersüchtig, daß niemand außer ihr beim Männlichen eine Chance hat. Wie wirkte sich das bei unserem jungen Manne praktisch aus? Seine Beziehungen zum weiblichen Geschlecht waren unstabil. Er suchte eher mütterliche Partnerinnen aus dem Bedürfnis, vor allem angenommen und verstanden zu werden. (Auch im Traum sucht er ja Schutz bei der Herrin.) Das ging für kurze Zeit, während der seine innere Anima sichtlich auflebte, gut. Aber plötzlich, wie aus heiterem Himmel, pflegte ihm das Mädchen entsetzlich auf die Nerven zu gehen, was oft mit sexueller Impotenz einherging. Er bekam Widerstände und mußte alles Negative des Mädchens herausschnuppern und alles, was sie für ihn bedeutet hatte nach Strich und Faden zerreißen. Der *Hund* seiner Herrin tat so sein Werk, sein inneres Mutterbild war sozusagen eifersüchtig und zerstörte die Beziehung. Aber auch innerpsychisch wirkte sich die Gefangenschaft bei der Hausherrin und deren Spürnase aus. Er wirkte sehr flau und passiv. Sobald er sich für etwas engagierte, und animiert innere Kräfte des Selbst zu spüren begann, kam von innen her nach kurzer Zeit ein »Verriß«. Er mußte dann seine eigenen Schwächen und Unzulänglichkeiten zielsicher aufspüren und verfiel einem Minderwertigkeitskomplex mit Entmutigung und Depressionen. Auch projizierte er den Spürhund nach außen, das heißt, er konnte sich plötzlich von anderen Menschen unangenehm beobachtet und in seiner Schwäche durchschaut fühlen, so daß der Bezug zu sich selbst zerrissen wurde und er sich von Ängsten lähmen ließ. Der Machtbereich der Herrin in ihm selbst war auf alle Richtungen hin ausgedehnt. Am Schluß des Traumes wird sie aber von einer, dem Träumer noch unbekannten, männlichen Stimme zur Verantwortung gezogen. Es liegt nahe, dabei an den Analytiker und die Wirkung der

Analyse zu denken. Der Analytiker kann aber nur etwas bewirken, wenn im Analysanden selbst eine innere Bereitschaft dazu vorliegt, d. h. wenn durch die analytische Beziehung hilfreiche innere Tendenzen konstelliert werden können. Diese zu Verantwortung ziehende Männerstimme ist deshalb zugleich das Wirksamwerden des Vaterarchetypus im Analysanden. Lebensgeschichtlich war der Vater meines Analysanden eine zu schwächliche Figur und war als Identifikations- und Konstellationsmodell sozusagen ausgefallen. Somit war der Machtbereich des Mütterlichen einseitig hypertrophierend. In der Analyse begann nun das in ihm bisher nur schlummernde väterliche Element zu leben. Jedenfalls ist es in unserem Zusammenhang interessant, daß mein Analysand ungefähr ein Jahr später im Traum erlebte, wie er einer Mutter mit Gewalt und Geschick die Tochter für sich entriß und darauf mit dieser tanzte. Die Herauslösung der Anima aus dem Mutterbild gelang allmählich dank zunehmender Ich-Stärke. Auch dieses Motiv ist im Märchen oft dargestellt, nämlich als Erlösung der Tochter aus den Fängen der Hexenmutter, durch die Liebe des Prinzen: beispielsweise in den Grimm-Märchen »Rapunzel«, »Jorinde und Joringel« und »Schneewittchen«.

Aber auch in der weiblichen Psyche spielt die Hexe selbstverständlich ihre Rolle. Als entsprechendes Beispiel ihrer Wirksamkeit möchte ich deshalb einen Traum vorlegen, den eine 25jährige Analysandin geträumt hat. Er lautet: »Es spielt im Mittelalter. Ich bin in einem Bergtal zusammen mit einem Mädchen. Verhexte Kühe regieren alles und wir sind selbst verhext. Ich werde nun plötzlich von so einer verhexten *Kuh* gepackt und mitgeschleift. Alles ist dunkel und es geht durch dunkle Täler. Ich weiß aber, daß es der einzige Weg zur Erlösung ist, sich mitschleifen zu lassen von der verhexten Kuh. Die Kuh schleift mich in ein Dorf, wo eine Schaubühne steht. Auf diese Bühne werde ich geschleift, und da verwandelt sich die Kuh in einen netten, sehr väterlichen Mann. Ich soll mit ihm tanzen, und er zeigt mir verschiedene Tanzschritte. Ich denke: Das kann ich doch nicht. Musik ertönt und somit wage ich einen Tanzschritt und weiß, daß ich erlöst sein werde, sobald das Musikstück fertig ist.«

Hier tritt die Hexe nicht selbst als Gestalt auf, übt aber mittels der verhexten Kühe, die das Tal regieren, ihre Macht aus. Lebensgeschichtlich ist zu sagen, daß die Mutter meiner Analysandin einem mittelalterlich anmutenden Katholizismus verhaftet war, der ihrer eigenen Depression Thematik und Rechtfertigung gab: Die Erde ist ein Jammertal, der Mensch ist in seiner Instinkthaftigkeit der Ursünde verfallen, und nur Sühne und ständiges Gebet sind Wege zu Gottes Wohlgefallen. Mit dieser Haltung erzog sie meine Analysandin. Kein Wunder, daß sich ihr Traum im Mittelalter abspielt. Die instinktive Milch und Wärme spendende Mütterlichkeit (symbolisiert in den Kühen) wird deshalb von der Analysandin als verhext erlebt. Dem Befriedigenden, Angenehmen, den eigenen instinktiven Impulsen darf somit nicht vertraut werden – all das ist gefährlich und gotteslästerlich. Das Grundproblem meiner Analysandin war, daß sie nicht bei sich selbst sein durfte, ihr eigenes Wesen ablehnen mußte, sich über jede Äußerung schämte, und sich schuldig und minderwertig erlebte. Sie fühlte sich also selbst »verhext«. Das Mädchen aus dem Traum, welches im Tal der verhexten Kühe bei ihr ist, assoziierte sie mit einer Schulkollegin, die von allen abgelehnt wurde – ein Bild des eigenen Abgelehntseins. Die Mutter hatte überdies ihre Tochter in possessiver Weise an sich gebunden und es verstanden, dessen entwicklungskonforme Zuwendung zum Vater zu untergraben. Bei Beginn der Analyse war die Analysandin jedenfalls noch vollständig von ihrer alles besser wissenden Mutter abhängig.

Im Traum tritt auch das Männlich-Väterliche als verhexte Kuh auf, verwandelt sich dann aber in seine wirkliche Gestalt. Es verwandelt sich, weil die Analysandin, trotz ihrer Angst, das »Mitgeschleiftwerden« – als letztlich erlösend – annehmen kann. Diese Thematik ist nur im Hinblick auf das Geschehen in der Analyse verständlich. Der väterliche Mann, der sich aus der verhexten Kuh entpuppt, erinnert sie an mich, den Analytiker. Das Übertragungsgeschehen war hier von vitalster therapeutischer Bedeutung. Mitgeschleift zu werden bedeutet, sich dem übermächtigen Geschehen vertrauensvoll hinzugeben. In der Analyse war sie zuerst voller Ambivalenz und Angst, erwartete, daß ich sie »auf die Hörner nähme«, ausschimpfe und lächerlich mache, so wie sie es bei der Mutter erlebt hatte. Zugleich war ich in ihrer Phantasie der alles verstehende, weise Vater, bei dem sie sich anlehnen wollte. Solche Impulse waren in ihren Augen verdammenswert, hexenhaft schlecht – die Mutter hatte ja ihre Zuwendung zum Vater zu untergraben vermocht. Das Bild des Väterlich-Männlichen ist deshalb auch verhext. Falls nun in einer analytischen Sitzung der kleinste Impuls an Gefühl für mich herauskam, mußte sie sich nachher bestrafen. Strafe bestand jeweils im Verbot, an mich denken zu dürfen, was sie furchtbar isolierte und die Wirksamkeit der Therapie immer wieder durch Abspaltung »kastrierte«. Zudem befürchtete sie, daß ich zwar schon vieles, was sie äußerte, verstehen und annehmen konnte, im Grunde aber doch dachte, wie lächerlich und schlecht sie sei. Nach den Sitzungen hinterfragte sie sich, was sie mir wieder für »unmögliches Zeugs« gesagt habe und erwartete, daß ich in der nächsten Stunde sie dafür schelten oder verachten werde – wie es anscheinend die Mutter in ihren ständigen Launen getan hatte. Es war also außerordentlich schwer für sie, meine mitschwingende Gleichgestimmtheit für ihre eigenen Anliegen spüren und akzeptieren zu können – was wohl im Bild des Tanzes und der Musik im Traum ausgedrückt wird. Die »Enthexung« geschieht in diesem Traum durch Hingabe und Annehmenkönnen der eigenen Problematik, ohne dadurch in ihrem Selbstwert vernichtet zu sein. Sich selbst als ganzheitliches Wesen mit dessen hellen und dunkeln Seiten annehmen zu lernen, war für meine Analysandin das Allerschwerste. Versuche, sich selbst zu bejahen, wurden von der »Hexe« immer wieder attackiert, und das Resultat eines solchen »Hexenschusses« bestand jeweils in der Ausbreitung des depressiven Grundgefühls, eigentlich kein Lebensrecht zu besitzen.

Der Umgang mit der Hexe und die Überwindung ihrer Destruktivität sind überhaupt die Themen der meisten Märchen, in denen sie auftritt. Sie ist zwar mächtig, doch ihr Machtbereich ist begrenzt. Es gibt Kräfte, die ihr standhalten, ihr unter gewissen Bedingungen überlegen sind. Ist es in »Hänsel und Gretel« die wache *List* der Kinder, durch die sie überwunden wird, so ist es sehr oft vor allem die *Liebe*, die stärker ist als die Destruktivität der Hexe. Man denke an »Rapunzel«, wo der von der Hexe geblendete Prinz durch die Tränen seiner Liebsten wieder sehend wird. Die Liebe des Königssohns in »Schneewittchen« ist stärker als der von der Hexe geplante Tod. In »Jorinde und Joringel« ist es die rote Blume, welche die Macht der Hexe bannt. Baba Jaga erträgt in »Wassilissa, die Wunderschöne« den Segen der guten Mutter nicht. In »Goldkinder« wird die Versteinerung eines Bruders dadurch rückgängig gemacht, daß der andere Bruder die Hexe von weitem mit seinem Gewehr bedrohen kann.

Das *Verbrennen* der Hexe kommt in vielen Märchen vor. Bekämpft und überwunden muß sie immer werden, wenn das Geschehen lebendig weitergehen soll. Das ist archetypische Voraussetzung des menschlichen Reifungsprozesses. Übel wird es dann, wenn diese archetypische Voraussetzung auf Mitmenschen projiziert und in konkreter Weise in die Tat umgesetzt wird, wie das bei den mittelalterlichen Hexenverbrennungen geschah. Handelt es sich aber um Überwindung der regressiv festhaltenden seelischen Tendenzen mit ihrer Faszination und ihren Schrecken, dann symbolisiert Verbrennung die Tatsache, daß solche Überwindung oft mit vielen Emotionen verbunden ist. Niemandem ist es bei der Hexe wirklich wohl, wenn ihr wahres Gesicht zum Vorschein kommt. Immer müssen Kräfte zur Überwindung des Banns mobilisiert werden. Für jedes Kind spielt bekanntlich die Hexe eine wichtige Rolle. Jedesmal, wenn die an sich gut eingestellte wirkliche Mutter überfürsorglich ist und den Selbständigkeitsprozeß durch zu große Bindung hemmt, wird sie unbewußt als Hexe erlebt. Aber auch die eigenen regressiven Bedürfnisse des Kindes haben oft etwas Erschreckendes und erscheinen in dessen Spiel und Phantasie als Hexe. Die wirklich einfühlende Mutter erschrickt deshalb nicht zu sehr oder fühlt sich nicht allzu narzißtisch gekränkt, wenn sich ihr Kind durch Trotz und andere Manifestationen von ihr zu befreien sucht. Denn dort, wo sie sich den Befreiungsversuchen entgegenstemmt, wird sie zur Hexe.

Die Hexe als Symbol des Verschlingenden hat somit trotz ihrer Gefährlichkeit einen wichtigen Platz im Gesamt des psychischen Haushalts. Gerade ihre Bedrohlichkeit setzt Kräfte zu ihrer Überwindung frei, was meist auch im Märchen als ein großer Gewinn beschrieben wird. Die seelische Krise, welche durch sie verursacht wird, zwingt zur Neubesinnung und zu Anstrengungen im Sinne lebendiger Progression. Reifung kann bekanntlich ohne Schwierigkeiten und ohne von Erfahrung geprägtes tiefes Wissen um die Ausgeliefertheit alles Menschlichen nicht stattfinden. Das soll nicht ausschließen, daß in vielen Fällen der »verhexte« Zustand nicht überwunden werden kann und sich als Neurose oder eventuell sogar Psychose darstellt. Und somit ist der Psychotherapeut auf den Plan gerufen. Ob er den Patienten aus den Klauen der Hexe befreien kann, hängt von sehr vielen Faktoren ab – ist letztlich aber nur möglich mit Gottes Hilfe, »deo concedente«, wie die Alchimisten sagten.

ANMERKUNGEN

1 Siehe E. Neumann: Ursprungsgeschichte des Bewußtseins, S. 102 ff., Rascher, Zürich, 1949.
2 Der große Duden, Etymologie, Bibliographisches Institut, Mannheim, 1963.
3 H. Bächtold-Stäubli: Handwörterbuch des deutschen Aberglaubens, unter »Hexe«, de Gruyter, Berlin und Leipzig, 1930/31.
4 J. Sprenger und H. Institoris: Der Hexenhammer, übers. v. J. W. Schmidt, H. Barsdorf Verl., Berlin, 1906.
5 J. Sprenger und H. Institoris: Der Hexenhammer, übers. v. J. W. Schmidt, Bd. 1, S. 97 ff., H. Barsdorf Verl., Berlin, 1906.
6 J. Sprenger und H. Institoris: Der Hexenhammer, übers. v. J. W. Schmidt, Bd. 2, S. 67, H. Barsdorf Verl., Berlin, 1906.
7 E. Bleuler: Lehrbuch der Psychiatrie, Aufl. 8, von Manfred Bleuler, S. 379, Berlin, 1949.
8 J. Sprenger und H. Institoris: Der Hexenhammer, übers. v. J. W. Schmidt, Bd. 1, S. 106, H. Barsdorf Verl., Berlin, 1906.
9 J. Sprenger und H. Institoris: Der Hexenhammer, übers. v. J. W. Schmidt, Bd. 2, S. 86, H. Barsdorf Verl., Berlin, 1906.

3. Auflage 1980

Hans Dieckmann
Träume als Sprache der Seele

– Einführung in die Traumdeutung der Analytischen Psychologie –
Paperback, DM 19,80
(Reihe: »Psychologisch gesehen«, Bd. 34)

Ein faszinierender Kernbereich der Analytischen Psychologie wird hier von einem international anerkannten Forscher aus der Praxis für die Praxis erschlossen. Er wendet sich damit in eindringlicher, klarer Sprache an den Psychotherapeuten und Psychagogen ebenso wie an den interessierten Laien. Die heutige Traumforschung hat empirisch am Patienten begonnen und ist zu einem wichtigen Teil des therapeutischen Prozesses geworden, durch den schwere Erkrankungen geheilt oder zumindest gebessert werden können. Außerdem vermag die Traumdeutung – im Zeitalter der hochentwickelten Intellektualisierung eine eminent wichtige Funktion – den innerseelischen Bereich der Phantasie und des Kreativen zu erschließen.